特務時代與他的人生

陳嘉君 著

獻給　心上人施明德

讓人痛苦的，
是我們沒有告別「指鹿為馬」的時代惡習，
是什麼就說不是什麼，
不是什麼就說是什麼。

目錄

辯論狀

跋

作者後記

國家檔案

序：真相，不容掩耳盜鈴

——施明德

台灣迄今沒有正史，沒有信史，台灣歷史都是外來征服者觀點和立場的紀錄。日本來，台灣人拜神社；中國來，台灣人拜忠烈祠，全是征服者的神，是外來殖民統治者的英烈，包括荼毒台灣人的兇手。

台灣歷史裡的反抗者，即使是為台灣而走上刑場的烈士，在自稱是「本土政權」的民進黨政府統治下，這些為台灣奉獻自由和生命的先賢、先烈，也從未被台灣政府及人民，以國家之名恭奉為英烈。他們仍只被視為蒙冤者、冤魂。年年的二二八紀念會，依舊只是一片哭聲、謾罵聲；而不是莊嚴、肅穆的禮敬，對英靈的禮敬。奴隸翻身，當家作主了，依然是奴隸心態。隣近國家菲律賓的國父，就是一位被外來殖民統治者西班牙槍決的反抗者黎剎。

一個國族如果只有冤魂，而沒有英靈，這個國族就是一個無脊椎動物的民族，不可能長存於世的！

忠奸之分，奉獻與出賣之別，一直是人類歷史上最重要的標竿之一。可是台灣人面對歷史時，這個標竿迄今沒有豎立。台灣人崇拜權與錢，總盤算現世的價格而忽視永恆的價值。

面對過去，台灣人彷彿「一切放水流」，不在乎真相，不分辨忠奸，唯權勢是尊。

這樣的國族，真能傲然挺立於世嗎？

不要問年輕人為何不願為台灣而戰，要問台灣掌權者如何對待台灣英烈？

自由永遠是反抗者的戰利品，絕對不是掌權者的恩賜物。

蔣家獨裁統治時代，確實有部分台灣人不妥協，勇敢無畏地追求理想與信仰，不斷反抗，甘願犧牲奉獻。那時，明知特務就在你身邊，你的親人，你的同事，你的好友，你的「同志」，可能都是監視你，舉報你，出賣你的人。然而為了台灣的自由，很多志士依舊甘冒風險勇往直前……。本土政權誕生後，多少人期待真相露臉，陳水扁政權卻置之不理，他也怕真相；蔡英文政權成立了「轉型正義委員會」，雷聲大，卻拒絕開放全部檔案，最後只抓到一個特務，一個抓耙子「黃國書」！蔣家四十年的特務統治，構陷忠良，屠害反抗者，蔣家竟然只派遣、埋伏了一個特務「黃國書」而已？騙瘋的！

誰能相信？蔡英文政權卻仍為「促轉會」掩蓋真相，沾沾自喜。台灣人對轉型正義的標準，竟然是這種程度。這是整體台灣人之恥。不，是號稱本土政權的民進黨人及其支持者之恥，包括我自己在內。不忠於史，就是不忠於天地、人民。就不配稱為君，不配稱為臣。什麼官職都不配。只是僭。

真相，不容掩耳盜鈴。

我的妻子陳嘉君從法國留學回來後，沒有從事其他事業，除了天天為我們父女煮食，照顧我的健康外，就是一直埋首在我的基金會研究戒嚴時代的白色恐怖統治歷史。她知道我自美麗島軍法大審當下以來，心中一直存在強烈疑問：「這十幾位陌生的律師是如何冒出來，成為我們這些準死囚的辯護人？」我是當年美麗島政團的總幹事，也就是現在慣稱的秘書長，所有關心台灣前途的民主人士，幾乎沒有我不認識的。一夕之間，他們冒出來了，成為我們的「同路人」？這個疑問，一直是台灣民主運動史的大謎團。美麗島政團的崛起，是台灣新舊勢力最尖銳的時刻，風聲鶴唳，蔣家政權殺氣騰騰，絕大多數台灣人都畏畏縮縮，臣服在蔣經國的統治下，換得個人的幸福和飛黃騰達。這些律師難道是極端勇敢的正義之士，是我們的「暗樁」？還是蔣家特務趁著我們集團蒙難，家屬們也六神無主的時刻，暗埋進來的「賠樁」？

浩瀚資料之中，嘉君在一份特務報告的檔案中發現當年我們陣營中極重要的成員張德銘律師兩次被約談又被釋放的資料，拿給我看時我吐了一口氣，說：「原來如此。」但是，我告訴嘉君，這些律師都已貴為部長、院長、總統了，他們一定會矢口否認。這是人之常情。

據監視張德銘等的特務「魏良」所提供之資料，張德銘稱：「警總保安處曾先後兩次約談我，並警告不得擔任該案被告辯護律師。我知道：倘要違抗，必遭逮捕，權衡利害關係，退居幕後，為彼等被告安排辯護律師。為策安全，仍由張俊宏妻許榮淑等故意對外放空氣，指我不該『袖手旁觀，置之不理』，預見外界將誤解我對朋友不義，也只有忍受，主要在於取得彼等被告家屬諒解就夠了！我所安排之律師，均係『週一餐會』之成員，共約四十餘人……」

我多年來完全不知道張德銘曾經被約談又被釋放的事。特務統治時代，是「捉人容易，放人難」。要放人必須有條件交換，在當年這已是常識。不准張德銘擔任辯護律師，卻准許他安排律師？這是什麼影射。張德銘釋放後只能被迫安插辯護律師了，否則他也會淪為美麗島蒙難者。去年（二〇二二）二月十五日，陳水扁接受中國時報訪問，就辯稱：他不是國民黨派來當美麗島大審律師的，是張德銘律師打電話邀他的。對啦！張德銘律師是極謹慎的人，連當年我私自借用他的律師事務所召開「余登發營救會議」，他事後就一再要我「不可以說出營救會議是在我的事務所召開的。以免我受累。」張德銘當然知道他的電話會被竊聽，釋放後膽敢一再公然打電話四處邀請律師？這個邀請當然是奉蔣家特務命令「邀請」的。這代表什麼？稍有邏輯思考能力的人，難道還不懂嗎？

這份檔案終於說清了這些當年我們完全不認識的這群律師們，怎麼會突然出現在美麗島軍法大審中，成為自稱的「義務辯護律師團」（其實，全部都拿了律師費的）的「台灣歷史性的大謎團」。

研究美麗島辯護律師團是怎麼出現的及其重要性，年輕的世代看到這裡也許還意會不過來，必須我用白話說：「原來美麗島大審的辯護律師都跟梁肅戎當年奉蔣介石之命擔任雷震的辯護律師一樣！都是獨裁者蔣經國和蔣介石所欽命、安排的！」所以，陳水扁執政到蔡英文執政，都不敢開放全部檔案是必然的事。因為一旦開放，他們的馬腳就會全露了！這邏輯很清楚。

陳嘉君就是因為這樣認真的研究和對謝長廷的相關陳述，觸怒了資深特務美麗島辯護律師之一的謝長廷大官，遭到控訴，被求償八十萬元。嘉君為此再寫了十幾萬字的研究報告，做為答辯狀。

政治勢力總會吞沒歷史真相。尤其像台灣這種統獨壁壘分明及藍綠惡鬥的政治環境下，真相常常被政治口水淹沒。是，常常會被辯成非；反之亦然。但是，台灣不能無史，否則，就是土人族。

謝長廷本該告我，卻托詞不告我，反而控告內人嘉君。我不殺伯仁，伯仁因我而死。不得不，我寫下這份證詞，紀錄親身經歷，對歷史交代。為慎重及負責起見，我還特別請法院公證人到寒舍為我的證詞完成公證程序，作法律性的正式宣示：

「本證詞如有不實，本人願負刑法上的偽證罪，處七年以下有期徒刑。」

申辯書

前言

各位自由的公民先生們與女士們暨各位法官們：

這不是我第一次上法庭，卻是第一次嘗試使用大眾習以為常的語言，而不採用法律文書慣用的辭令進行申辯。這樣做的用意，無非是希望以更嚴肅謹慎的態度來面對這一場不得不進行的歷史性訴訟，不讓它流於一場制式化的法律辯解。坦白說，在這日趨平庸的年代，我個人被告上民事法庭是一樁小事，官司的輸贏也沒什麼了不起，自古人世間從不乏「誣告」，而這種令人血脈賁張的事還經常是文學電影恆常的主題呢。但這一場訴訟不同凡響，兩造當事人曾是四十二年前台灣歷史上最轟動的一場審判的要角，原告是當年的美麗島事件辯護律師謝長廷，要控告當年面對唯一死刑審判的政治犯施明德毀謗他。訴訟的起因是施明德談了一段自己親身經歷的往事，他說江鵬堅臨死前向他告白自己是特務，還對他說謝長廷也是。無疑地，這牽扯到美麗島辯護律師之真實身分到底為何？又牽扯到「人的身分」被掩蓋與彰顯的政治性用意與歷史性意義又是什麼？這不該是一件台灣人可以輕忽的事，我不得不收起自嘲的笑容嚴以待之。你我心裡都懂得，撥雲見日的時刻來臨時，總能讓受盡委曲者吁一口氣，卻讓另一群人坐立不安，可不也在這樣令人窘促的兩難裡，我們才撇見真相與正義閃動的光影。美麗島軍法大審那一段不久以前活生生地在許多今天還活者的人眼底發生的當代史，曾經把許多人的心揪在一起，曾經把許多裝睡的或無知的人搖醒，曾經觸發了許多人麻痺許久的運動神經，曾經讓許多人冰冷的心甦醒，是這樣動人又美好的歷史容光，我們有幸沐浴其中。無論如何，今天我們不該遺忘或刻意抹去歷史真實的另一面，難道大家還要裝睡，讓一代又一代的台灣人繼續做一群「沒有歷史的人」。

申辯書裡將沒有什麼訴訟策略，也沒有天機要洩漏，有的是一股打開天窗說亮話的傻勁和打破沙鍋問到底的堅持，碰觸到的不是什麼新鮮事，其實都是你我過往生活裡想盡量迴避的真實而已。

我想問青天，白色恐怖統治時代軍法審判辯護律師的真實身分到底是什麼？

我想問白雲，台灣的第一個本土政黨形成的歷史與成立的過程真相為何？

我想問人民，這一段歷史對台灣政治文化與民主的基礎的影響是什麼？

我想問歷史，在白色恐怖統治漫長的歷史裡，像謝長廷這樣一個人到底是誰？像謝長廷這樣的人在那段時間又有多少人？

春花秋月何時了？往事知多少？

眼前是一座「歷史認知」的迷宮正考驗著屬於恐怖統治倖存者的我們這一代人，能否提起勇氣回頭按圖索驥再走一遭悲慘的過往撿起被遺落的真相？這是一場對倖存者及其後代的「道德義務」試煉，歷史張著大眼睛瞪著看，看台灣社會到底還在不在乎作為一個「人」去探究真理的熱情與自由，還是依舊習慣像一隻鴕鳥，遇到「危險」狀況時只知道把頭埋進沙子裡，遇到「尷尬」就知道裝傻。

戰敗

故事開始於一場世界大戰之後。兩群戰敗的人被迫聚首在一座島嶼上。

一九四五年日本戰敗，在美軍的全力支持之下國民黨政權軍事接管台灣，二戰結束，中國內戰才進入熱戰的最後關頭，國民黨被共產黨追著跑路，節節敗退，一路逃到台灣，在這裡建立起長達四十年的蔣氏政權。命運就這樣再一次捉弄了剛剛才脫離日本殖民統治的台灣，剛剛被燃起的希望馬上被熄滅。台灣人再一次陷入被少數（中國裔）統治多數（本地人）的被殖民命運，不同之處在於，蔣介石是第一個「舉國」遷移過來與台灣人住在一起的外來統治者，帶著他的軍閥、小兵、廚子、名流、商人、知識份子、文化人、老師、流氓、特務，賞賜我們一種新的「語言文字」，又賞賜了號稱世界上最古老的文明，說我們都是炎黃子孫。蔣氏流亡政權的報復心態加上少數統治多數的恐懼本質，導致獨裁陰狠的特務統治在台灣成為歷史之必然。而這種高壓統治日子長了以後，終將遇到無以為繼的困境，因為統治者沒有退路也無新血。這時外來統治者就得考慮在政治上預作安排，他們不可能長時間地持續只任用外省人，國民黨並沒有源源不絕可以替換的外省人，像英國殖民印度那樣能從英國持續不斷派統治階級過去壓陣，國民黨必須「栽培」本地人以應付未來政治上的轉變，何況隨其而來的外省人太了解統治者過去的習性與底細，不見得容易控制，反而是那些不願失去既得利益的本地家族，那些原本一無所有卻有股慾望想往上攀登的本地人，是更容易操弄的族群，所謂以夷制夷，這是定律，「抓耙子」不是人人能擔當，絕對必須身邊夠親近的人。

回憶過去，猶似惶恐灘頭再說惶恐，像吞下一杯無可避免的陳年餿酒，絕對不是什麼好受的滋味，恐怖統治當初有多麼地難予承受，關於它烙下的歷史傷痕就有多麼地難予直視。像一場夢魘，層層烏雲壓境，世界是陰鬱的，輕柔的微風都成了敏銳的耳朵，綿綿細雨就是千百雙眼睛，一邊是緊鄰共匪的台灣海峽，一邊是險峻的太平洋，台灣人就像台灣這座太平洋上的孤島，個個也都成了一座孤島，誰都躲不掉，長夜裡許許多多人或者主動、無知或者被動、無奈，都在其中歷經了背叛、出賣、屈服、淪喪、泯沒良知、賣友求榮……這種種苦澀的人生經歷譜成了一曲又一曲個人的道德輓歌，和一場又一場不濺血的財富轉移與政治格鬥，人們在其中漸漸地褪去道德與信仰，一步步從公共領域退縮，這種道德淪喪後「光溜溜地生活習慣」一旦養成，人也就漸漸地失去了最後一滴羞恥感，失去了為人的尺度。這樣的事情，當我們身在其中時反而難以察覺，在每一個時代風潮裡，每一個人都被包裹著蒙蔽的恰恰好，一定得等到我們與歷史拉出一定的時間距離時，人們才能驚覺到其中「不可思議」的真相是如何地超乎想像。蔣介石死的時候，台灣的小學生排隊瞻仰遺容，台灣人跪在路上送葬，舉國如喪考妣，是那麼地順暢自然，一直到沒多久以前，台灣人看到北韓舉國人民整齊劃一地臣服在不可置信的謊言裡時，有那麼一剎那，台灣人彷彿意識到自己過去的可恥與悲慘。

今天我們要問，傳說的草木皆兵，曾經的微風細雨般溫柔親切的特務們都去哪兒了？時代可以一夕之間變革，特務不可能頃刻之間消失無蹤。

政黨輪替後我們還以為換了舞伴，從國民黨換成民進黨，二十多年過去，會不會其實只是同一種人換了一件新外套，繼續跟我們跳不同節奏的同一支舞。今日，所謂受難者與特務之間的衝突不過是，舞池的燈打亮了，請辯護律師們脫掉外套而已，他們明明是蔣氏政權所栽培的人，至少該對大家說一說當初如何穿上這件外套。面對真相，痛苦的其實是一向在乎國家與歷史的受難者；對特務們並沒有本質上差別，他們人生大半頂著這個虛名該取的利益與權力，一分不少，他們能拿的都拿完了，揭露真相只是取下他們的虛名而已，沒人能奪走他們既得的利益。人生又不能重來，我們拿他們奈何？

歷史真相除了撫慰受難者的心，這一點最基本的道義之外，歷史真相對台灣現實政治而言，還牽涉到一個極其嚴肅的問題：民主該如何走下去。民主制度一個重要的核心問題是「辨別」，辨別誰是誰？辨別是非？辨別真實與虛假？人要是沒有了辨別能力，就無能也無法為自己與國家進行重大政治行動：「投票」，選票因此淪為權力爭奪戰裡可被支配與操控的關鍵因素，使民主一次又一次總是演出掛羊頭賣狗肉的戲碼。一個時代政治的污濁，經常在於謊言與偽裝；民主的悲哀則在於無法辨明。而這兩者的關鍵皆基於無法與無能面對真相，無論在任何一個時刻，那個讓我們所想要逃逸的歷史的真相總是最能反射出此刻真實的悲哀。

真不幸，真相首先帶來的是清醒與痛苦，不是快樂。面對令人痛苦的真相，才能為現世做出抉擇不枉此生。可是這個民主時代的主人，怎麼跟過去的許多君王一樣皆偏好讒言。

權力可以一朝易主，道德與文化無法一日復活。

十七世紀時法國哲人蒙田的摯友德・拉・波埃西（Étienne de La Boétie）寫了一本小書《論

自願為奴》，嘲笑人類社會經常發生的一種現象：「**習慣對我們的行為起著舉足輕重的作用，他尤其有能力讓我們學會屈從，久而久之，習慣就能讓我們喝下奴役這一杯毒藥，而且並不令人噁心。**」[1]倘若我們對於整體台灣社會在白色恐怖時期道德淪喪的過去，不面對，不認錯，不反省，不痛定思過，甚至逃避去培養道德勇氣與文化教養，那麼下一輪當生存與道德的兩難習題再度浮上心頭，橫在人生的道路上時，我們與我們的子孫能否倖免於再度沉淪，能否汲取教訓鼓起勇氣面對挑戰，還是只能絕望地讓悲劇重演。我們，自詡作為新時代公民的我們，更不可能逃避一個永恆的問題：對整體台灣人民而言正義到底是什麼？沒有人不知道白色恐怖時代裡獨裁者及其特務肆虐，因此總是有人因為內心恐懼而捨棄道德求生存的人，我們雖不能苟同，卻應該體諒；經過時代秀異份子的犧牲與奮鬥，如今我們已然生存在民主憲政的體制之下，不會再因為內心良善的思想，和外顯有道義的行動而受到生命與財產的威脅，台灣人再沒有藉口，不體現，不撐起為人應該有的道德高度，提升文化教養的水準，懦弱缺乏道德感，再也不能躲在「我被迫……」這一張被窩裡耍賴了。

1 Étienne De la Boétie，《論自願為奴》，二〇一四，上海世紀，上海。p.23-24。

誣告

施明德先生與我被「說謊的人」告上法院，並非第一次。二〇〇〇年陳水扁登上總統寶座，台灣人以和平的方式終結國民黨在台灣近半個世紀一黨獨大的統治局面，在歷史榮光的時刻，歷史反而賞了自己一記響亮的耳光，讓真相顏面盡失；也帶給一個坐牢二十五年半的政治受難者和民主的催生者，一個「噁心」的伴手禮。怎麼會這樣呢。一九八〇年領取密告施明德獎金的政治犯高金郎控告施明德先生說出真相的毀謗案。從密告施明德領獎金到控告施明德毀謗，整整二十年，二十年來除了深受其害的一族，誰在乎「真相」？活過戒嚴時期的人，誰不知道「密告」是怎麼回事？我們的文化肌理傾向屈服、委屈、同情，這並沒有錯，但我們是否因為長期被殖民以至於缺乏對「告密者」、「抓耙子」的道德責難，甚至連指認、承認、認錯的勇氣都確實罕見。是否因為如此缺乏道德情操，讓「抓耙子」都囂張起來了，而且越來越跋扈，都忘我了，還反過來「誣告」苦主。

一九八〇年美麗島軍法大審，施明德被判處無期徒刑，沒收財產。一九八七年解嚴後施明德堅持自己無罪，不接受減刑與假釋，直到一九九〇年當局宣布「美麗島事件判決無效」他才願意步出監獄，結束長達四年七個月的絕食被灌食的抗爭。離開鐵幕時他對世界說：「忍耐是不夠的，必須寬恕。」出獄後，許多富有好奇心又膽大的人碰到有機會跟施先生談話時，總禁不住探問這類問題：誰是出賣你去領獎金的人？你逃亡時去了哪裡？朋友們個個張著大眼睛像央求著聽冒險故事的小孩一般興奮，施先生怎麼能掃興呢，他侃侃而談自己的過往，不慍不怒，說故事時總會帶上一句話：「政治犯都很可憐，但不是每個政治犯都是可敬的」。不知該說是令人驚奇，還是命定如此！告密者之一政治犯高金郎，見笑轉生氣，受不住真面目被揭露之後對他現實生活的妨礙，或背後又有其他什麼不可告人的原因，竟然轉身誣告施先生造謠！死豬不怕滾水燙。人一經沉淪，就不怕一次又一次了，他不曾對自己像猶大那樣拿著出賣朋友的血錢二百五十萬新台幣在台置產又到日本逍遙的這件事，感到羞恥！當然對誣告別人也就不覺可恥。這種人只想「此時此刻」眼前的利益，只求「此時此刻」可以過關，只管「裝模作樣」繼續行騙天下。我這樣說他，有我的根據。高金郎當兵時抽到海軍，被派到澧江軍艦上服役駐守在前方，擔負東引南澳巡弋等任務。某日在甲板上與當兵的夥伴聚在一起談論起前幾天停靠基隆時上岸看的電影《叛艦喋血記》，邱萬來搭上一句：「我們也這樣幹了」，高金郎和謝發忠同聲應好，高金郎還搭腔：「船開過去（指大陸）還可獲得黃金一萬兩……」後來這事遭到密報檢舉，高金郎遂成為階下囚，同案共五位。高金郎囚於泰源監獄時，曾與施明德同牢房，出獄後像不少政治犯那樣也淪為特務的眼線，他曾密報陳映真[2]，使陳映

2 美麗島事件的受難者陳菊女士，在一次與藏匿施明德案的義人吳文牧師、施瑞雲女士、許晴富先生、張溫鷹市長等聚會時，帶來了一份關鍵檔案（見本書p.359-367）。經過當事人吳文等人回憶比對，確認檔案所述「黃勝」就是施明德的獄友高金郎的線民代號。

真第二次被捕，施明德逃亡後高金郎又成為調查局大量運用的政治犯眼線之一，他的化名叫做「黃勝」，最後證實是高金郎與徐春泰二人領到五百萬獎金。現在，在國家人權單位的口述歷史中，高金郎又美化自己把當年欲劫艦投靠中國，妄想領取鉅額獎金的貪財意圖，改稱是要劫艦投靠在日本的台灣共和國臨時政府大統領廖文毅。當年廖文毅在日本寄人籬下，哪能接受叛艦？國家花費公帑做「口述歷史」，就是放任這種毫無節操的人這樣的胡謅瞎扯的嗎？

在獨裁政權下，很多人的劣根性自然會以各種形式呈現，出賣者、抓耙仔、眼線、耳目……唯利是圖，不足為奇，倒是可以收錄成很精彩的惡棍列傳。

接著又再來一個案例。時序來到二〇一二年，適逢美麗島軍法大審三十週年紀念，我為《叛亂・遺囑》一書寫了一篇總編輯序[3]，其中一段以王幸男為例證描述懲治叛亂條例二條一：「唯一死刑，沒收財產」的恐怖，我書寫了我所知道千真萬確的事實：「郵包爆炸案的王幸男當年在被捕後下跪求饒，供出台獨聯盟機密以換取免死」，結果導致施明德和我一起被王幸男控告毀謗[4]。「打人的喊救人」、「做賊的喊捉賊」果然傳神，世上不會平白無故流傳著這些諺語，這果真是人非常普遍的劣根性。

關於一九八〇年政治犯高金郎出賣政治犯施明德領獎金一事，訴訟過程中國防部的國會

不久之後，施明德先生的臉書訊息收到一位正在研究陳映真先生檔案的研究生的來信，他表示在陳映真先生第二次被捕的相關檔案中，經常出現一位代號「黃勝」的線人，他懷疑出賣施明德先生領取賞金者政治犯高金郎，就是受命監視陳映真先生的「黃勝」，特意來向我們求證。

3 施明德，《叛亂・遺囑》二〇一二，財團法人施明德文化基金會，台北。

4 台北地院九十九年度訴字第四九四三號，臺灣高等法院一〇二年度重上字第四五四號。

聯絡人查了資料確認了此事；關於一九七六年王幸男郵包爆炸案被逮捕後的發生的事，承審法官調閱了國家檔案局王幸男多達八百多頁的國家檔案佐證。我們雖贏得官司，心情卻無比沉重。怎麼國家在台灣人自己掌權之後，竟如此不在乎歷史真相與正義的問題，人民也因此有樣學樣地不加反省，做虧心事的人仗著檔案沒有對公眾全面開放，趁真相還晦暗不明的時刻，濫用司法為手段替自己遮羞，教當年反抗不義政權而受難之人怎麼承受？如今，謝長廷頂著美麗島辯護律師的美名，飽食國家俸祿，當我們陳述自己的人生真相，他就出面控告我們毀謗，這豈不是同一齣「做賊的喊捉賊」的戲碼，每當真相露出一點點馬腳，「做賊心虛」者就立刻出來「唱大戲」。人自幼墮入深淵沒有了道德尺度之後，肆無忌憚的程度真無下限了，歪曲真相、污蔑毀謗、混淆視聽，只要他們認定有幫助的，他們一點也不會少做。

劫難逢生後的受難者道出真相，竟一次又一次地得承受訴訟的攻擊。難道，世人為求活得舒服些，希望受難者最好閉上嘴，不要吐出苦汁？

四十多年來，國家竟然還替出賣施明德行跡而領取鉅額獎金的告密者保密其身分，這種不公不義的卑鄙做法一直困擾著曾為保護施明德而被判刑坐牢的義人[5]，他們為什麼要活在人格情操長久地被猜測與懷疑的深淵裡！這算是什麼動不動就強調轉型正義的政府？這就是不正義。義人受盡折磨還得領受無知大眾懷疑的眼神，叛徒爽領獎金出國享樂還沒人知。信誓旦旦繼承了美麗島精神的民進黨的掌權者為何繼續姑息養奸？讓這種不必要的秘密繼續傷害義人？著實令人失望。

5 因藏匿施明德案而被判刑者：高俊明、林文珍、施瑞雲、吳文、趙振二、林樹枝、許晴富、許江金鶯、黃昭輝。

國民黨政權掌權的時候，全力保護這些替他們政權工作而出賣靈魂的「告密者」、「舉報人」、「特務」、「抓耙仔」，我們當然能夠理解這是沆瀣一氣黑幫式的道義。轉型正義不就是，政權輪替之後，新的政權應該要卸下這種黑幫道義的考慮，停止為惡，可是為何到今天，國家不站出來堂堂正正地公布當年的出賣者，並做出應有的道德宣示，為萬世立下典範。這許許多多令人不解的現象，當然也就讓人不禁質疑起民進黨掌權者辯護律師世代們的「出身」。這歷史上，明清兩朝六百年來如何貶抑叛國賊留夢炎以豎立道德尺度警惕世世代代？留夢炎何許人也？南宋的狀元丞相，亡國時可恥的投拜者，文天祥拒絕臣服於忽必烈，一心求死，數十位南宋遺臣和元朝高官，感動於文天祥的忠勇氣節，紛紛替他求情，忽必烈幾乎動搖時，留夢炎站出來說：「**天祥出，復為號召江南義士抗元，吾輩將置於何地？**」自私自利的叛徒，永遠只顧慮著自己的眼前利益。文天祥被囚時作正氣歌以吁一口浩然之氣，行刑後人們在他的衣物裡發現絕命詩一首：「**孔曰成仁，孟曰取義，唯其義盡，所以仁至。讀聖賢書，所學何事？而今而後，庶幾無愧。**」明朱元璋稱帝後，立刻剝奪留夢炎後代參加科舉當官之路，命此後所有留姓考生考科舉時，必須要先具結證明自己不是留夢炎的後代才有考試資格。滿人推翻明朝之後，一次考官疏忽，讓留姓考生進了考場還考取了進士，乾隆皇帝看到他的名字時立刻問道：「你是否是留夢炎的後代？」考生回答：「正是。」乾隆大怒，下令取消了此人的進士，並且一輩子都不得進考場。乾隆為此還留下的著名的評論：「**才德兼優者，上也；其次，則以德為貴，而不論其才焉。當宋之亡也，有才如呂文煥、留夢炎、葉李輩，皆背國以降元。**」

道德與文化從來不是人類與生俱有的本能，乃是極須後天精心呵護與教養的。道德需要豎立典範、形塑威望與引領價值，文化更需要長久的教育與世代的栽培，這都不是輕輕鬆鬆自自然然能成就的。況且道德本質上就是在明知不可為而為之的關鍵時刻阻止墮落的力量，文化則是在遭逢苦難之時也沒有忘記真善美，問題一直是對於本來就沒有道德與文化者，也就不存在堅持與無所謂忘不忘記。

春秋是「別嫌疑，明是非，定猶豫，善善惡惡，賢賢賤不肖」，正義自然是紀念文天祥，撻伐留夢炎。然而台灣的歷史正義怎麼會是將國家檔案裡所有的「抓耙子」名字遮住呢。讓世人不知道「誰是誰」，讓後代子孫無所遵循，難道是當今掌權者的心意嗎？誰為台灣血淚歷史寫下「人生自古誰無死，留取丹心照汗青」的篇章？誰又是文天祥筆下「龍首黃扉真一夢，夢回何面見江東」的叛徒？豈容有模糊不清的面貌。

一九八〇年高金郎密告施明德被逮捕之後，施明德被特務疲勞偵訊，這不堪的過程中特務就已經向他證實，高金郎和徐春泰兩個與施明德一同關在泰源監獄的叛亂犯是領獎金的出賣者，還順便酸他：「**你們那些難友，沒有幾個是好東西。**」更故意刺激他：「**拐走你老婆、霸佔你財產的蔡寬裕是你的難友，現在又是你的難友……。你知道嗎？你在逃亡的時候，你的叛亂犯難友們可忙得很。到處打聽你的下落，一面跟我們保持聯絡。有的還主張必須把你幹掉，以免你被捕後受不了刑求，會供出泰源事件的內幕。你的小嘍嘍楊碧川就是主張幹掉你的人之一……。**」[6]

特務肆虐的時代，這種被身邊叛徒出賣的傷痛是不能到處張揚的，只能隱密地在政治犯族群裡悄悄地互相舔血舐傷；而特務機關小心翼翼地繼續把叛徒的身分都藏好，好擔保線民不被識破，才能確保這樣的勾當可以持續地複製下去；外面虛偽懦弱的社會永遠披著祥和的

6 施明德，《軍法大審回憶錄》二〇二二，時報出版，台北。p.39。

外衣，大家都有默契地表現得十分恭順。讓人百思不解的是改朝換代以後呢，為何真相還是落得繼續遭到新掌權者深鎖的命運呢？為何受難者得不到真相的慰藉與正義的平反呢？人類社會雖然已經進入不再時興血債血還的文明時代很久了，但這不表示正義不用兌現，人民有權利知道，政府有義務開放，那些當時讓他們不解與恐懼的秘密與勾當是些什麼？受難者是如何被人構陷羅織受罪？這是最起碼的正義而已，也做不到嗎？白色恐怖之後的掌權者總不能讓當事人自己獨立承擔起考古般的偵探責任，就算挖掘出真相之後呢？真相之於國家與人民依舊是私密性的，不是公共性的，因為國家沒能表達出一種態度，沒有態度就是不義。我們盼望國家拿出正義凜然的態度來面對過去政府犯下的邪惡之事，這種時刻沒有所謂中立的空間，任何軟弱的中立態度在不義的事情上，都是一種「平庸的邪惡」[7]不管是面對現在進行式或過去式的邪惡，中立的態度都是可疑的。今天（二〇二二年二月二十八日），面對俄羅斯侵略烏克蘭的戰爭，兩百年來一向以中立著稱的瑞士，也宣告放棄「瑞士中立」。民主化之後的民進黨的掌權者們，到今天還不正式對社會公布當年到底哪一個領了五百萬獎金出賣施明德，這一件當年國民黨普天同慶，黨外人士人神共憤的政治、道德與價值衝突事件，獨裁者當年帶領整個國家道德墮落，現在的領導者又帶領了國家道德衰敗，真是很羞恥的一件事。

「**我們必須表達立場。保持中立就是助長迫害者，而對受迫害者不利。抱持沉默只會助長折磨者，而不利於受折磨者。**」這是一個納粹集中營的倖存者埃利維瑟爾多麼痛的領悟。回頭看看我們自己，我們全都是白色恐怖的倖存者以及幫凶，誰是倖存者誰是幫兇分也分不清楚，

7 漢娜．鄂蘭，《艾希曼耶路撒冷大審紀實》二〇一三，玉山社，台北。

當年大多數的我們都沒有表達立場，要不然我們今天就可能是受難者，這道理其實大家心裡明白。令人百思不得其解的是，今天轉頭面對過去時我們依舊保持沉默，這沉默是想讓誰繼續受折磨？讓誰在心裡繼續獨自受折磨嗎？關於這個疑問，同樣是集中營倖存者的普里摩李維寫道：「**儘管如此，由於無法假設大多數德國人都不把大屠殺當一回事，也說明他們在希特勒的恐怖統治下已淪為懦夫。這份懦弱深入民間，深入肌理，讓丈夫不敢開口對妻子說，讓父母不敢開口對子女說。不懦弱，大多數極端行為就不會出現，今天的歐洲。以及全世界也會大不相同。**」[8]江鵬堅的真實身分不對自己的妻子說，也不對兒女說，但他至少選擇對他敬佩的，信賴的受難者坦誠。近半個世紀的恐怖統治在台灣，當然不會只存在一個特務，但截至目前為止只有一個江鵬堅，作為一個特務他來到教會成為一個基督徒，死的時候像一個基督徒，不再是特務。「**可想而知，那些對駭人真相知情且難辭其咎的人，有足夠的理由緘默不語。**」[9]可惡的是，當江鵬堅挺身而出道出真相時，像謝長廷這樣的人，一生靠把持住自己的秘密而飛黃騰達者，不僅沒有低頭反思還大言不慚地提供漏洞百出的說法，或歪曲事實，或根本是全然造假的見證。

如今（二〇二二年初）施明德先生與我再度成為一個當年為國民黨所豢養的特務謝長廷的被告。此次牽涉的是白色恐怖時期美麗島事件辯護律師謝長廷鮮為人知的真實身分。說鮮為人知，其實也與長年存在社會上的事實不合，因為至少二十年了（自一九九九年始），社會上

8 普里摩李維《滅頂與生還》二〇二〇，時報出版，台北。p.30。
9 普里摩李維《滅頂與生還》二〇二〇，時報出版，台北。p.30。

有許多正式出版的書籍和許多的傳播媒體都熱烈討論過，並以很大的篇幅指證歷歷謝長廷出身調查局特務的過往[10]，可謂史跡斑斑。

晚近幾年，一些檔案出土和一些進行中的歷史研究，使我們更清楚特務統治系統的結構。掌權者背後是怎樣龐大嚴密的一大群特務網絡才能羅織成一張政治犯的判決書；而沒有被槍決的政治犯出獄時還得找到二人願意簽保結書的保人……否則踏不出監獄的大門。就這樣政治犯出獄後的人生，基本上還是難以逃脫掉抓耙子如影隨形嚴密的監控，或是災難性地淪為抓耙子本身。等到民進黨執政後，政治犯的人生將又多了一張莫名其妙的「回復名譽證書」[11]，這一張紙，實在令人為民進黨掌權者的法理、歷史與文化水平汗顏，彷彿過去的不名譽者是政治犯一樣。在舉世的評價中，反抗外來統治，反抗獨裁壓迫都是國家的菁英、秀異人物，獨在台灣在民進黨統治階級眼中，他們是犯人，仍是不名譽的，所以才需「恢復名譽」，而不是褒揚令！然而，一個恐怖時代的特務，可有一張證書呢，沒有人知道。當年他們大多用化名，事過境遷，拍拍屁股走人，揮一揮衣袖不留一片雲彩。

國家檔案到今天依舊被公權力公然違反憲法，不合情理，不講道義，可惡地把「情報來源」、「通訊員」、「情資」、「關係人」、「舉報者」、「密報者」、「內線」等等這些關鍵遮掩起來。

---

10 白瑄，《全民公敵調查局》一九九九，台灣之聲，台北。

11 回復名譽證書：第二次世界大戰後政府長期實施戒嚴，使民主發展與人權保障受到阻礙，前輩因政治案件致生命或自由遭剝奪、尊嚴被侵害，政府秉持勇於面對歷史事實與誠意負責的態度，檢討反省過去所造成之錯誤，致力重建自由、民主、安定與祥和的社會。×××先生及家屬因政治案件名譽受損。中華民國政府特頒此證，以回復名譽。

歸根究底，民進黨主導通過的「政治檔案法」猶如國民黨的「檢肅匪諜條例」一般邪惡，差別只在於政治檔案法針對的是國家「侵犯人權」的檔案，檢肅匪諜條例針對的是「統治者所擔憂」的人。然而「檔案」與「人」都一樣，在惡法的摧殘之下，最重要的部分都被毀滅了，不管那最重要的一部分只是百分之一或千萬分之一，只要是最關鍵的部分，一旦被破壞時，就失去了意義。檔案，只剩下一堆訊息的堆疊，失去了意義與正義；人，則如行屍走肉。然而，什麼是轉型正義的真諦，難道不在於我們大家「共同認為」過去這一段時間（一九四七～一九九二）國家動用「不義的法律」、「野蠻的手段」、「殘酷的刑罰」、「邪惡的監視」來迫害掌權者心中所擔憂的「自己的人民」嗎，而這其中不義的、羞恥的、不名譽的是掌權者及其附庸者和特務，以及一整群「平庸的邪惡」的公務人員、軍人與警察，是他們應該為自己過去的「不義」的行為與「不名譽」行動深刻「悛悔」，因為這才是國家要轉型的部分。一個「政治良心犯」在任何時代都一樣，他沒有任何「不名譽」需要被回復；相反的，正是他的良心才給黑暗時代折射出一點光芒，也是他無辜卻得承受罪與罰，才反射出國家政治的骯髒、權力者的不義和施行者的邪惡。

破碎的檔案，破碎的人，破碎的歷史，破碎的心，失落了證據，沉默的證人，我都無所謂，也不嫌麻煩，什麼也阻止不了一個求知若渴追根究底偵探的行動。我知道證據常常是可以被變造的，但我更知道唯有經過一顆澎湃的大腦研究與思考，才能穿透被惡意蒙蔽的真相。

懇請諸位法官大人，別在意我講話的方式是否是您們所習慣的辭令，但請集中注意力考察我說的話是否可信？是否為真？蘇格拉底的申辯篇就這麼說：「**這是法官的責任，正如抗辯**

人的首要責任是說真話。」[12]

最後，才能請各位先生女士與法官們回答，在現行的憲政法律體系之下，我從事了幾乎半輩子的歷史研究與思考是否得以讓我對美麗島辯護律師謝長廷的真實身分這樣一個歷史公案，作出合理的判斷和評論？是否一個人可以自由地表達出自己的研究與思想的結論？特別是當這位說話的人是一個當事人，是一位反抗者、奉獻者也是受難者。

12《柏拉圖全集：卷一》柏拉圖，左岸，二〇〇六，台北。

十分恭順的人

像謝長廷這樣一個生於一九四六年的人到底是誰，怎麼活他的一生？他生在二二八大屠殺的前一年，成長於我們國家漫長的戒嚴白色恐怖統治時代，一九六七年進入校園特務密佈的台灣大學，一九七〇年成為一千七百多名報考者中的幸運八名錄取律師高考[13]，一九七二年考取獎學金赴日求學。一個如此傑出表現之人究竟如何存活在特務監管之下？既然美麗島事件作為他人生的轉捩點，那麼美麗島事件之前，他都在做些什麼？想些什麼？美麗島事件之後，他又做些什麼？說些什麼？誠然，若要深入了解一個人，不能不深究他的個人風格，也不能不看清他所處的時代風貌，那麼我們就不可免去深入地去考察二戰結束時國民政府軍事接管台灣之後，所施行的特殊統治型態到底是什麼運行的，特別是在一九四七年二二八大屠殺之後，被稱之為白色恐怖統治的獨裁戒嚴軍管體制（一九四九～一九八七），到底如何運作，靠什麼讓它能運作了如此長久近半個世紀？鄭重提醒鈞院，在沒有仔細了解本件關鍵的歷史時代和極特殊的歷史角色之前所下的任何判斷，都是枉斷。我們不能不謹記，悲慘時代裡荒

13 涂欣凱碩士論文：《戰後外省律師社群在台灣的發展一九四五～一九八七》二〇二〇，政大台灣史研究所。

謬與殘酷案子，就是維持白色恐怖統治運作的關鍵螺絲釘——特務，特務們一個個的盲目或趨利地服從與枉斷，鑄成一整個時代的悲劇，三條淡水河流也流不完的受難者的血與淚。

在進入歷史研究之前，先釐清本件的關鍵字：「特務」。關於「特務」維基百科說：「特務，或稱特工，是指受一國政府派遣從事秘密情治、搜捕、暗殺、破壞、諜報工作的人員，例如間諜、秘密警察等。」[14]實際上，這是任何一個現代國家都會有的攸關「國家安全」的基本配置，是一個正常的配置與中性的詞。人們也經常從電影與小說中的描述，多少理解特務的光明與黑暗神秘的一面。我們必須了解，只有當一個國家過度擴張或使用或將其用於對付監管自己的人民時，我們才說這是一個「特務統治的國度」或這是一個「警察國家」。在蔣氏政權恐怖統治下受難二十五年半的施明德，曾在他的遺囑中這樣描述：「**自保和自衛也是人類共有的兩種求生本能，無可厚非。問題是出在自保與自衛難於做得適度，剛剛好達到既利己又不傷人的平衡點上。再加上三十年來，國民黨獨霸台灣，大權在握，沒有任何制衡力量可以約束她，致使她可以縱心所欲，為所欲為，終至超越了其『少數民族』和『少數統治多數政權』求生存的必要程度。其結果是——自保過度便形成特權階級；自衛過度便出現侵犯人權。這，就是國民黨政府何以會有反民主、反人權的形象的另一個真正根源。這，也是自有人類社會以來所有『少數統治多數政權』或獨裁政權，終必淪於反民主、反人權的窠臼的道理。**」[15]

人類社會近一百年來的特務恐怖統治，最著名的例子便是西班牙的佛朗哥政權、德國希

14 特務：https://zh.wikipedia.org/wiki/特務。

15 施明德，《施明德的政治遺囑》二〇二二，時報出版，台北。p.187。

特勒政權、南非白人政權、東德的共產極權、蘇聯史達林政權和台灣的蔣氏政權，他們的共同特質都是將秘密警察與特務系統拿來迫害異己和監視人民，並誘發人民互相告密舉發以求自身的生命安全甚至於成功發財，統治者便從中編織統治者與被統治者的利益交換系統和依存關係。台灣在警察國家之中表現最為出類拔萃的部分是統治時間的長度——軍事戒嚴的特務恐怖統治長達三十八年之久，人在如此漫長的心靈恐懼與精神扭曲中所導致的道德敗壞影響可能更加深遠。

研究二十世紀極權統治最著名的政治哲學家漢娜・鄂蘭曾精闢闡述：「**現代的專制體和以往的暴政之間的根本差別在於，恐怖不在是一種壓迫和威脅對手的手段，而是一種統治十分恭順的民眾的工具。我們今天所理解的恐怖是事先沒有任何刺激也會突然產生，它的受害者即使從壓迫者的眼光來看似乎也是無辜的。**」[16]白色恐怖統治就像鄂蘭所描述的是「統治十分恭順的民眾的工具」。從一九四七年到一九七九年，台灣民眾確實是「十分恭順」的沉默的一代。在那個時代裡，今天大聲高喊「勇敢ㄟ台灣人」的人，當初也全都是「十分恭順」的人。

鄂蘭的研究很大一部分奠基於對猶太人和德國納粹的深入探討。我發覺她描述猶太人的某些部分，恰恰也是台灣人的歷史處境：

「**無論他們是對以往歷史的無知還是誤解，都使他們致命的低估了眼前前所未有的危險。但是，同樣必須記住的是，正是猶太人本身的歷史特性令其缺乏政治能力和判斷力，這是一個未曾有過政府、未曾有過國家，亦未曾有過正式語言的民族。……結果使猶太民族的政治歷史**

16 漢娜・鄂蘭，《極權主義的起源》二〇〇九，左岸，台北。p.35。

比其他民族更加依賴於無法預見的偶然，因此猶太人躊躇於不同的角色之間，對任何事情都不負責任。」[17]

一九四五年二次大戰結束之前，台灣人一直是殖民地人，歷經從荷蘭、西班牙、清帝國和日本帝國的外來統治，台灣人也如猶太人一樣「未曾有過政府、未曾有過國家，亦未曾有過正式語言的民族」，面臨戰爭終結國際局勢大變之際，殖民地知識份子表現「缺乏政治能力和判斷力」。那一整代的知識份子，帶著想掙脫殖民統治的急切的心，盲目地傾向中國，甚至一廂情願地把中國當作祖國看待，中國人抗日時可沒有一絲一毫考慮到解放台灣同胞，在中國人心底台灣人與日本人在當時沒有太大差別。待二戰結束，他們沒有能為台灣作出有遠見的政治判斷，進而形成有意義且有效的政治行動，也沒有讓自己與台灣人民避開殺身之禍（二二八大屠殺）。甚至更可悲的是，許多有中國經驗的「半山」人士[18]，在台灣主權更替的歷史關鍵時刻成為中國統治者運用的特務角色，如軍統局的張士德（原名張克敏，台中人）[19]是最先進入台灣的特務，他一方面命令陳逸松律師籌組三民主義青年團歡迎國軍到來，另一方面吸收線民進行地下工作[20]，他主要是吸收流氓、角頭、酒家、舞廳和私娼寮收保護費的低級黑

17 漢娜・鄂蘭，《極權主義的起源》二〇〇九，左岸，台北。p.37。

18 半山：指台灣日治時代，即到中國發展的台灣人，他們通常精通日語、中文和台語。包括黃朝琴、游彌堅、劉啟光、李萬居、連震東、謝東閔、黃國書、蘇紹文、丘念台、蘇紹文、林忠等，他們任政府要職，標榜祖國經驗和三民主義，自成一個集團，一面搶佔日產，擴展資源，一面相互結合鞏固共同利益。

19 陳翠蓮，《重構二二八》二〇一七，衛城，台北。p.134。

20 陳翠蓮，《重構二二八》二〇一七，衛城，台北。p.147。

道作為線民，提供地方情報和監視台灣社會。據美國戰略情報局組長克拉克說，張士德透過王萬得組織台北流氓一千人[21]。一九四六年，新來的統治者為貫徹中央政府的「肅奸」政策，竟在剛剛脫離日本殖民統治半個世紀的台灣展開「全省漢奸總檢舉」，警備總部稱接到民眾檢舉，逮捕了辜振甫、林熊祥、許丙、簡郎山、陳炘……等等日本時代的台灣菁英，現在我們才明瞭，這名檢舉人是赫赫有名的大律師陳逸松[22]，而一年之後我們將發現二二八大屠殺台灣叛徒之一也是陳逸松律師，他被警備總部調查室主任陳達元派去臥底在「二二八處委會」，幫助統治者掌握重要台籍菁英的情資，在重要法律文件上埋暗樁（處委會的組織大綱）[23]，確保統治者能順利進行同時安撫與出兵的「兩面手法」來鎮壓二二八掀起的人民抗暴行動：當蔣介石的軍隊正在橫渡台灣海峽時，陳儀和柯遠芬笑裡藏刀笑臉迎人，對著台灣菁英們所提的政治要求擺出一副讓步的姿態。

根據一份〈所報劉明、陳逸松為陳達元運用人員〉的國防部軍事情報局機密檔案記載：

「查該劉明與參政員陳逸松二人，於三月四日應邀出助救亂，經報秉獲陳長官（陳儀）兼總司令核准運用，並於三月六日奉陳兼總司令派為總部別働隊副司令有案，無日均與弟（陳達元）密取聯絡，並逐日將工作情形彙交弟，轉報長官。迨國軍登陸救援，該員復奉陳兼總司令手令，協助弟緝捕奸逆，表現至佳。白部長（白崇禧）返京之日，陳長官且條派姚副官親到弟寓所查

21 陳翠蓮，《重構二二八》二〇一七，衛城，台北。p.66。
22 黃惠君，《二二八消失的政黨》，二〇二二，台北文化局，台北。p.220。
23 黃惠君，《二二八消失的政黨》，二〇二二，台北文化局，台北。p.216。

取該員簡歷，荐充新任台灣省府委。所傳參加叛亂，卻非事實等語。查該劉明於事變中，本處並無蒐獲該員參與叛亂，及煽惑學生罷課之情報，惟該員係由陳達元同志運用，曾深入『二二八』事件處理委員會活動，參加開會。」[24]這份檔案說明了，劉明與陳逸松是陳達元所運用的臥底特務，並且有向陳儀報備，然而時局混亂，其他特務單位或許不知情，因此必須通報，以防止好不容易吸收來的特務被折損。實際上是一種統治者減少武器消耗的考量，子彈再買就有，一個功能強大的特務是可遇不可求。

二二八大屠殺之後，台灣社會進入前所未有的嚴峻而殘酷的特務恐怖統治，當英勇的反抗者幾乎被消滅殆盡後，存留的台灣社會菁英如陳逸松們之流和一些明哲保身之士，他們的表現正如鄂蘭所言「躊躇於不同的角色之間，對任何事情都不負責任」，其他如依附國民黨以牟利者，與被國民黨監管者，大家都「十分恭順」地存活著。包括特務，也包括特務豢養的線民，都在其中長期「十分恭順」勤勉地工作著。今天我們回顧這一段歷史，探究其中的真相，必須注意到「特務」對一個人也許是一個羞恥與罪惡感的道德問題，但絕不是一個關乎名譽的問題。特務本來像警察，是一個國家行使治權所必要的人事制度，是一個職務，也是一個國家在國防外交上不得不的配置，問題在於極權統治者濫用了個職務的功能。

然則，臥底特務也出英雄。一九三九年德國入侵波蘭，威托德．皮雷茨基與同袍成立地下反抗組織，一九四〇年他為了執行波蘭地下組織的秘密任務，自願被納粹逮捕送到奧許維

24《人名案，(陳逸松案)》檔號：0037/0410.9/8000/3/047，檔案管理局。引用自黃惠君，《二二八消失的政黨》，二〇二二，台北文化局，台北。p.219。

茲集中營，在艱險的環境下建立互助與互通訊息的網絡。一九四三年他利用烘培麵包的時候與其他兩名囚犯逃亡成功，他打算親自向當局提出要求，當地的家鄉指揮官對他的故事半信半疑，因此不願接受他的請求前去攻打集中營解放囚人。皮雷茨基後來成為反共臥底地下組織「獨立」的成員，這個組織在紅軍抵達時進行運作，而他也在一九四四年華沙起義中有不凡的表現，他幾乎一個人在街上對抗德軍的裝甲部隊長達兩個星期。二戰之後，他加入了在義大利的波蘭第二軍，在那裡寫下一九四五年報告，並且開始從事他在波蘭的做後一次絕命任務。他的報告出版成一本書《奧許維茲臥底報告——自願被關進納粹集中營的波蘭英雄》[25]，事實上，他確實是一名臥底特務；真相是，他更是一個英雄。

不要懷疑，我說的話是否離訴訟標的太遠，絕對沒有。「誰來擔任叛亂犯的辯護律師？」難道不是極權統治者的重要顧慮嗎？「誰能為叛亂犯辯護？」整個白色恐怖時代的台灣人有關心過嗎？一個需要大量製造叛亂犯和匪諜的統治機構，怎麼會沒有考慮到法律體系運作的一個重要環節「律師」呢，這是不能想像的事。

二二八時代，台灣有一個陳逸松大律師，難道美麗島時代，一個大律師們崛起的時代，難道裡頭沒有「陳逸松們」嗎？

事實是，謝長廷是軍法大審辯護律師；真相是，他是蔣經國政權安排的律師。

25 威托德．皮雷茨基，《奧許維茲臥底報告》二〇一四，衛城，台北。

政治禁忌

每當我們翻閱人類漫長的歷史，俯拾可見掌權者殺人或屠殺之後所形成同時代的政治禁忌，重重地壓在那一整代人心底，成為那一個時代阻礙人性與道德發展的毒素。國民黨政權在台灣的政治禁忌就是二二八，也是在這個政治禁忌之上奠定了它遂行恐怖統治的基礎。

一九六九年被國民黨長期政治迫害的殷海光教授，在死前五個月挺著胃癌末期的病痛寫下〈剖析國民黨〉這篇文章，他分析道：「**經歷過一九四七年大屠殺的折磨（二二八），政治動盪的麻痺，台灣海峽戰事的驚嚇，道德傳統的淪喪：人民日夜戒懼，人與人之間互相懷疑，於是對公共事務亦漠不關心。台灣這樣的社會肯定要原子化的。跟著，一般人的個性都變了殘廢，人格腐爛。所以，他們大多數人不能信守生物層以上的任何原則也就不值得驚奇了。**」[26]這一篇以英文寫作之論文當年根本不可能在台灣發表，該文精準地使用了「大屠殺」這個字眼（現在連我們同時代的學者們，其中不少人都不見得有膽使用這個字眼，他們大多偽客觀而恭順地稱：二二八事件。實際上，這無非是中了國民黨毒，賣了自己的靈魂，給恐怖穿上偽中立的

---

26 殷海光，《殷海光全集10：政治與社會（下）》二〇一五，台大，台北。p.1347，1355。

外衣。）同時更貼切地形容了恐怖統治下的人心如何地腐敗，簡直從「人」的層次墮落至「生物」的曾次。我讀這篇長達二萬字的摘譯長文〈剖析國民黨〉感觸很深，他劈頭第一句就說：**「今天（一九六九）的國民黨和它在清末出現時的內涵已沒有什麼相同了，我實在看不出有什麼理由期望它源遠流長，或在中國歷史的未來階段恢復它本來的面目。」**[27]我不知其他的美麗島受難者作如何想，但遠在施明德還在牢裡時，又或民進黨執政以來，又或陳水扁總統貪污之時，近或蔡英文總統說出：「威權時期大家不是都選擇服從嗎？」[28]之時，施明德都深切地感受到那如殷海光先生一模一樣的失望與哀愁，在他心底迴盪著同樣的嘆息：「今天的民進黨和它在美麗島政團出現時的內涵已沒有什麼相同了，實在看不出有什麼理由期望它源遠流長，或在台灣歷史的未來階段恢復它本來的面目。」讀者要知道，殷海光先生的伯父殷之衡是辛亥革命的參與者，岳父夏聲是跟著孫文一起參與辛亥革命的人，而施明德先生則是美麗島政團的主要工作者，他們都清楚地認識且記得他們當年反抗「滿清腐敗」或「蔣家獨裁」的初衷，其內涵與美感是什麼模樣，絕非後來這種「腐敗邪惡的面貌」。

二二八大屠殺，怕是被遺忘又被誤解太久了。

一九八五年時，施明德的牢獄人生來到第二十年，孤孤單單地在太平洋上的火燒島，他以為他曾有一群黨外新朋友，但關進監牢後，其實他誰也沒有，依舊是孤苦伶仃。就在這一

---

27 殷海光，《殷海光全集10：政治與社會（下）》二〇一五，台大，台北。p.1330。
28 新頭殼〈顏厥安證實總統說「威權時期不是大家都選擇服從嗎？」〉二〇一六年八月八日。

年，就在施明德生日的這一天（一月十五日），國民黨慣用的恐怖暗殺手段被美國ＣＩＡ破案，在這個歷史關鍵時刻——二二八以降整個漫長的恐怖統治唯一被破案的一件，他決心以一個囚犯唯一能使出的最後手段：「無限期絕食」抗議，祭上自己的一條命，給國民黨當局施加壓力，逼迫還在用恐怖暗殺方式走回頭路的國民黨，立刻開放黨外組黨、釋放除了他以外的其他政治犯，並解除戒嚴。就在施明德進行無限期絕食期間，民進黨成立了，三十八年舉世最長的戒嚴令解除了，時序來到一九八七年一月份家屬接見時，他囑咐妹妹施明珠：「你代我向畢齊樂[29]代表致謝，其次替我勸謝長廷、藍美津、尤清不要再鬧下去了，並代向江鵬堅說明，今年是二二八事件四十週年，請他們要舉辦追悼會。」[30]這才終於催生了台灣社會第一次公開紀念二二八的活動。施明德先生是親眼見證二二八大屠殺的人，他看見真相，有勇氣承受真相的洗禮，拒絕權力者所有關於二二八歪曲歷史粉飾太平的謊言，他記住了他看見的：「國民黨殺了不屈服的人，還有那些拿起槍反抗的學生」在這個真相面前，他沒有選擇因為恐懼屈服在強權之下，他選擇追隨反抗者的腳步，他看見子彈鑽入心臟後噴出的鮮血，像一朵永恆的鮮花，像一句鐫刻真理的詩，他義無反顧地追隨他們的腳步。[31]

「**沒有什麼比懷抱著一個不能說的故事更讓人疼痛。**」[32]。二二八大屠殺之後，人被殺死，家庭破碎，孤兒寡母頓時無依無靠，就像經歷了一場莫名的戰爭，可是，更淒慘的是這是一

29 當時梵蒂岡駐台代表。
30 國家檔案檔號：0069=00H00-1537=34=41=1=0009。
31 施明德，《囚室之春》二〇一二，施明德文化基金會，台北。p.62-82。
32 Maya Angelou 美國詩人，一九六九。

場不可言說的秘密，悲劇發生了卻不准哭泣與訴說，死了人卻不准紀念與哀悼，難道台灣人不知道死的是「起義的英雄」嗎？很多人不方便承認，可是施明德知道，並且記住。國民黨視「二二八」為政治禁忌乃是因為他利用了我們之間的叛徒，並且屠殺了我們的英雄[33]。打從二戰結束國民黨軍事佔領台灣開始，特務就是第一批進駐的，吸收線民建立監視體系就是統治者的佔領台灣的首要考量，兩年後的二二八大屠殺可以說是軍統特務統治的一場驗收，一場的佈建特務運用台奸、誘敵、屠殺之完美演出。台灣的反抗者英勇犧牲，是殖民地子民天真地缺乏政治經驗（統治經驗），也是勇者在人類暴政統治下的宿命，但也和汲汲營營的鑽營私利者的出賣脫不了關係。二二八的歷史研究者黃惠君女士這麼提問：「為什麼改革人士及各地仕紳，從南到北，遭到全面性逮捕及殺害？驚人的逮捕名冊，在短時間內完成。事實上警備總部參謀長柯遠芬在各地處委會成立之際，便以特務潛入，一是製造內部分裂，二是收集政治異議份子的名單及言論。」[34]當時最高軍事幕僚柯遠芬一開始便擬定了安排特務與流氓進入處委會的策略，並交予蔣介石派做國防部保密局台灣站站長台灣人林頂立（雲林莿桐人）執行。林頂立派許德輝（化名高登進）進入政治建設協會臥底，並要求許德輝召集台北市各角頭流氓待命，「乃派許德輝同志，出面掌握台北二十二角頭流氓及一部分純良學生，指示方針，參加為反間工作。」[35]在如此短的時間可以精準收集攻擊名單，乃是靠自一九四五年軍事接管

33 黃惠君，《二二八消失的政黨：台灣省政治協會一九四五～一九四七》二〇二一，台北文化局二二八紀念館，台北。

34 黃惠君，《激越與死滅》二〇一七，遠足，台北。p.164。

35 黃惠君，《激越與死滅》二〇一七，遠足，台北。p.168。

台灣後，在地扎扎實實的特務工作。誰能臥底，當然只有台灣人自己才能臥底在台灣人的圈圈裡。就像納粹政權在如此短的時間可以如此有效率地屠殺猶太人，也是靠賣了靈魂與自己人的猶太人，特別是那些猶太人裡面位高權重富有的猶太人。[36]我在湯守仁案的檔案裡也發現，二二八的水上機場事件後，國民黨為佈建水上機場指揮官湯守仁得大大傷腦筋大費周章精心安排，因湯守仁是日軍中尉講的是日文和鄒族語，監視與聽不易啊。唉，每一樁慘不忍睹的政治案件背後都是一群叛徒與特務暗黑勾當的傑作。

二十世紀人類歷史的黑暗面溢出了自古以來傳統政治鬥爭與戰爭的血腥，轉向國家暴力對自己轄下特定族群的「大屠殺」。俄羅斯作家瓦西里．格羅斯曼在他的巨著《生活與命運》裡這樣描述大屠殺發生時的情景：「**在這個時期暴露出來的人類天性最驚人的特點就是順從。有時候，前往行刑的地方要排很長的隊，等待被殺的人就自動排隊**。有時候，等待刑行要從早晨等到深夜，在長長的炎熱的一天中，已經知道這件事情的母親提前帶著水和麵包為兒子準備著。成千上萬的無辜者感覺到自己快要被逮捕了，提前把衣服和毛巾包好，提前和家裡人告別。千百萬人在巨大的集中營裡，這些集中營不僅是他們自己建造的，而且自己看守著。

不是一萬、二萬人，甚至也不是幾千萬人，而是無數的芸芸眾生成為旁觀者，看著順從的無辜者被殺害。他們不只是順從的旁觀者，等到要他們要做表決的時候，他們會眾口一聲的表示贊成大規模屠殺。這種大量的人的順從，是新發現的一種意外。

當然，也有反抗，也有人英勇、頑強，也有起義，也有自我犧牲。有的人為了挽救毫不

36 漢娜．鄂蘭，《極權主義的起源》二〇〇九，左岸，台北。

相干的陌生人，獻出了自己和家人的生命。可是群眾性的順從總歸是無可爭辯的事實。

這種順從說明了什麼呢？是不是說明在人的天性中忽然出現了新的特點？不是。這種順從說明有一種新的可怕的力量對人的影響。極權社會的超級暴力，足以造成所有大陸上人類靈魂的麻痺。」37

是否正因為曾經的「十分恭順」，台灣人往往在回顧歷史時，彷彿缺少一種真誠去認識與探究的胸懷，更遑論認錯與反省的懇切。我們曾經的恭順是基於保全自我的壓抑，又苦又心酸，現在你以為你在痛恨國民黨，但這是表象，實際上你是透過恨國民黨恨你自己，透過恨國民黨的邪惡，恨自己的恭順與不堪。誰走過沙漠，鞋裡能不進沙呢；誰活在恐怖統治，心靈深處能不受傷呢，要知道這種看不見的心靈的傷痕總是比身體的傷更加難以啟齒與醫治。

我觀察到，從解嚴到民進黨執政這一段時期，台灣蠢蠢欲動的社會，開始出現一種現象，我稱之為「勇氣過動兒」，他們喜歡遊走在自以為「危險」的邊緣比賽勇敢，可實際上已經沒有真正的危險了；他們喜歡高喊刺激的口號，還經常對著奉獻了一輩子的人提出的嚴肅的政治論述「感到不夠勇敢」因此恣意地羞辱他們。如果仔細檢視這些人的過去，我們會發現這些人在高壓的特務統治時期，過得可比誰都恭順。這個奇特的現象讓人好奇，不知誰在背後動員的所謂民進黨基層群眾，和沒有任何政治與言論水準的立院三寶林重謨、蔡啟芳、侯水盛，讓他們無腦地對施明德先生所提出的諸如「台灣已經是獨立的國家，民進黨執政不必也不會宣告獨立」、「社會大和解」、「金馬非軍事化」以羞侮、謾罵、叫囂的方式對待，甚至指摘施

37 瓦西里．格羅斯曼，《生活與命運》二〇一七，新雨，台北。p.262-263。

明德「台奸」、「賣台」、「求官」，這樣冷血無情的政治惡鬥，這一股奇怪的力量究竟是誰發動的？其實非常值得探究。

無論是特務的奸巧或是知識份子的恭順，「所有事情都是靠著否認它的存在而繼續存在的」[38]，台灣社會不如真誠地去認識過去，才能改變。不過，也許我們應該這樣想像，他們之中有些人「過動」的勇氣是被「特務」授意的。從施明德的跟監檔案可以發現，國民黨的特務統治並沒有隨著解除戒嚴瞬間瓦解，一九九〇年之後施明德出獄赴美訪問的行蹤與談話紀錄都被記錄得一清二楚，這些「考管」遺風都發生在如今被奇怪地尊稱為台灣民主之父的李登輝時代。而我們也不能忘記，鄭南榕自焚一樣發生在李登輝掌權的國民黨時代。民主之父李登輝過去在蔣經國跟前時，也是十分恭順地伺候著權力，自陳椅子只敢坐三分之一。

38 漢娜・鄂蘭，《極權主義的起源》二〇〇九，左岸，台北。p.78。引用自Gilbert Keith Chesterton。

耳目

「**暴君持之以恆做一件事，不僅極力使人民習慣於服從和奴役，而且還習慣於對他們的崇拜。**」[39]一五七六年的一本小書《論自願為奴》既諷刺又傳神地刻畫了我們所經歷的恐怖時代，人們不只得屈服，還要崇拜，我是真的親耳聽過那個時代裡的小朋友們許願時會說：「我長大以後要當『蔣總統』。」令人毛骨悚然。

二二八大屠殺按照蔣介石政權的「官方說法」叫做「武力綏靖」，源自國民黨在甘肅的剿匪武裝行動，曾執行這種任務的軍統特務陳恭澍說明，所謂「綏靖」是替一個政權起「開路機和清道夫」的作用，輾平一切，清除障礙[40]，歷史事實證明其輝煌的成果是鮮血注滿了高雄火車站前的地下道，屍體飄浮在基隆港、淡水河，每一個大城市的火車站成了槍決的刑場。這一幕幕駭人的腥風血雨烙印在台灣人心底成為不能訴說的恐怖與懼怕，讓有些人軟弱容易被擺佈，不過也激勵了極少數人，為正義走上一條坎坷犧牲的人生路途，我相信他們就義之時

39 Étienne De la Boétie，《論自願為奴》二〇一四，上海世紀，上海。p.52。
40 陳翠蓮，《重構二二八》二〇一七，衛城，台北。p.366。

深信他們的犧牲為人類的榮光增添了些許的芳香，只是沒想到今天這座忘恩負義之島讓他們死得依舊不明不白。**三十三年後的二月二十八日這一天，美麗島志士集體被囚禁在大牢等待死刑判決時，國民黨的政治殺手潛入林義雄先生的住宅裡，利索地一刀一刀刺進他母親與三名幼女驚恐的身軀時，國民黨掌權者心裡算計的正是如何在「創傷症候群」快要復原時，再祭出重重一擊，讓台灣人永遠走不出「創傷症候群」的桎梏，膽怯、懦弱、多疑。當又有成群結黨的台灣人出現時，國民黨特別選在二二八這一天以武力和血警告全台灣人「不要忘記二二八」，乖乖地千萬不要反抗。**台灣人都懂得什麼是二二八，縱然他們很少對孩子們提起，外省人對這一天則無感，才傻傻地相信這是一樁沒有破案的一般社會兇案。這一道台灣社會的裂痕，從一九四七的二二八開始，一九八〇年裂痕更加深擴大，台灣人與外省人各執一詞。今天，每一次談論二二八和白色恐怖，裂痕就更加深加劇，每一個人都迴避掉自己想迴避的部分，否認自己不想承認的部分，**當真相被懦弱地掩藏，我們其實取消了有些人「認錯與懺悔」的歷史機會，剝奪了有些人應有的榮光，踐踏了祖先們犧牲的血，同時也遺落所有應該留給後代的精神與文化遺產。我們把輝煌的歷史變平庸了。**

二二八大屠殺這個武力掃蕩之後，統治者接下來要對我們做的事，歷史上國民黨人稱為：「清鄉」。這可以說是白色恐怖無盡夢魘的開端。我們必須理解，白色恐怖的遺毒，不是靠今日我們台灣人取得政治權利可以清除的，因為它剝奪的不只是我們的政治權利或權力，白色恐怖真正剝奪的是我們作為一個人最基本的道德與倫理，如果台灣人不在這個層次上反思我們生活在其中的恐怖，我們將難以脫胎換骨成為一個像樣的人。

清鄉在清除什麼，又建立什麼？

1.**組織情報網**：「縣市政府及軍憲警須利用各階層份子組織情報網，深入區鎮鄉鄰里各部門群眾，俾探獲奸匪、暴徒、流氓之活動，即予以撲滅。」

2.**運用特務、潛哨**：「軍憲警部隊除配備警戒控制要點，巡邏複雜地區外，並**秘密組織特務隊、潛伏哨，化妝便衣、小販潛布街衢市場及複雜區域**，以撲滅歹徒暴行及秘密活動，遇有反動言行、侮辱政府情節，即予緝捕究辦。」

3.**清查戶口**：「清查戶口如有不符及形跡可疑奸匪、暴徒、流氓等，即予補拿訊辦。於第一次普遍清查後，按需要反覆分區抽查，使歹徒無藏匿之地。」

4.**鼓勵告密**：「人民發現奸匪、暴徒、流氓及行跡可疑者，應速即像當地軍憲警、縣市政府、區鎮鄉鄰里長密告檢舉，或捕送縣市政府或當地駐軍」；「人民檢舉歹徒及密報軍火者，經查緝確實，即予發給獎金臺幣五百至五千元；人民捕送歹徒經迅究確實，即予發給獎金臺幣一千至一萬元」；「如有隱匿不報及窩藏歹徒，即以通謀同黨治罪。」

5.**連保連坐**：「戶口清查後應即辦理連保切結，人民戶取保結，由同鄰里中戶長五人為保結人，**如被保人有不法行為，保結人應受連坐處分**，連保切結書由縣市政府製發。」

6.**填發國民身分證**：「填發國民身分證須即普遍完成之，如查獲未持有國民身分證者，即予扣留查辦。」

7.**收繳民間武器**：「人民報繳私有武器者，按俘獲槍械核發獎金，如查出有隱匿不報者，即以私藏軍火處以極刑。」[41]

41 陳翠蓮，《重構二二八》二〇一七，衛城，台北。p.371。

大屠殺的血都還沒來得及擦乾，掌權者立刻馬不停蹄地以軍憲警透過最基層行政機關，利用民間人士建立情報網、特務潛哨，監視窺探人民工作與生活，並以戶口清查、連保連坐等規定牽制民眾，再以重賞引誘、嚴刑威逼，鼓勵人民相互告密、彼此出賣。

四百年來被殖民的命運，到了這一步，台灣人算是開了眼戒，大明帝國惡名囂張的東廠，和羅馬帝國的恐怖政治，從歷史書本裡躍出紙面成為台灣人生活裡的真實事件，有多麼真實，我們參考一下這一段描述：

「叛國罪是羅馬帝國政治制度運作的核心。威脅和恐怖戰術是羅馬皇帝處理事務並控制下級的重要手段，凡是敢抵抗或策劃謀反的人，便施以酷刑。間諜偵察和揑造指控，都是皇帝的重要武器。但當我們在羅馬歷史學家的敘述中閱讀些可怕的故事，留給我們的印象是獨裁專制的任意和非法作為，而非受到威脅的政治領導人的合法反應。塔西佗解釋，他之所以寫《歷史》這本書是因為，從尼祿死後的內戰到暗殺圖密善的時期，是一個暴政時期。壞皇帝掌權後，出身高貴、富有，甚至拒絕或接受任職，都可以成為政治指控的依據。塔西佗聲稱，局勢非常惡劣，使得美德會帶來最確定的毀滅。皇帝為告密者提供巨額金，以追蹤他們所擔心的人。法院的祭司，執政官和秘密勢力，只能提心吊膽，那同僚中會不會有人被皇帝收買而背叛，由於告密者橫行，導致各地出現浩劫。每個人都對這些間諜又恨又怕。」[42]

一九四九年蔣介石政權打敗仗正式遷台之後，任命毛人鳳為保密局局長，以「肅清匪諜」為目標展開恐怖行動，宣布戒嚴，人民不僅完全失去參與政治的權利，談論公共事務也被禁

42 傑利透納，《古羅馬惡行錄》二〇二〇，智富，台北。p.117。

止，政治變成一樁他們家的家族事業，人民的生活充斥著監視、告密、威脅、利誘、刑求、逼供、監禁、槍決、暗殺、軟禁、孤立、排擠。特務的醜惡、被迫成為特務的罪惡、與特務合作的猥褻感，哪一種比較恐怖，再沒有人分得清楚了。

根據黃杰將軍的警總日記，一九六〇年七月二十二日下午四時國防會議副秘書長蔣經國在國家安全局的訓話要點談到：「十年來我們偵破的匪諜案一共是二四四三八人，釋放的是三三四六人……」[43]大家可以自己去想像，這麼龐大的「政治犯」業務量，其背後對各式各樣特務的人力需求多麼的巨大。

近代史裡的警察國家的國家暴力幾乎都是透過非常具體的法律掩護和合法化其暴力手段。殖民地的奴隸制度、美國的種族壓迫、法西斯的獨裁統治、南非的黑白種族隔離，都是「合法的」恐怖與暴力，當人類社會把「合法」無限上綱直到超越人性與道德時，就是泯滅良知的黑暗時代。歷史悠久的中國人其統治術不容小覷，凡事都要師出有名，在台灣施行的恐怖統治體系的建立，是一九四七年七月，中國國民黨與中國共產黨之間的戰爭全面爆發，由國民黨執政的中華民國政府因而下令動員戡亂，宣告國家進入緊急狀態。一九四八年五月十日，中華民國政府公布《動員戡亂時期臨時條款》，該條款具有優於《中華民國憲法》之位階，等於是凍結了憲法。蔣氏政權在台灣遂行其獨裁統治就依靠「懸置法律」讓國家停留在「動員戡亂」這個「例外狀態」[44]，往後只需不太費力地「增修臨時條款」就可以得到合乎統治者利益

43 國史館，《雷震案史料彙編：黃杰警總日記選輯》二〇〇三，國史館張炎憲，台北。p.70。
44 喬治．阿甘本，《例外狀態》。

的政治結果：一、凍結《憲法》對於總統連任之限制，繼續連任總統。二、解除國民大會行使創制和複決權之限制，並同意其設置憲政研究機構，緩解權力內部壓力。三、授權總統設立動員戡亂機構、調整中央政府組織與訂頒辦法增補選中央民代，以攏絡一些台籍政客。另一方面，二二八之後台灣警備總司令陳誠於一九四九年五月二十日再度宣告台灣地區戒嚴，內容如下：45

一、本部為確保本省治安秩序，特自五月二十日零時起，宣告全省戒嚴。

二、自同日起，除基隆高雄馬公三港口在本部監護之下，仍予開放，並規定省內海上交通航線（辦法另行公布）外，其餘各港，一律封鎖，嚴禁出入。

三、戒嚴期間規定及禁止事項如左：

（一）自同日起，基隆高雄兩港市，每日上午一時起至五時止，為宵禁時間非經特許，一律斷絕交通，其他各城市，除必要時，由各地戒嚴司令官依情形規定實行外，暫不宵禁。

（二）基隆高雄兩市各商店及公共娛樂場所，統限於下午十二時前，停止營業。

（三）全省各地商店或流動攤販，不得有抬高物價，閉門停業，囤積日用必需品擾亂市場之情事。

（四）無論出入境旅客，均應遵照本部規定，辦理出入境手續，並受出入境之檢查。

45 戒嚴令。

（五）嚴禁聚眾集會罷工罷課及遊行請願等行動。
（六）嚴禁以文字標語，或其他方法散佈謠言。
（七）嚴禁人民攜帶槍彈武器或危險物品。
（八）居民無論家居外出，皆須隨身攜帶身分證，以備檢查，否則一律拘捕。

四、戒嚴期間，意圖擾亂治安，有左列行為之一者，依法處死刑。
（一）造謠惑眾者
（二）聚眾暴動者
（三）擾亂金融者
（四）搶劫或搶奪財物者
（五）罷工罷市擾亂秩序者
（六）鼓動學潮，公然煽惑他人犯罪者
（七）破壞交通通信，或盜竊交通通信器材者
（八）妨害公眾之用水及電氣煤氣事業者
（九）放火決水，發生公共危險者
（十）未受允准，持有槍彈或爆裂物者

五、除呈報及分令外，特此佈告通知。

請諸君務必耐著性子字字句句仔細研讀戒嚴令，好幾代的台灣人就是這麼被綑綁和威嚇，喘息困難缺氧又沒尊嚴地度過了三十八年又五十六天。這意味著許多本省人與外省人都得小

心翼翼討別人（抓耙子）與掌權者歡心，因為這些文字解釋的空間無限大，而且可依法處死刑。又因為歲歲年年時間很漫長，漫長到大家都生兒育女，又當祖父母了，所以人人都必須繼續「教導」和「訓育」自己的孩子與孫子「小心翼翼」地活，這是一個想要子孫生存活命的人的責任。恐懼必須蔓延，使得人可以對戒嚴令免疫。勇敢熱情的人，在當時，除了墳場與監獄，沒有別的出路。就像二〇一八年出品的一部電影《蒙上你的眼》（Bird box）媽媽必須近乎冷酷的嚴格地規定孩子生存的規則，唯有在恐懼帶來的謹慎裡，人才能存活下來，她甚至不給小孩取名字，只稱呼男孩、女孩，因為他們誕生在恐怖時代，自由自在的情感本身就是一種危險。

在全中華民國動員戡亂以及台灣省戒嚴的雙重體制下，國民黨控制下的立法院（萬年國會）立刻通過「懲治叛亂條例」，後來發現法律還不夠用，隔年（一九五〇）又通過「檢肅匪諜條例」。這兩種惡法緊密交織成的法網，不管是本省人或外省人，通通逃不過線民的眼，也躲不了軍法的審判，牢獄之災或殺身之禍，端看最高權力者如何盤算。

雷震案時，蔣介石指示：「**雷震刑期不得少於十年。自由中國半月刊一定要撤銷登記。覆判不能變更初判判決。**」[46]

韓若春案時，蔣介石在公文內紅批：「**此種犯罪應判最重刑，刑期如五年、十年，期滿釋放之後，此種人仍將謀亂，則如何處置。中正**」[47]因此，韓若春先生在一九六三年十二月三十一日清晨，從施明德的身旁被拖出去槍決，他的遺書被扣留的四十八年，直到施明德先生帶

46 國史館，《雷震案史料彙編：黃杰警總日記選輯》二〇〇三，國史館張炎憲，台北。p.202。
47 國家檔案：0005029580005。

著韓若春的女兒到檔案局，她才第一次看見父親的模樣，是一張槍決前的照片，第一次聽到父親對她說的話，從父親留給她和媽媽的遺書：「**士可殺，不可辱。苦難的結束是幸福的開始**」。[48]

為了「肅清」一切奸偽，無辜的人經常被刑求成叛亂犯和匪諜，悄悄地被送進大牢，再也無人聞問。「**恐怖只有對那些相互隔離孤立的人才能實施絕對統治，所以，專政政府主要關注的事情之一就是造成孤立。孤立會成為恐怖的開端；它當然是恐怖最肥沃的土壤；也是恐怖的結果。**」[49]戒嚴令、懲治叛亂條例和檢肅匪諜條例，以及多後來訂定的多如牛毛的辦法，主旨都在這個漢娜．鄂蘭分析的「孤立－恐怖－孤立」的無限循環框架裡。

最終若要深究台灣恐怖的特務統治風貌，第一步我們必須花點時間仔仔細細爬梳「懲治叛亂條例」和「檢肅匪諜條例」，認清楚那是一張怎麼樣細緻緊密的法網。

48 施明德文化基金會網站：故事。陳嘉君〈真相，怎可離受難者如此遙遠？〉。
49 漢娜．鄂蘭，《極權主義的起源》二〇〇九，左岸，台北。p.477。

叛亂匪諜

從警備總部看守所被拖出去槍斃的政治犯，都是以「二條一」被處死刑，並沒收財產：「**以非法之方法意圖顛覆政府著手實施，處死刑，沒收財產。**」這可以說是全世界最嚴苛的法律，處死還不夠，連財產也得沒收，表示必須處罰家族暨後代子孫，以防後患。施明德先生兩次被判處無期徒刑，一九六二年「台灣獨立聯盟案」和一九八〇年「美麗島案」都是「二條一」起訴。第三條：「**預備或陰謀犯前項之罪者（叛亂），處三年以上十年以下有期徒刑。**」是施明德的大哥施明正和三哥施明雄的起訴條款。這法律恐怖到不只要懲治你的行動與行為，也要懲治某些時候連你自己難以控管的遐想。第四條羅列出所有要處死的行為，包括「**第七項：包庇或藏匿叛徒者。**」也就是當年施明德通緝令上所載明的條款。50

第五條：參加叛亂之組織或集會者，處無期徒刑或十年以上有期徒刑。（**讀書會因此成為密謀叛亂的集會，招致大家一起去坐牢。**）

第六條：散佈謠言或傳播不實之消息，足以妨害治安或搖動人心者，處無期徒刑或七年

50 通緝令。

以上有期徒刑。（**寫文章也是危險的，特別是寫得越是有道理，越是動人的文章越危險。**）

第七條：以文字、圖書、演說為有利於叛徒之宣傳者，處七年以上有期徒刑。（這一條就夠了，硬生生切斷了所有對文化有熱情的人的生路，他們被迫做一個跟別人一樣庸庸碌碌的人就好，啥也不要多想，比較安全。）

第十條：犯本條例之罪者，軍人由軍事機關審判；非軍人由司法機關審判；其在戒嚴區域犯之者，不論身分，概由軍事機關審判之。因此軍事機關秘密審判，社會毫不知情，舞照跳馬照跑，人人噤聲。

在這樣的法律文字裡，什麼是叛亂組織？怎樣算是集會？何謂散佈謠言？何謂不實言論？何謂破壞治安？怎麼樣算是動搖人心呢？怎樣定義有利叛徒之宣傳？這連特務或者法律人都說不清楚？相信沒人能搞懂，可是不用擔心，特務們的鼻子絕對知道，特務的刑具之下每一具肉體都可以蛻變為一個地上的匪諜，昇華為天上的一個良心犯。一個政治犯的誕生，都需要佈建好幾個不同功能的特務，這是一件耗費人工的手工業，線民、檢舉者、告密者、抓耙子……以及污點證人（通常是同案被告）。被抓了以後，再換一批不同類型的特務，偵訊、審問、嚴刑、拷打……這樣才能徹底肅清統治者心裡所擔憂的潛在的叛徒。

誰是匪諜呢？

第二條：「本條例稱匪諜者，指懲治叛亂條例所稱之叛徒，或與叛徒通謀勾結之人。」按照這種說法，我發現，施明德既是叛徒、叛亂犯也是匪諜。

簡單來說，懲治叛亂條例是給統治者殺或處罰「叛徒」的法律，檢肅匪諜條例則是給統治者的「特務們」搜捕、偵訊、羅織、製造「叛徒」的法源，也是給想要討好統治者好讓自己成功攀爬向上的人民一種合法便捷的管道。

第四條：「發現匪諜或有匪諜嫌疑者，無論何人均應向當地政府或治安機關告密檢舉。主管機關對於告密檢舉人應保守其秘密。」

「檢舉匪諜人人有責」就此漆上了每一堵鄉里巷弄間最醒目的圍牆，人人都應當是告密者，告密是一件光榮的事，抓耙子這種形態的「特務」在當時，數目有多少呢，等一下我們再來數一數。

第五條：「人民居住處所有無匪諜潛伏，該管**保甲長或里鄰長應隨時嚴密清查。各機關、部隊、學校工廠或其他團體所有人員，應取具二人以上之連保切結，如有發現匪諜潛伏，連保人與該管直屬主管人員應受嚴厲處分，其處分辦法另定之。**」

讓我們引用民間真相和解委員會的研究分析，許多人會認為第三方比較客觀：「**國民黨政府高度仰賴特務來監控人民。這些特務無孔不入，他們是監視者、告密者、審查者、也是立法者和治國者。他們包辦迫害政治犯的一切流程，而且不斷製造新的政治犯。**

被特務盯上的人數令人咋舌。一九六七年，國安局的安全資料中心有個人資料檔案近十四萬分。被列檔監控者，除了政治犯和黨外為當然人選之外，還包括一些官方不放心的對象，被歸類為『匪嫌』、『分歧份子』、『台獨份子』等等名目。

安全資料的收集補充，來自特務特有的『田野調查』方式，名為佈建，實為滲透。被佈建的不限於政治圈，也包括軍隊、校園、公家機關乃至校園。」[51]

51 民間真相和解委員會新聞稿。

接下來檢肅匪諜條例具體地鉅細靡遺一一羅列針對疑似匪諜者，它賦予執法者可以做些什麼魔力，魔力有多到？直到沒收他的財產。

第六條：「治安機關對於匪諜或有匪諜嫌疑者，應嚴密注意偵查，必要時得予逮捕並實施左列處分：

一、搜索其身體、住宅或其他有關處所。

二、檢查扣押其郵件、電報、印刷品、宣傳品或其他文書圖畫。

三、攜帶或收藏武器、彈藥、爆炸物、無線電機或其他供犯罪所用物品者，不問曾否允許，得扣押之。」

第七條：「逮捕之人犯或扣押之物品，應即解送指定之當地最高治安機關，依法辦理。」

第八條：「前條最高治安機關對於被逮捕人得為左列處置：

一、罪嫌不足者，予以釋放。

二、情節輕微而有感化必要者，交付感化。

三、罪證顯著者，依法審判。

前項第二款之感化辦法另定之。」

第九條：「明知為匪諜而不告密檢舉或縱容之者，處一年以上七年以下有期徒刑。」

第十二條：**匪諜之財產，得依懲治叛亂條例沒收之**。依前項沒收之財產，由第七條之最高治安機關執行之，並應即造具財產目錄，呈報行政院。

第十三條：明知為匪諜財產而故為隱匿、句充、寄藏、牙保、搬運或冒名代管者，處七年以下有期徒刑，或併科一萬元以下罰金。

第十四條：沒收匪諜之財產，得提百分之三十作檢舉人之獎金，百分之三十五作承辦出力人員之獎金及破案費用，其餘解繳國庫。無財產沒收之匪諜案件，得由該管治安機關報請行政院給獎金，或其他方法獎勵之。（一九五四年以前之版本，之後修改如下）沒收匪諜之財產，一律解繳國庫。破獲之匪諜案件，其告密檢舉人及直接承辦出力人員應給獎金，由國庫支付，其給獎辦法，由行政院定之。這一條邪惡的法律引來不少人倫悲劇，不少覬覦親友財產者，乾脆舉報親友為匪諜，然後順理成章地霸佔其三分之一的財產。

有了具體法律撐腰，獎勵人民告密，又放任特務刑求逼供的情況之下，人人都絕對具有順順利利成為當局心裡所構思的匪諜的潛力。也是在個意義上這個時代配稱得上恐怖。如果你在被接觸的過程中乖乖合作成為舉報者或某種型態的配合型特務，應該算是一種暫時脫逃的方式。但即便是這樣，也不能算得上是一種絕對的保證，高級特務被羅織成匪諜的案例也不少，調查局局長沈之岳為鬥爭副處長李世傑，就上演了一齣一個特務就能把另一個特務變造成匪諜的時代悲劇。**「調查局先辦掉了調查局第一副處長李世傑叛亂案後，接著就把蔣海溶處長也當成匪諜逮捕入獄，辦完了，再辦第四處的副處長范子文，最後再去辦台北處的專門委員戴廣武。」**[52]

統治本身從來不是一件簡單的事，恐怖統治更是一件不容易且繁複的事，它需要龐大複雜神秘的特務體系。若從統治者的角度來思考量，關鍵可能是：「沒有特務，就沒有匪諜。」

52 高明輝，《情治檔案：一個老調查員的自述》一九九五，商周，台北。p.224。

所以，誰來當特務？運用越來越多人來做特務工作，像一隻計畫周密的蜘蛛，織一張密不通風的網是統治者心底最重要的考量。

「一份保安處報告出席青年救國團召開防範大專院校學生被分歧份子運用滋事決議如下：

一、各校加強控制，並運用以學生對付學生。

二、加強大專集訓、華僑訓練與各校團體領導人之訓練，期使各校學生對雷案之觀感一致，免為異心份子滲透。

三、各校自即日起，凡曾參加『自由中國聯誼會』之學生，均予加強注意，並與各生家屬切取聯繫。

四、不論情報與謠言，各校發生後，均應立即追查，不可放鬆。

五、特別加強大專集訓（四千人）期返校後，為各校之安定力，為使觀念一致，擬在結訓前，請警總政治部主任王主任前往講演一次（時間勿超過九月二十二日）（雷震案當時正在偵訊中，預計十月初宣判。）

六、為求情報集中運用靈活，即日在救國團成立簡報與聯絡中心，專責蒐集有關大專學校之動態消息，俾與治安機關保持密切聯繫與協調。

七、發動權威資深之教授發表談話，以轉變不良學生之觀感。」53

53 國史館，《雷震案史料彙編：黃杰警總日記選輯》二〇〇三，國史館張炎憲，台北。p.138。

這些千真萬確記錄在一九六〇年九月十五日警備總司令黃杰的工作日記。這裡頭的很多手法，在一九六九年的「統中案」許席圖的學生自覺運動中，一九八九年鄭南榕抬棺到總統府，一直到一九九〇年的野百合學運，都被廣泛地使用「以學生對付學生」，和教官打電話給家長這一招。野百合時，我親眼見證學生不是被特務和警察逮捕，是被家長逮捕，很多學生更是在廣場上和父母捉迷藏。

根據這份檔案紀錄，台大學生謝長廷後來自己說，他很崇拜許席圖，很幸運能倖免於難，實在令人不可置信。我想如果不是「以學生對付學生」，他是如何能神奇地毫髮無傷呢？

乖乖

「台灣全境成為一個『古拉格群島』，恐怖氣氛四處瀰漫，人權喪失殆盡，幾乎到了偶語棄市的程度。當時，設在台北市青島東路三號的『警備總司令部軍法處』是最惡名昭彰的『台灣的巴士底監獄』，長年人滿為患。幾乎每週都有數量不等的所謂『匪諜』、『叛亂犯』被送到刑場。這種報復心態是每個衰敗的流亡政權所共有。只要這種心態存在一天，不管該流亡政權的人事如何更替，理性的呼聲便難於發揮作用，反民主和反人權的惡行也就絕不會徹底中止！」[54]施明德一九八〇年被囚於警備總部景美看守所受審時，在他的遺囑裡這樣描述台灣在五〇、六〇年代的景象。

恐怖統治之下，流氓、幫派、廟口、雜貨店、檳榔攤、小吃店、特許事業、特種行業、軍隊、公家機關、私人企業一個一個都淪為特務吸收小特務、小小特務的來源，一環扣一環，不管你主動積極還是被動配合，都是一長串特務的一環。當然還有每一個人都必須上學的校園裡，校長、教官、老師、學生，大家都要學習「互相監視與告密」。告密儼然是那個時代至高無上

54 施明德，《施明德的政治遺囑》二〇二二，時報，台北。p.176-177。

的美德。

「可是，由於安全資料是絕對不可能讓當事者過目和知情的，因之我終於無法針對我毫不知情的事態，與執筆者對事物的反應—憑其甚為主觀的、已成官樣模式的，剛由當時之前八年，民國三十八年大陸淪陷的慘痛經驗，這血肉橫飛的新鮮傷痕所得的教訓所擬定而訓練出來，鞏固復興基地清除赤禍，因此過度敏感地演變到視文藝（反共八股式的東西除外）為蛇腹蠍手，加於本能排斥；抑或利用其為宣揚政令視異己為魔鬼加於無情的猛擊的工具—也無法以我不知執筆者到底以何種心態猜測我的心態所建立的安全資料，提出任何辯駁、更正，以閃避不知在何時何地就會被引爆，或繩之於法的無奈，只能像所有的人那樣把自己的生命，盲目地交給所謂命運。」[55]施明正被密告，被約談，被偵訊，猶如卡夫卡《審判》裡被莫名其妙偵訊的K。他是一個詩人、畫家和小說家，不久前才剛得到美國新聞處的邀約要去紐約舉辦展覽，被捕後他人生天大的好機會就由席德進頂替了。施明正被關了五年後出獄，從此放棄了危險要命的文字創作，可是，一個作家沒有了文字人生還有意義嗎，他問都不敢問。為了生活他在親戚家裡幫人推拿維生，直到四弟施明德出獄後幫他租了一間診所，他才自己開業，卻發現很多前來推拿的「假病人」原來是特務，無奈他只好在診間掛上兩位蔣總統的照片，雖引來朋友們的訕笑，他也顧不了。才兩年多，他四弟施明德在全台灣串連，以美麗島雜誌社之名組了一個「沒有黨名的黨」，居然還在大逮捕時意外脫逃成功，神秘逃亡了。自從施明德逃亡，特務為了監視他，直接一刀砍了他忠孝東路診所門前的行道大榕樹，診所門口和後門永遠都有

55 施明正，《島上的愛與死》〈指導官與我〉，二〇〇三，麥田，台北。p.323。

人站崗，還常常有特務進到診間騷擾他，直到施明德被捕後，他感覺氣氛不對，生性敏感的他告訴周遭的人，一定有什麼恐怖要發生，於是帶著才上小學的兒子到高雄三弟施明雄家避一避，果然二二八那天林義雄全家被殺。後來四弟施明德受審時在法庭裡無懼的微笑與灑脫大大刺激了坐在旁聽席的他，讓他重新提起筆書寫關於白色恐怖的小說[56]。一九八五年江南命案破案後，他四弟在監獄裡展開無限期絕食抗議，特務逼迫他去三軍總醫院觀看四弟被強迫灌食痛苦掙扎的樣子，他忍無可忍，一個人在牆邊用頭猛槌牆，強制灌食一結束他立刻在走廊上吐得一地[57]。不知多久之後，施明正開始天光喝酒，天黑喝酒，成天喝酒，一個人喝酒，朋友來也喝酒，沒有人注意到他就這麼默默地陪著四弟絕食，沒有人注意到的時候他就這麼先走到了終點。一九八八年八月二十二日，死於長期絕食營養不良多重器官衰竭，時年五十三歲。他是我的啟蒙者，我高中時讀施明正的小說《島上的愛與死》[58]受到巨大震撼，第一次窺見白色恐怖。

應該是擔心被報復，國民黨白色恐怖時首要嚴密監視的對象就是二二八遺族。沒有能來得及流亡海外的二二八遺族被各種情治單位「監管」起來，無論男女老少，就連一個剛出生的嬰兒也一樣，從他上幼稚園、小學、一直到大學畢業去當兵，所有的資料都跟著他一輩子，一個單位移交給下一個單位，在許多的受難者口述的回憶錄裡，可以看到一個受難者的遺腹

56 施明正關於白色恐怖的小說《喝尿者》、《渴死者》、《指導官與我》。
57 根據也在強制灌食現場的三哥施明雄口述。
58 施明正，《島上的愛與死》，二〇〇三，麥田，台北。

子直到當兵或出國時才發現自己的「特殊身分」，因為家裡基於安全考量一直對他保密，他就成了完全不認識自己父親，不認識自己祖父是誰得孩子，這就是統治者要的結果：讓反抗者和菁英的後代「數典忘祖」失去歷史意識。在二二八的遺孀或者親友們的回憶裡，管區警察的固定家訪和特務不定期家訪，總是日常生活裡一群永遠揮不走的蚊子蒼蠅。這些表示什麼？表示二二八大屠殺之後，所有的受難家族在某個意義上都被監管成一種「不自主」的線民，一種最可憐的特務的型態，一種特務可以騷擾並獲得訊息的「線民」，每一次的家訪，每一次的關心：「你兒子最近在學校如何？」都是一次又一次的「嚴重提醒」。老師在學校看著你兒子，你也得在家裡監管著你的孩子們。你得「小心翼翼」，你得教導下一代「乖乖地恐懼」下去。這就是其中一種隱晦的特務統治形式。人在其中自動地為特務運用而不自知，或者也無可奈何。

漢娜．鄂蘭在《極權主義的起源》一書中分析過：「毋庸贅言，凡在警察發展至權力頂峰的國家，極權主義政府尤其願意透過對廣大民眾的控制來鞏固這種力量，無論怎樣侵犯個人的權利，這種體制總是認為自己不受法律拘束。」[59]另一位二十世紀的哲學家阿多諾，也以一個受難者的身分反思其受損生活，他精準地這麼寫：「**集中營的技術就是讓犯人成為看守，讓被害者變成兇手**。」[60]能讓人不害怕嗎？是什麼樣的沉淪，讓被害者變成兇手？我們不禁要問，當一個人卸下了道德之後，還算是一個人嗎？

59 漢娜．鄂蘭，《極權主義的起源》二〇〇九，左岸，台北。p.303。
60 阿多諾（Theodor W. Adorno），《最低限度的道德》二〇二〇，上海人民，上海。p.116。

如果我們把耳朵貼近用心去聽聽檢肅匪諜條例，像醫生仔細用聽診器聽我們的胸膛那樣，我們將會聽出來這個條例的終極野心顯然就是要把台灣人人都變成特務：「不乖就是匪諜，乖乖就淪為特務。」這種野心毫不加掩飾地以檢肅匪諜條例第五條用硬梆梆的文字訂出沒有人可以躲開的辦法，人人有獎。

一九五三年台灣省政府訂定「**戡亂時期檢肅匪諜舉辦聯保辦法**」[61]：

第一條　本辦法依據戡亂時期檢肅匪諜條例暨有關法令訂定之。

第二條　為防止匪諜潛伏活動，**左列人員應取二人以上之聯保切結（樣式一）**，如無人聯保時，得取具保證切結（**樣式二**）。

一、機關：各級政府機關各種事業機構及各級自治機構之員工。

二、部隊：國防部所轄陸海空軍及聯勤之各機關部隊學校廠庫站院之官兵伕役。

三、學校：公私立各級學校及各種訓練機構之專任教職員工。

四、工廠：公私營大小工廠礦場之職員及受僱一個月以上之工人。

五、團體：各社團及財團之員工。

各級學校之學生或訓練機構之學員生及各種團體之會員社員股東理監事名譽職員及義勇警察自衛隊員等，均暫不舉辦聯保。

第三條　聯保或保證切結，由各機關部隊學校工廠及團體具有獨立預算之單位主管人員

61 戡亂時期檢肅匪諜舉辦聯保辦法（見本書p368-370）。

主辦，並由該單位之人事管理人員協助辦理之。

第四條　辦理聯保切結應依左列之規定：

一、聯保人限於在同一單位取具聯保切結。

二、聯保切結應冠以該單位名稱，是項切結由各單位自行保存。

三、聯保人不分階級，均可互相聯保，但每人以聯保一次為限。

四、每一聯保不得少於二人，如二人聯保中途一人離職或退保時，其餘一人應加入另一聯保，離職人員並應辦理退保手續。

五、具聯保切結人得自由選擇其聯保人，但直系親屬及配偶不得互相聯保。

六、調用之人員聯保手續，由調用機關辦理之。

七、數人聯保應共同填具切結一張。

第五條　辦理保證切結應依左列之規定：

一、新進人員無人聯保時，得暫覓取其他單位同等以上人員二人或領有營業牌照之工商行號一家之保證，保證期間以不超過六個月為限。

二、調用人員如須辦理保證時，其手續由調用機關辦理之。

三、對保由各單位之人事機構辦理之。

第六條　聯保人或保證人得秘密退保，其退保手續依左列之規定：

一、聯保人或保證人退保時，應以書面詳述理由，並列舉疑慮事實，向被退保人之單位主管人員聲明退保。

二、秘密退保聲明書送達後，退保人與被退保人之聯保或保證關係即告解除，但被退保人對退保人之聯保關係仍然存在。

三、單位主管人員接到秘密退保書時，應即密轉有關機關（除軍隊外餘為警察機關）對被退保人秘密察看。

四、被退保人經察看結果嫌疑不足時，仍可秘密或公開恢復原聯保或保證關係，但亦可加入其他聯保或另取保證。

第七條　聯保人及保證人之責任如左：

一、出具聯保切結人應互相嚴密考查，保證人對被保證人亦應嚴密考查，如聯保人內或被保人發現匪諜或匪諜嫌疑者，應即向該單位主管人員或警察機關秘密檢舉。

二、聯保人或保證人與被保人之關係中斷期間發生匪諜案情，秘密退保人之一方不負聯保或保證責任。

三、保證人之責任以被保人加入聯保或聲明退保或保整期限屆滿後解除之。

四、保證人如因保證責任受處分時，其聯保人及其直屬主管長官不負連帶責任。

第八條　同一單位無人願與聯保之人又不能覓取保證者，或新進人員之保證期限已逾六個月而尚未取得聯保者，均屬無人聯保人員，不宜留用，否則由該單位主管人員切實負責保證，但有特殊情形者，得呈請上級機關將保證期限酌予延長。

第九條　留用無人聯保或保證之人員或經秘密退保而不通知有關機關予以察看者，如有匪諜嫌疑，應由該管單位主管人員負責。

第十條　自首人自首後無人聯保者，除由該管單位主管人員負責隨時考核外，原主辦自首機關應會同自首人住在地之警察機關及保甲長或村里鄰長經常予以考察管訓。

第十一條　聯保人或保證人如不盡聯保或保證責任時，依左列規定處分之：
一、明知聯保人或被保人為匪諜而不告密檢舉並包庇藏匿者，依懲治叛亂條例第四條第一項第七款處罰之。
二、明知聯保人或被保人為匪諜而不告密檢舉或縱容之者，依戡亂時期檢肅匪諜條例第九條處罰之。
三、違反本辦法第七條第一款者縱不知情，但按其情節應注意並能注意而不注意者，依照行政執行法第四條第一款規定處罰之，如屬公務人員，依公務員懲戒法第二條第二款處分之。

第十二條　聯保人或保證人意圖使他人受精神上之打擊或挾嫌誣告而故意退保者，應受行政處分，若觸犯刑法者由有權審判機關究辦之。

第十三條　各機關學校工廠或其他團體如發現匪諜份子未能注意檢舉者，視當事人之案情輕重，該管直屬主管人員（內部各級單位負責人員）應受公務員懲戒法第二條第二款之處分，如非公務人員，依行政執行法第四條第一款處分之。

第十四條　軍事機關部隊學校之人員違反本辦法之規定者，依較重有關軍事法令處分之。

第十五條　辦理聯保工作，應依左列規定每半年舉行人事清查一次：
一、聯保及保證切結，如有遺漏或不確實者，應即補辦或改正。
二、所屬人員如有言行不正確者，應嚴密考查。
三、檢查聯保之成效，如發覺有缺點時，建議主管機關予以改善。

第十六條　各單位主管人員或聯保人能盡責檢舉匪諜者，應將事實經過專案報請上級機關或主管官署獎勵之。

光是抄寫謄打這一大段文字，弄得我背脊發涼全身起雞皮疙瘩，不寒而慄，我難以想像活在其中那令人癱瘓的恐懼與顫慄。

我們得好好剖析與揣摩當統治者訂定這個辦法時，他心裡打的是什麼主意？研究者要能夠攥入研究對象的心臟，連接他們的腦神經元運作。這個辦法的核心概念叫做「聯保」，現在一般人可能對這個概念是陌生的，目前我們的社會裡只有某一類人會碰觸到聯保，就是商人和金融界的人。經商的人需要跟銀行融資時，就需要聯保，意思是當你還不出錢時，銀行可以轉而向你的保證人要回錢，或直接扣押保人的財產。統治者於是把這樣的概念運用到肅清匪諜、思想檢查和政治偵防上頭，二人以上聯保切結的意思，是把人民以最小三人為單位監管起來，然後讓他們互相監視與告密，其中一人發生問題，你若沒事先舉報，就是「知匪不報」，因此你當然也心知吐明自己無論如何始終都在被監視之中。

那麼，誰必須辦理聯保互相監視呢？按照第二條規定，其實就是社會上所有的機關團體以及公司行號和工廠礦區，不管公家或私人單位，幾乎只要你是上班上工一族，都包含在內了。

其中又是誰應該與誰組成互相監管小組呢？這也得仔細思量。必須是同一單位的人，不同單位監管不到，但不可以是直系血親和配偶。而且小組人數多時，還得全部人一起簽一張切結書，免得到時不認帳。新進人員或者無人聯保者，只有六個月期限，到期仍無人聯保者「不宜留用」，不然就要上報。而新進人員這六個月的期間，則必須有保證人幫你切結，切結之人還有嚴格規定，必須是其他單位同等以上人員二人或領有營業牌照之工商行號一家之保證，有就是說，你若沒有人脈，或沒有做生意的親友願意替你擔保，你就沒工作了。

怎麼監管呢？他們設計了一種武器叫做「秘密退保」，你可以「以書面詳述理由，並列舉疑慮事實，向被退保人之單位主管人員聲明退保」，換句話說，當你心裡毛毛的，覺得你的好友也是你的聯保人，他忽然怪怪的神秘兮兮時，只能趕快秘密退保以求自保，這個標準動作，其實就是俗稱的「抓耙子」。可是這裡要注意，你秘密退保之後，被你秘密退保的人發生什麼事與你無關，可是他對你的監管依舊有效。你們的主管在你秘密退保之後，必須把你的好友秘密地轉有關機關，秘密地察看。秘密察看之後，有事就抓起來，沒事就秘密或公開恢復聯保關係。但是，這武器也不宜太輕率使用，誣告也是要受重罰，我看過很多因誣告入獄的異類政治犯，在這種高壓底下討生活，膽小自私一點人，很可能就這樣莫名其妙地入獄了。這真是個荒謬的時代，太勇敢與太懦弱的人都是危險的。

「一九五〇年十月間臺灣省政府訂定『共匪及附匪份子自首辦法』，強調凡是『忠誠自首者，不予逮捕，也不公布其姓名，並保障其原有職務及財產，到一九五四年間共有近兩千人自首，所有『自首人員』都會被列管，有些自首人員之後仍難逃入獄命運，部分則成為情治機關的運用人員。」[62]那當然，統治者對自投羅網的人怎麼可能再放過呢，這種人找工作通常沒人要跟他聯保，所以特別規定：主管和鄰里長警察都必須嚴加考核。唉，在這種被點名作記號的處境下，想必自首者遲早都會被逼上梁山，進了監獄，果真如此。

62 促轉會，〈檔案故事：一九五〇年代自首人員相關紀錄〉二〇二〇，網站。

苦悶的哲學家殷海光先生[63]一九六〇年寫了一封公開信給當年即將受難的《自由中國》創辦人雷震[64]先生，信裡說：「**古時趙高『指鹿為馬』不過偶一為之，所以傳為千古佳話。今日我們在台灣所碰到的，是一群有組織的『趙高』，我們在『指鹿為馬』中悶過了三十幾年的光陰。現在，在台灣能說老實話的人快要絕種了。人間何世！現代趙高們的『政治神話』，『歷史神話』，『人身神話』，『空頭支票』，『諾言公債』，在訓練機構，在學校場所，在官式講演，在新聞紙張上，在廣播機器中，無處不間，無處不聞。這類語言有一個共同的特點，就是不能『是什麼就說什麼』，而『是什麼要說成不是什麼』。這些趙高必須如此顛倒黑白，枉顧是非，他們的魔術才玩得成。獨裁的魔術集團，必須把『是什麼』說成『不是什麼』才能過著這種騎在大家頭上的生涯。**」[65]難道民主轉型後的今天，我們還一樣要忍受「把是什麼」說成「不是什麼」嗎？

63 殷海光（一九一六～一九六九），雷震事件爆發後，他的大多作品成為禁書，並持續遭受來自中國國民黨政府之控制，和其他學者與輿論之批評。一九六四年，國民黨政府停止他在國家長期發展科學補助金之每月六十美元補助；該筆補助是他生活重要經濟來源之一。接著，有關當局又查禁他交由文星書店出版之《中國文化的展望》，其版稅收入因而中斷。一九六六年，受政治力量介入，國立臺灣大學不再繼續聘任他；同時，他雖受邀請於臺灣教育最高當局擔任委員，但因「理念不符」而拒絕該職務。

一九六七年，哈佛大學邀請他至該校研究中國近代思想，但國民黨政府不允許他離國。

當時，以中國國民黨為主的勢力，稱他的言論「帶有『毒素』」。國立臺灣大學哲學系教職員等也有多人遭國民黨當局以相關理由整肅。弗里德里希·哈耶克前往臺灣時，國民黨當局也禁止他與哈耶克接觸互動。在國民黨當局對其日常生活的密切監視下，他身心狀態日漸惡化並罹患胃癌，但仍堅持繼續閱讀與寫作。

64 雷震（一八九七～一九七九），創辦《自由中國》，組織中國民主黨，一九六〇年九月四日被逮補，明明是因為組黨，卻被以「知匪不報，為匪宣傳」判刑十年。連胡適為他向蔣介石求情也沒有用。

65 殷海光，《殷海光全集10》二〇一五，台大，台北。p.1163。原載《自由中國》卷二十二期十：一九六〇年五月十六日。

明明謝長廷是特務，只因為沒法見著一張「特務證書」，就必須忍受明明就是的事情被說成「謝長廷不是特務」。這種「趙高」還在我們國家橫行：明明是二二八大屠殺，卻被說成不是，只是省籍社會衝突；明明不是匪諜，硬生生被當作匪諜；明明是政治暗殺林義雄全家，國民黨卻被說成是社會治安事件（如果真是社會治安事件，何須永久保密）；明明民進黨說要公布歷史真相，卻不公開戒嚴時期國家檔案。統治者這種政治魔術到底要玩到何時？

律令與辦法多如牛毛，還能自行繁衍出如過江之鯽的特務和小小特務的情況下，只要統治者和他的爪牙聽見風吹草動，他們就有能力讓人成為匪諜，只要你被偵訊，被折磨，又能生出其他匪諜，到了法庭受審只是演一場戲，你該被殺或被關，劇本早已寫好。不管你的命運是哪一種，只要你一旦與情治機關特務接觸，你與你的家人就成為特務「吸收」的目標，他們有一種慣用的手法叫做「戴罪立功」，通常很有效。吸收不了的就終身被嚴格考管。偵訊手法使人屈服，因為願意合作你才能自由，何況你其實是假匪諜，出賣一點資訊對道德感不高的正常人來說，不痛不癢。光是這樣，特務也就生出許多小小特務。若你過不了偵訊這一關，（其實沒有人過得了這一關，至少在我閱讀過大量檔案之後，從沒見過這種奇蹟），被會被當作叛亂匪諜殺了或判刑，等到那一天你坐牢期滿可釋放之時，還有你好受的，不管你願意不願意，你都即將成為特務的當然耳目。而且是用一張紙，明明白白寫在上頭你的責任與義務。

「釋放並不等於解放。他脫離監獄，卻沒有擺脫罪名。」[66]一八六二年維克多．雨果的《悲慘世界》寫一個可憐的勞役犯尚萬強的命運，非常貼近地也是叛亂犯和匪諜在台灣那個無情

66 維克多．雨果，《悲慘世界》二〇一三，野人，台北。p.114。

時代的寫照。

「對於刑期已滿出獄者，訂有非常繁瑣而苛酷的離監手續和居住地管理規定。出獄前要找保證人兩名填寫保單，寫明負責看管出獄者，如有再犯情事，願受連帶處分等。回籍後，也被列入特別管理名單，生活中必須遵守各項規定，如每個月到當地警察機關報到，短期旅行超過十天者應事先報准，派出所或調查局機關召應時，應即時報到。上述機關亦可隨時派人到住所或就業處所查看。在就業方面，也有嚴格的規定，如醫師、律師、會計師等職業公會組織，均有排除曾經犯有叛亂罪者參與的規定，有些入獄前具有會員資格者，也因受到有罪判決而喪失會員身分，出獄後不能繼續執業。至於公教方面，更無就職機會」[67]坐牢長達三十四年七個月的政治犯林書揚老先生這麼說。

一個政治犯需要兩張保結書才能出獄，我家裡三名政治犯總共有六張。

首先我們先檢視到底誰能為一個準備出獄的政治犯作保？魔鬼就藏在這個細節裡。

〈具保須知〉[68]

一、具保人應具備左列條件之一：

現任荐任或相當於荐任以上之公務人員。

現任少校或相當於少校以上之官員。

67 林書揚：〈析論臺灣五〇年代白色恐怖——意義與實態〉，《從二二八到五〇年代白色恐怖》，p.136-137。

68 具保須知（見本書 p.371）。

被保釋人之直系尊親屬（須具有正當職業）或該管鄰里長。
於國內有資本額在五千元以上領有營業執照之商號工廠。
具有國民身分證及正當職業者。

二、具保人應繳付（驗）之證件：
具保人為軍公教人員或民意代表者應繳付（驗）現職機關之服務證明文件。
具保人為商號工廠者除應查驗本年之營業執照外並應繳付同業公會或其他有效證明文件。
具保人為直屬尊親者除應查驗國民身分證、戶口名簿外應繳付戶口謄本及正當職業證明。
具保人為工、農職業身分者除應查驗工、農會員證外並應繳付該管里（村）長之證明文件。
具保人為自治工作人員者除應查驗其當選證書外並應繳付其上一級自治單位之證明文件。

三、具保人以擔保匪諜案犯一人為限，其已擔保者，不得再為保證人。

四、保結書須對保，認為合符本須知各項規定，並報經國防部核准後生效。

五、保結書經核准生效後，具保人應確實履行保結書規定之保證責任，其疏忽保證責任，致被保人再發生叛亂行為者，依法嚴予懲處。

六、保結書對保手續按左列規定辦理：
由具保人攜帶應具備之證明文件，親至案犯執行機關或其指定之處所辦理對保。

由案犯執行機關函請具保人住在地之警察局所代為辦理對保。

這些規定透露出統治者想要找一個「有前途顧慮」的人，例如公務員、做生意的、具有正當職業的人，這樣的人才是統治者放心的，他們相對於其他人，比較懂得「明哲保身」、「自私自利」。而且這個人必須與政治犯休戚與共，這樣才能有拘束力。

〈保結書〉69

具保人〇〇〇等茲向

國防部泰源感訓監獄保得叛亂犯　　一名願負左列責任：

一、負責使被保人釋放後，服從政府法令，接受指定工作與管教，絕不參加共匪組織，不為共匪工作不作任何非法活動。

二、負責將被保人，平日生活言行等情形，每月向所在警察官署報告一次。

三、發現被保人，有不聽管教或隱匿逃亡，及其他不法情形，負責即時呈報所在地警察官署處理。

具保人如不履行上列責任，致被保人再發生叛亂犯行時，願受法律嚴厲之處罰，所具切結是實。

69 保結書（見本書p.372）。

這一位願意簽這份「保結書」的人，他所簽下的「責任義務」，難道能說不是「特務」、「抓耙子」在做的事嗎？很恐怖吧，我知道，但真相是如此。

〈保證書〉70

茲保得叛亂犯〇〇〇壹名於執行〇〇年屆滿釋放後不再為匪工作或參加非法團體反抗政府並服從政府法令接受指定工作與管教，如有違背管教及隱匿逃亡與其他不法情事，保證人願負責將受管教人交付當地治安機關報請處理是實。

在這樣的聯保監管制度設計底下，通常一個政治犯出獄，特務機構就自然生出了三隻百般無奈的可憐小特務，政治犯本人和兩位他的保人，保人平常負責監管政治犯每月上報，政治犯自己也必須按時報到。現在人們自由慣了，很難想像那是個什麼樣的情景，什麼叫做報告與報到？其實就是監管線民的一種形式，有事發生時特務威脅、利誘，妨害你的日常生活，都很輕易能讓人吐露些什麼。

現在人們可能想像，這可能不過是一種形式，但那是一個所有的形式都必須極盡所能地發揮力量的時代，每一個儀式，每一條法律和辦法，都仔仔細細地執行。確確實實存在許多政治犯刑期滿了找不到合格的保人出不了獄的事，好悲慘。更多的磨難是出了獄，生活到處碰壁遭受排擠，這種情形以外省人居多。

70 保證書（見本書p.373）。

「國民黨放我以前，依法要有人作保才能出獄，我拒絕，我說我朋友全跑了，沒有保，只剩下一個『朋友』，就是你們『仁愛教育實驗所』的教導長汪夢湘上校，此公筆名東方望，給文星寫過稿。汪夢湘跑來，說他有職在身，不便保我，我說你老婆沒有職務啊，就由你老婆保吧，他還是不敢。**後來所方人員偷偷同我母親商量，提議改由我母親保我，我得知悉後大怒，我說保人就可能是每週一次向警察告密被保人一週行蹤的人，如我母親保我，母親就有每週做線民一次之嫌，這是什麼世界！**」李敖回憶錄裡的恐怖的世界，千真萬確就是我們祖父母和父母活著的世界，親人朋友被迫互相監視告密的世界。「他們無法，就暗示我沒保人就有被繼續『感化』的可能，我說沒保人而繼續坐牢的人，我知道不少，可是我就是沒保，你們不放我也可。到了一九七六年十一月十九日，我終於勝利了，破例無保釋放。」[71]這種事大概只有大作家李敖辦得到。

想像我們是必須謹慎地鞏固權力的外來少數統治者，為了在人生地不熟的地方掌握權力，我們非常有可能也會如此殘酷地做，殺掉異議份子然後監管他所有的親友和後代（二二八），持續逮捕異議份子，殺掉無後顧之憂者，通常外省人舉目無親較不須顧慮家族與社會反彈，台灣人往往有龐大親族殺起來比較有社會壓力，長時間監禁之後，放出去時還要找保人簽兩張保結書，親友得聯保連坐，特務再繼續嚴加監管，政治犯出獄後在這個意義上，也成了特務免費的「線民」：消息情報的提供者。因此，二二八親族、政治犯親族、出獄的政治犯等等，又是另一支龐大的「特務的禁臠」。

71 李敖，《李敖回憶錄》一九九七，商周，台北。p.297-298。

在找保人具保出獄這件事上面，本省政治犯比起孤苦伶仃的外省政治犯容易多了。「中國國民黨在台灣，最大最不講理的劣政之一是，抓人是秘密誘捕，放人卻必須找保；保人更有資格限定，如係平民百姓，兩位中必須有一個鋪保（公司行號的負責人即老闆），而軍人則依一定要少校以上，這當然是惡法又不合情理，尤其對追隨老蔣政府逃離家鄉來台竟被捕的娃娃兵，他們初到台灣，稚齡二十歲左右，在台無親無友，十多年恐怖隔離後，根本不知同僚流落何方……」[72] 政治犯胡子丹坐牢期間沒收過一封信，也沒寄出過一封信，十年刑期滿了卻因為找不著保人就出不了獄，於是待在綠島病監，一待就是三個月。胡子丹先生的回憶錄裡還提到：「對所有的政治犯來說，解嚴前都是被監管，是所謂的『隱獄』，我當然不例外，『顯牢』、『隱獄』這兩個詞，是名詩人胡品清教授（一九一六～二〇〇六）於二〇〇三年六月二十六日給我信中寫的：『驚悉你做過顯牢，我坐的是隱獄。返國第七年，文大給我一年休假，美國Thile college請我客座一年，用法文教法文，用英文教中國文化。晚宴請帖都收到了，警總不放行。』她自一九六二年來到台灣，終其一生，未曾離開一步。」

另一位出獄後又坐「隱獄」十七年的是政治犯曾勝賢講：「民國六十四年（一九七五年）我從土城出獄後，特務跟監跟得很煩，我當時在桃園買房子，一樓租人，二樓我們夫妻自己住，小孩一個我們自己帶，一個我媽媽帶，晚上再帶回來。我的房客跟我說：『曾先生外面怎會有人往內看，我會怕！』我說：『不用怕，他們在保護我們。』一直到民國八十一年（一九九二年）還來跟監，不管我搬到哪裡，旁邊就會有一個巡邏箱，所以有時候鄰居會問：『你沒

72 胡子丹，《綠島因緣》二〇一五，台北。p.221。

來的時候，警察都不會來這巡邏，你來時為什麼警察都會來？』我說：『第一、不會遭小偷。第二、我的安全你們都不用怕，沒人敢動我，我是特殊人物，所以要派人來巡邏。』我是身歷其境的人，我的鄰居認為我在說笑，我說：『不然你問住我們前面那個三線二星的。』我們附近還有一個二線的，樓上還有情報局的，我說：『你問他們，我是不是比他們重要！』

我被跟監時，永和住的三十戶中就有三、四戶是情報人員，我太太會和他們聊天，我一回家就不和鄰居來往，某天我突然發現：『奇怪，怎麼有巡邏箱？』而且發現他們都趁我不在家時來查戶口。

我太太也告訴我：『突然來查戶口，怪怪的。』我有個朋友是安全局的台南專員，他是蕭天讚的外甥，他來問我：『你家有人在跟監？』我說：『我是不知道啦，我家前面為我放了巡邏箱，常有人在那走來走去，不知道是誰。』結果他跑去查，因為國家安全局專員可以查，他也去問他的姑丈蕭天讚，請他派人去查，調卡片出來看：『咦!?這個人怎麼還在跟監？還在『保護』中，這不對，應該撤掉。』所以他向安全局宋心濂報告，最後請法務部撤除，在那之後才撤掉我家這邊的巡邏箱。

被跟監最明顯的就是民進黨組黨那天，有四、五個警察到我這裡，看我在不在，有沒有參加，那天小孩參加運動會，我沒辦法走，遇到他們只好向他們說笑：『長官，我人在這裡，沒走，放心。』我也不知道民進黨哪天成立，所以我就問：『你來這幹嘛？』他說：『沒有啦，來走走。』『走什麼？』『你要出門？』『我要去哪？』『沒有啦，民進黨……』我告訴他：『那是你家的事。』很多這種類似情形，有形無形中讓你感覺到。

不只這樣，連中美斷交也要找我，叫派出所主管問我：『上面對你很重視，希望你有困難可以告訴他，一定做得到。』我說：『這樣啊，我沒什麼困難，只缺四百萬，做生意沒錢投資……』他說：『啊！你說這什麼瘋話。』我說：『不然你來做什麼？我告訴你我的困難，上面要幫嗎？我的困難就是這樣，沒其他的，缺錢而已。』他罵我胡說八道，然後就走了，其實我是故意這樣說的。除此之外，桃園縣選縣長、發生中壢事件也找我。」[73]

政治犯劉炳煌被逮捕時是台北醫學院三年級的學生，出獄後申請復學，班上馬上出現一個從調查局來念藥學系的同學一直陪著他，「後來警備總部知道我在台北醫學院讀書，向校方施壓叫我退學，不讓我繼續完成學業……開店（藥店）營業後，因為身分的關係，管區警察常常來店裡『關切』，以前，藥局對面住了一個『抓耙子』，他見到我出門，都會問我要去哪裡，我懷疑他可能是負責監視我，而且警方也派了一個警察之友會的線民在監視我。」[74] 劉炳煌先生後來經由田朝明太太介紹與政治犯謝聰敏的妹妹謝秀美結婚。在台北西園國小做老師的謝秀美因為政治犯謝聰敏的關係，也同樣被監視的厲害。「後來就開始跟蹤我，他們都在校門口跟監，甚至當年引起很大風波的『謝東閔郵包爆炸案』我也一度被懷疑涉案。有一次我下課後發現剛剛喝水的杯子怎麼不見了，校長知道，教務主任知道，但他們都不敢講杯子被拿去採指紋了。……之後有調查局人員的小孩，故意編到我的班級……，我的班級人數最多，校長說沒辦法再安插了，他就向校長施壓說：『去年十一月十二日你們學校運動會，隔天補假，那天你們學校國旗沒有拉好，變成降半旗，我搭公車經過時有看到，但我沒有呈報，不然你就

73 曾勝賢，《白色跫音：政治受難者及相關人物口述歷史　第一輯》二〇一一，國家人權博物館籌備處。p.247。

74 劉炳煌，《白色跫音：政治受難者及相關人物口述歷史　第一輯》二〇一一，國家人權博物館籌備處。p.144-146。

麻煩了。……這個學生家長每天親自接送學生到校，我也和他打招呼……過兩年，又來了一個調查局的人員的子女到我班上……」[75]

一個人的人生能有幾年？這些受難者動輒被囚禁個五、十、十五年，出獄後繼續被監視、騷擾、報到、約談，當時特務統治的體系堅不可摧，他與他們的家人朋友都脫離不了苦海。今日的當權者還不願意揭露這樣的歷史真相，難道真要「埋喪了他們的苦難」如一場不為人之的惡夢般輕率嗎？

按一下鏡頭切換，轉個一百八十度，讓我們來讀一讀特務體系裡的人，前調查局副局長高明輝的回憶錄怎麼說：

「情治單位還有建立一套『管考份子』的資料。這些『管考份子』一共有多少人？我不清楚。唯一能肯定的是，五十八、九年時，我在安全局當科長，曾經看過一份資料，上面寫著被列管的『管考份子』一共有一萬五千多人。這些人，大部分都是和國軍一同撤退來台的，只有少部分是本省人。一旦被管考後，他們想要出境，或是希望在工作上獲得調動、升遷的機會，根本就不可能。一個人的一生，等於就被綁住了。

這些被管考的人的身分，主要是出獄的叛亂犯、生教所出來的思想犯。他們一旦被列管後，資料馬上就會送到警察局。派出所的警察，每隔一段時候，就會去他們家裡，以查戶口的名義進行訪問，雖然警察這麼做，大多也只是交差了事，但是查戶口時，大多數的警察態度並非友善。

75 謝秀美，《白色跫音：政治受難者及相關人物口述歷史 第一輯》二〇一一，國家人權博物館籌備處。p.353-354。

我有時會想，這一萬五千名管考份子，連同他的家人，至少也有四、五萬人存在。這些人看到政府是用這種方式對待他們，他們能夠不反政府嗎？這不等於是政府替自己埋下一大堆定時炸彈？」[76]

在特務的用語裡，他們管出獄的叛亂犯和匪諜叫做「考管份子」，然而其實不只政治犯，連著名的宗教領袖也難逃考管命運。「一九四九年，年輕的和尚星雲隨著僧侶救護團逃命到台灣，不久就被情治單位懷疑是中共派來的匪諜而抓去訊問。據老一輩情治單位表示，星雲大師在被偵訊的二十三天中，受盡了各種屈辱和折磨，但星雲始終堅持沒有參加共產黨，也沒有受中共派遣來台顛覆蔣介石的意圖或目的。情治單位放人，都是在心不甘情不願的狀況下才會把『匪嫌』給放了。因此星雲直到八十年代還一直是情治單位列管的對象，即使星雲為社會做了那麼多事，做了那麼多貢獻，也得到國民黨政府頒了許多獎，但在情治單位眼中卻仍沒有平反，仍然不是一個清白的和尚。」[77]

也有特務們利用出獄政治犯創業時怕事的心理，騷擾他也順便揩油免費吃吃喝喝，事業做得很成功的東陽精機創辦人吳聲潤先生回憶：

「剛出獄的時候，警察一、二個月就會來重慶北路住處一次，不是談話，就是有七、八個派出所的主管公然要我請客。我抱著花錢消災的想法，當時台北最大的餐廳在博愛路，請了一桌不打緊，他們回去還要帶著伴手禮，雖然是這樣，也得忍耐，回頭想想沒事就好。後來

76 高明輝，《情治檔案：一個老調查員的自述》一九九五，商周，台北。p.227。
77 楊清海，《調查局的真面目》一九九九，另眼，台北。p.59。

工廠和住家搬到二重，公司留在重慶北路三段，特務更常來囉唆……」

抓耙子是生活在白色恐怖時代的人揮之不去的夢魘，如果依照前述的「聯保辦法」，其實每一個去上班、去上工者都是抓耙子，抓耙子幾乎是一種公民義務，一種道德高尚行為，這種價值扭曲也是其恐怖之處。可是人民互相監控還不夠，台灣當時的特務統治系統長什麼樣？「民國五十八、九年時，經國先生還直接主管全國各情治單位。每個月各情治單位首長，如安全局長、調查局長、總備總司令、憲兵司令、台灣省警務處長等人，都要聚集到安全局在劍潭的所在地，也就是現在的救國團劍潭青年活動中心，舉行國內治安會議，也就是所謂的『永靖會議』。」[78]獨裁者永遠不會只擁有一個特務系統，這樣遲早會被背叛，他們往往建立好幾個獨立運作的體系，監視社會裡異議份子，同時也要互相監視上報。監視也要採取「複式佈建」，佈建一個內線A，之後再佈建另一個內線B監視內線A；不同系統的特務機關也要互相間監督上報；或者同時派出一組兩人，互相監視。

這些特務機關都各自有他們的耳目，施明德先生分析過，如果有五個情治單位，五個都要佈建，而且照例都必須複式佈建二至三位，那麼美麗島辯護律師總共有十五位，光是特務佈建就最少佔掉至少十位。這絕不是一種猜測，這是一個有經驗有智慧的人根據歷史背景、時代特徵和實際政治運作所做出的「政治判斷」，或說「歷史判斷」。帶著這樣的政治判斷，施明德被捕之後，決定「獨自」作戰，也不信任自己延聘的律師，不透露任何訴訟策略，甚至講

78 高明輝，《情治檔案：一個老調查員的自述》一九九五，商周，台北。p.158。

反話，說他要全程使用「緘默權」[79]。二〇〇〇年陳水扁當選總統那一年，許信良與施明德接受索羅斯民主基金會邀請，在華沙開會，早上在飯店用早餐時碰在一起，許主席腦袋裡的「歷史判斷」讓他問了施主席這個問題：「你有沒有想過，為何阿扁當選後提名軍統派特務頭子王

79 關於「緘默權」，李敖先生有一段精彩的描述。在最後一次軍法審判的時候，我雖一言不發，但卻留了一張書面的意見，可以顯示我採取「緘默權」的根源，全文如下：

審判長先生：

我只要花一分鐘就可以把話說完，我的話共分五點：

第一點：關於本案內容部分——我沒有話可說，我用法律裡面的緘默權。我想我也不必說明我為什麼不說話，一千九百六十四年以前，耶穌在被審判的時候，也不說話。

第二點：關於判決的部分——過去我不上訴，以後也不上訴。雖然我是無辜的，雖然我沒有罪，我仍願引用印度獨立的偉大領袖甘地在法庭上的兩句話：「我不願浪費法庭的時間，我承認有罪。」

第三點：關於我的態度部分——我現在聲明，我自被捕後，因被刑求而來的一切我寫和我簽字的東西，全部無效。也許我信心不夠，無法抵抗現代科學方法的刑求，但我知道五百四十四年以前，最有信心的聖女貞德在被捕以後，也犯過跟我同樣的無可奈何的錯誤。

第四點：關於所謂爆炸案部分——雖然跟我無關，但我願為李政一、劉辰旦、吳忠信、郭榮文、詹重雄五個小朋友做他們「人品的證人」，這就是說，我相信他們不是做這種事的人，他們的誣服，是被刑求的結果。我請求審判長先生給他們做無罪的判決（附帶聲明一聲，在進這軍法處大門以前，我跟他們並不認識，所以我的請求，可以說是客觀的，值得審判長先生參考的）。

第五點：關於我個人的刑期部分——我不要求做減刑的判決，也不對加重不滿。美國民間領袖尤金·戴布茲（就是坐在牢裡還有一百萬人投票選他做總統的尤金．戴布茲）一九一八年在法庭上的三段話就是我的話：

「只要有下層階級，我就同流；
只要有犯罪成分，我就同儔；
只要獄底有遊魂，我就不自由。」

只要我在這島上，不論我在牢裡也好，在牢外也罷；不論我是「名不副實」的「大作家」也好，或是「名實相副」的「大坐牢家」也罷，我都不會有自由的感覺。

因此關於我個人這部分，我不請求減輕。——李敖　九月十五日

昇作有給職國策顧問？」霎時兩張嘴停止咀嚼，兩張臉面面相覷，這事的確怪極了！每次我回想起這一段對話，我眼前總閃過一個疑問，為何陳水扁在立委時代，獨獨享有軍方提供的資料，以揭弊案佔據媒體版面，提高全國知名度？**做為歷史研究者，作為一個心中只有台灣是唯一祖國的台灣人，二〇〇〇年民進黨掌握政權，我們滿心期待的是國家檔案開放研究，二十二年過去了，情況還是很糟，就連一個政治犯本人能看到的檔案也是坑坑疤疤的。民進黨政權太丟臉了，這種小事都辦不好。這些坑坑疤疤的檔案，遮掩的是極權統治下的特務名字，是為了實現國家曾經允諾特務「國家會幫他保密」的保證嗎？如果是，那麼國家怎麼對得起那些為了理想、為了國家、為了人民而無私奉獻的反抗者呢？這樣的人都是自己活該嗎！這，難道是國家要為歷史下的註腳嗎？**還是，為了保護「過去是特務的現在既得利益者」？還是，只是懦弱到不敢面對難堪的真相呢？不管是哪一種理由，很顯然，在正義這一方，都構不成理由。

國史館最近出版的史料彙編也是，情治單位相關的關鍵資訊都被巧妙地遮掩起來。我從二〇〇三年開始與國家檔案局「爭取百分之百的檔案開放」迄今，屢戰屢敗，是否得效法鄭南榕為「爭取百分之百的言論自由」自焚？才撼動得了國人面對歷史時那一顆冰冷的心？可我心知肚明，這也是一條死路，言論自由被限制時大家都感受得到，講錯話或寫多了就得抓去關，但在乎歷史真相的人本來就很稀少，對一般人來說，本來他就不知道的事，他們也不知道自己不知道的是什麼，而該知道而不被准許知道的又是什麼，他們當然不痛不癢，當你訴說的時候，他們也不見得在乎，還會熱心地勸勸你「事情都過去，要往好的方面想……好好過日子……」可是真相自古以來就是難堪的事啊！不然掌權者為何到今天還要遮掩？要遮的就是會所謂「動搖權力的骯髒事」，可是「舊」的權力基礎已經被動搖了呀，國家不是已經轉型了嗎？難道存在沒有轉型的部分嗎？任何觀察過檔案局裡那個不知道是誰，據說是工讀生的人，如何一張一張、一個名字一個名字、一顆印章一顆印章地手工遮掩過去特務幹下骯髒事的勤奮與認真，恐怕都不得不相信他們的主子應該是特務出身或者是特務的盟友吧。我很難相信一個對民主與自由有一點基本概念的公務人員，會做出如此傷天害理的事，去遮掩一個當年也是奉命做事的「人」或「公務員」的名字或化名，這些人難道不是在執行公務嗎？難道我們國家在民主轉型之後，非但沒有「除垢」[80]，而且一切還如從前一般骯髒嗎？你們若以「保護第三人隱私」將這些特務的名字或印章隱藏起來，那麼就是表示，他們是以一個「個人身分」在從事這些不法勾當，因此受害人於知悉之日起，是否在法律上可以提出侵權告訴？如果這些特務是國家的公務人員，是國家的特務體系運用的一員，那麼他們執行公務時被認定為公務，怎麼可以時過境遷又說他們是「第三者」。而且，民進黨所謂「轉型正義」，其核心問題

80　除垢法（Lustration Law）：捷克在一九九一年十月通過針對過去共黨統治的除垢法，是最早制定除垢法的前共產國家（統一後的德國是在同年稍晚的十二月通過〈史塔西檔案法〉），禁止曾與情治單位合作者擔任政府特定職位，隔年再透過立法擴大除垢範圍。匈牙利在一九九四年通過該國第一部除垢法，設置三名法官組成人事清查委員會，採閉門方式不對外開放，獨立且依法進行清查。至於波蘭，則是到一九九七年才正式通過除垢法，在此之前波蘭朝野和民間對於除垢路線的選擇一直有不同聲音，由於這部法律是各方的妥協產物，因此相當溫和且不激進。
根據這部除垢法，任職特定職位或特定職位之候選人有義務向政府提交聲明書，說明自己於共黨統治時期是否曾與情治單位合作，坦承過往不為罪，而說謊將受處罰。聲明內容的摘要將會刊登在政府公報上，原諒與否交由民眾決定。也就是說，波蘭除垢法並不真的清洗過去於共黨時期擔任黨內或政府特定職務的人，可以說主要只發揮了轉型正義中揭露歷史真相的功能。此外，由於政府公報上只刊登重點摘要，該名官員實際上如何與情治單位合作、合作原因，是否因此對他人造成傷害，民眾多半一無所知。（引用自：劉芳瑜〈談東歐轉型正義與除垢法：民主價值不接受以報復為目的制定的法律〉）

除了獨裁政體轉變成民主政體之外（這個其實是最容易的部分，舉行選舉就「民主轉型」完成了），難道不是過度使用殘暴的特務統治這個本質，才是應該被徹底「顛覆」的部分嗎？難道不是在特務檔案真正公開真相？我們才能說我們在作「轉型正義」嗎？台灣近二十年來實際上做的，叫做「開放民主」而已，至於「歷史真相」、「轉型正義」、「文化精神建設」，常常一起步就一直「踏錯步」，或只是演演戲般地「原地踏步」給想看戲的觀眾看而已。讀者讀到這裡，若想罵我「唱衰」台灣，我可以理解，但也請你們要了解，我們是受難家族，我們見證過台灣烈士犧牲的倖存者，我們有一份盼望，有一份責任，這是我們躲不掉的做人的義務，是見證者也是受難者的義務。而我們已經放在心中等待了二十二年。如同等待一個嬰兒成年般漫長的焦急，又如同轉瞬間的快速失落，一個八十歲的老政治犯，還能等待多久呢？要等到民進黨裡大大小小的官都過足了官癮嗎？但權力會有滿足的一天嗎？白色恐怖時養成的無情無義的生活習性，已經成為台灣人根深柢固的性情了嗎？

這些年我一直藏在心底悶著一直不敢不想說出來的還有，對於同時代的人權工作者、知識份子和歷史研究者的失望，他們是拿著什麼樣的一把尺，在衡量掌權者們和國家檔案局這種對知識、文化的野蠻、邪惡和殘酷的作為，才能夠做到悶不吭聲，明明他們都是舉足輕重的知識份子和文化大師，許多人也是能與層峰往來的高級菁英人士，到底是什麼因素讓他們面對如此荒唐之事卻能夠不作聲不憤怒呢。寫到這裡，我剛剛收到國史館寄來八大冊的《美麗島事件史料彙編》，果然不出我所料，國史館的水準在張炎憲老師過世之後一落千丈，讀書人的骨氣都消逝了。張炎憲時代的國史館，出版的《戰後台灣政治案件史料彙編》，在我親眼看到的部分，至少在湯守仁案二冊、李荊孫案二冊和雷震案裡面，對檔案都沒有任何遮掩。

治史當如是。

陳儀深出身美麗島政團時代國民黨代表關中轄下的「疾風」81，他後來轉向傾向民進黨，民進黨執政後他在中研院台史所喜歡做口述歷史，我很不以為然。施明德文化基金會以前之所以作口述歷史，主要是因為國民黨掌權時代，完全沒有檔案，只能先做當事人口述歷史。而我認為，一旦檔案開放——實際上陳儀深就是國家檔案局第一次徵集美麗島相關檔案的學者代表之一（二〇〇三）——應該馬上進行初步的檔案研究（前提當然必須是完整的檔案）進而快速地邀請當事人檢視檔案，才同時作口述歷史補足。但這一切都沒發生。明知有檔案，不做檔案研究，也不准民間研究檔案，官方研究單位又只想投資作「口述歷史」討好一些人，討好遺族，討好倖存者，這實在不是歷史研究的正辨，陳儀深做的口述歷史也不是內容不好，橫豎是別人說他記錄，與他無關，是他研究歷史的初衷、方向與方法，還有他的史觀很奇怪，處處都有很深的現實政治性的鑿痕。政治性也不是做為歷史研究或研究歷史本身一定要迴避的，而是他的「政治性」充滿鬥爭性與諂媚性，獨獨缺乏獨立性、批判性與學術性。

不過台灣史一向是學術研究中邊疆的邊疆，沒有經費與資源；就像施明德文化基金會，自從我們專注做「白色恐怖歷史研究」，募款與資源都異常特別地難以募集，感覺如果政治犯在過去是如何被排擠到如過街老鼠，白色恐怖歷史真相的研究在今天也是同樣的命運，哎，只能自吞苦水，歷史紀錄與研究，光是取得檔案和仔細研究又花時間又花錢，追求真相本是

81 李勝峰先生在我家裡晚餐時觸及的過往。〈謝志偉稱陳儀深未忘台獨初衷　陳嘉君爆他是《疾風》成員：應說幡然悔悟〉鍾秉哲，風傳媒，二〇二一年十月二十日。

容易得罪人的事業，我們應該是瘋了才會傾家盪產地去做，沒辦法周轉時，還得老是去揩朋友的油，當我們的朋友真倒霉，無奈幾年下來施明德說，我老了，朋友也老了、少了……你的房子拿來增貸吧，也只好如此了。可現在越來越艱難了，歷史研究還會惹來賠償官司，幸好骨氣我們還有的，可不會怕窮就閉了嘴。「無期徒刑」的監牢都領受過兩回了，老了、窮了難不倒我們。何況，雖說在台灣上法庭不如去廟裡抽籤，根本難以預測。但也許，這次上帝不會讓我們落入我們所經歷的那一場又一場荒唐的「拋妻棄女案」審理馬戲團裡，[82]「主啊！至高無上的主，願祢的旨意奉行在人間，我們不求祢站在我們這一邊，但求祢站在正義的一邊，以上禱告，求主垂憐，阿門。」

說到民進黨辯護律師世代政權對施明德的道德迫害，對他尊嚴的刺傷，這種精神層面與心靈層面的對人的摧殘，傷痕是別人看不見的，往往比直接的對身軀的攻擊更令人痛苦。二次大戰時，納粹在歐洲肆虐，在波蘭或法國這些被德國佔領的國家，為了國家生存而鬥爭，許多具高貴情操的人，即便擁有家庭卻還是選擇加入地下反抗軍，他們一樣面對道德的兩難，

82 一個坐牢二十五年的人如何拋妻棄女？陳麗珠女士在等了十二年之後，跟一位有期徒刑出獄的政治犯蔡寬裕共同生育三子女，二〇〇六年九月紅衫軍號召群眾之時，民進黨一群立委出來栽贓施明德「拋妻棄女」，企圖以私德議題攻擊施明德，重挫他的聲望，使他失去群眾的號召力。我們提出了非常多的直接證據：「戶口名簿」、「國家檔案記載陳麗珠與蔡寬裕同居」、「施明德與艾琳達結婚」和「施明德長期供應金錢給女兒的匯款證明和人證」，而且我們匯款給施雪蕙的生活費，直到二〇〇六年九月，他們母女三人站出來支持陳水扁，攻訐自己父親之後，才停止。

一個千真萬確的事實，一場如假包換的毀謗，卻被以下的法官判決敗訴：一審法官：陳蒨儀。二審法官：審判長李錦美、法官張松鈞、法官鍾任賜。三審法官：審判長陳重瑜、法官劉靜嫻、法官魏大喨、法官林恩山、法官林金吾。更審法官：審判長謝碧莉、法官呂淑玲、法官匡偉。

他們是否該參與一場可能危及他們家人生命的行動？台灣人是如何看待這樣的事呢？以致於無法感同身受地去理解，對一個十六歲就決定唸軍校以推翻蔣家政權，掙脫被奴役的殖民地命運的反抗者，在他付出了一輩子之後，回過頭捏造一個全然與事實相反的「拋妻棄女」來攻訐他，這真是夠卑鄙無恥下流的行徑。

自民進黨掌權以來，光是針對國家檔案不完整開放與歷史真相不揭露這二點重大疑點，就足以讓有思考能力之人不得不對「辯護律師」出身的民進黨掌權者的感到懷疑。如果不是與骯髒的特務統治沾到邊，一個正常有良知的人，真心誠意打著「美麗島」這塊人權、民主、自由招牌從政的人，為何執政後對肅清特務恐怖統治，釐清令人恐懼的歷史真相，能如此虛與委蛇呢。

特務曾是無所不在，大家沒機會「罪證確鑿」地親身見過，也一定感受過或耳聞過，然而，他們卻在台灣歷史翻過新頁後，瞬間神奇地消失的無影無蹤嗎？

這些年我研究許多國家檔案，理解到白色恐怖特務辦案的一種羅織手法，對於我後來釐清自身的經驗與觀察黨外陣營現象，有很大幫助。不管是線民或是一般的「害怕者」向上舉報一個人，情治單位通常會要「這個人」繼續在圈圈裡參與討論和活動，繼續提供情資，這個人因為得到「豁免權」，因此說話和行動都變得大膽，因此成為圈圈裡的帶動者，直到情治單位打算收網[83]（美麗島事件之前多半如此），或者「這個人」就在圈圈裡壯大平步青雲，我們現在

83 黃惠君女士在《二二八消失的政黨：台灣省政治協會一九四五～一九四七》二〇二一，台北文化局二二八紀念館，台北。p.208。舉了一段血淋淋的例子：「其實早已臥底在政治協會的情治人員許德輝，三月二日晚上便前往拜訪蔣渭川，告訴他，明天處理委員會決議要組織治安委員會，他希望蔣渭川能出席，並推薦他擔任治安組長。所以組織自衛隊維持治安其實是許德輝的意見，但大家並不知道這是情治單位的順勢操作與掌控。」而白色恐怖時期的政治案件當中，也不乏同樣手法的案例。

的確見證很多這樣的人，而且還不讓人談論他們不堪的過去，比如謝長廷，他把我告上法庭，就像他也告過一些人，就是要人閉嘴而已。過去的特務嚴刑拷打，就是要人說話自白，現在的「過去的特務」卻要人閉嘴，世事難料啊！不過，這件事，連上帝也還不了他清白，菩薩也救不了他，過去已成事實，可以掩飾一時，卻永遠無法更改。很多臥底特務也許比較幸運，事實還未曝光，但謝長廷的底細，太多人做見證了。其實為數龐大的臥底特務大多已無關緊要，人們要追究的是曾經依靠這種暗黑力量掌握權力的人，或此刻還在權力頂峰的人，有多少人是特務呢？

省議會裡所謂黨外雙嬌之一黃玉嬌也是一個抓耙子。透過這個實例，我們可以了解其運作方式與原理。

「另外一位調查局佈建在民社黨的內線，她不但是社會上的名人，也是省政議壇上的猛將。不過，這位女士現在已經是另一個政黨的黨員，似乎不可能保有兩個黨籍，因此她也許已經不屬於民社黨了。

她是誰？大名鼎鼎的台灣省議員黃玉嬌是也！

黃玉嬌跟李緞一樣，大概不是國民黨的「秘密黨員」，僅是純粹以民社黨人身分與調查局建立了工作關係而已。

黃玉嬌當時是民社黨人，但她並不為調查局提供太多的民社黨情報，卻經常把省議會各議員的動態，向調查局反映。由於台灣省議會中，被國民黨點油做記號而列入「分歧份子」黑名單的議員，人數日漸增多。黃玉嬌從調查局接受的工作任務，漸漸地也以省議會各「分歧份子」的動向為主，對於民社黨內部的情報，反而成為次要了。

在這裡，需要說一說黃玉嬌為調查局工作的特色，也就是，她的做法，與一般內線並不盡相同。

第一，她儘管做調查局的運用人員，但在省議會中，或說在民社黨裡面，她根本不接受調查局的指揮控制。在省議會裡，她照樣是女強人的姿態，對那一班省政大吏，想質詢就質詢，要提案就提案，愛叫罵就叫罵。在民社黨內部，她有什麼主張就提出什麼主張。有時候，國家安全局根據其他情治機關的報告，預知黃玉嬌或某位「分歧份子」議員在議會中，將有什麼不利於國民黨的動作，不論是質詢，是提案，是⋯⋯。就函告調查局，轉知黃玉嬌，希望她或自己改變主意，或委婉勸著別的議員。黃玉嬌卻不接受這種命令，調查局也無奈她何。

第二，她經常把省議員們，包括她自己，對某些省政問題不滿的理由，透漏給調查局，讓它轉報到國家安全局去。其實，那些意見，縱使調查局不予反映，遲早也是要在選議會場中公開爆發出來的。因此，黃玉嬌的這種做法，對調查局來說，是雙方有利，就她自己看來，將必定發生的事，預先讓國民黨知道；而並不因「洩密」而受國民黨影響以致改變原來的計劃，且可以冷靜觀察國民黨將有什麼樣的反響，這對她本身和所有「分歧份子」先生們，有利而無害。就調查局看來，有很多關於省議會的動態，都能在事情發生之前就呈報給國家安全局知道，可說是情報時效掌握得很好，表現很優異。情報，原是講究「正確」、「機先」兩項要件的，由黃玉嬌得到的情報，算得上是第一手資料，內容既確實又可靠，呈報上級又迅速，調查局又何樂不為呢！[84]

84 李世傑，《調查局研究》一九八八，李敖，台北。p.145-147。

楊清海先生是調查局第十八期結業，擔任調查局調查員，關於調查局內部長年常態性的佈建工作，他這樣描述特務佈建：

「線民就是佈建，目前改成『諮詢』，也就是民間所謂的『抓扒仔』。線民一般分為兩大類，A類就是一般、重點和內線三種，B類就是偵破佈建。A類中的一般佈建廣佈於各村里、學校、機關、公司、工廠之內，重點佈建則廣佈於港口、機場、廠礦、油庫、基地、文化機構、大專院校、政府各部會、各民意機關等等。內線（現已改名特約諮詢）則分布於在野各重要政黨、立法院、偏激團體、與大陸方面及國際人士往來密切人士、各宗教界知名領袖本身或身邊人物等等。至於B類的偵破佈建就類似於西方國家的污點證人，在調查局破案時也一併逮捕、偵辦、審訊，不過在送檢察機關時早就『依計行事』，不會太過為難偵破佈建，在量刑方面也顯著輕微許多。當然其中有不宜為人道的『暗盤』及『條件』，譬如給予安家費、撫慰金，或者根本不必真正坐牢。

『內線』是A類線民中的最高階線民，也是最能提供有價值、具時效性及確實度情報的佈建。因此調查員有一句口頭禪，『手中有內線，工作樂又閒；巴結加奉承，無妨作龜孫』。可見手中握有內線，幹起調查員不但有成就感，也不必在站務會議或處務會議時受到長官的白眼或指責。」[85]

另外一個情治人員前調查局副局長高明輝有更細緻的描述：

「所謂的『打入』，就是當我們發現某一個人或團體可疑時，就派人去接近他們，然後順

85 楊清海，《無法無天調查局》一九九九，台北。p.396。

勢讓對方吸收，變成我們的內應。這種情形，很多的電影情節裡面都有，例如，香港幾年前很有名的電影《邊緣人》，就是描寫警察打入犯罪集團的過程。這種『打入』的方式，外界一般通稱為『臥底』。

至於『拉出』，也就是『就地吸收』，從我們目標、對象的群體中，選擇可以為我們所用的人選，並加以運用，或許以金錢方式來利誘、收買，請他們提供情報給我們。抗戰時期，共產黨曾經把國民政府的一位國防部次長吸收，成為中共的內應，就是一次『拉出』的案例。一般來說，『打入』極為困難，情治單位最常用的方法，還是以『拉出』為主。

除了上述的三種佈建方式之外，調查局在四十年代到六十年代期間，為了辦案需要，有時見涉案人堅決不吐實時，就會派人喬裝成犯人，和涉案人關在一起，以『難友』的身分去套交情。有時，這種方法也會突破涉案人的心防，取得有利的供詞或證據。這自然不是很光明磊落的行為。

講到佈建的人數，很難精準的說出一共有多少人。這一方面是因為每一個情治人員的佈建，不見得願意讓其他人知道，另一方面則是因為在搞佈建的單位實在太多了，誰手上有多少佈建，根本沒辦法統計。

以調查局來說，調查員有兩千多人，依以前阮成章局長在任時的想法，每個外勤人員至少要掌握三、四十名佈建人員，這人數會有多少？實在驚人。另外，警備總部保安處在各地設有調查組，佈建就由這些人來作。他們掌握的佈建人員也非常多。此外，諸如憲兵調查組、警察，也都有自己的佈建人員。」[86]

86 高明輝，《情治檔案：一個老調查員的自述》一九九五，商周，台北。p.170-171。

「促轉會指出，一九七〇年代，隨著學生民主浪潮萌芽，政府結合教育部門、情治單位與國民黨系統，成立統籌校園政治偵防的『春風會報』，以及由各校各自組成，負責第一線情蒐與動員的『校園安定小組』，佈建職業學生人數一度高達五〇四一人，隨時掌控校園動態。」[87]

有一個既是國民黨特務也是無辜的假匪諜李世傑先生，他被調查局長沈之岳鬥爭為「人造匪諜」入獄，他在回憶錄說：「實際上，廖文毅在日本的所謂『黨、政府、議會』，自一九五六年經調查局第一處對它進行情報戰後，早已潰不成軍，被策反成功回台充當內線的，前後達時就人之多（他的總數也不過三十幾人），現在我能夠記得的有十六人。」[88]他本人是自一九五六年起負責對日本「台獨」做情報戰工作的第一處副處長，一九六七年被捕，一九七〇年被判處死刑，後來改判之後坐牢二十年。我不想羅列這些被特務招降的台獨工作者。有興趣者，可以參考該書第二二〇頁。我特別提起這一段關於特務對日本的佈建，因為我們必須注意到謝長廷先生之後一九七二年就要到日本留學。

「人能夠戰勝恐怖，所以小孩子能夠在黑夜中走路，士兵能夠投入戰鬥，一個小伙子可以前進、可以在高空跳傘。

可是有一種恐怖卻很特殊，很厲害，千千萬萬人都不能戰勝這種恐怖；這就是在莫斯科的灰暗冬日天空，用不祥的、變幻莫測的紅色字母寫出的恐怖——國家恐怖……。

不對，不對！恐怖本身不能起這麼大的作用。革命的目的以道德的名義擺脫了道德，藉

87 促轉會：https://www.tjc.gov.tw/team_articles/detail/20。

88 李世傑，《調查局研究》一九八八，李敖，台北。p.220。

口為了未來，證明今天的偽君子、告密者、兩面三刃的人是正確的，還要宣傳，為什麼一個人為了人民的幸福應該把無罪的人推進陷坑。」[89]如果我們把「革命」二字以「反共復國」取代，那麼瓦西里．格羅斯曼的描述也適用於台灣的白色恐怖統治。這樣的一股極權的勢力叫人不要理睬那些被關進大牢裡的思想犯、良心犯。這樣一股邪惡的勢力還說如果一個妻子不舉發他自己的丈夫是匪諜的話，她也要因為「知匪不報」一起被送進大牢。

白色恐怖時代沒有離我們太遠，那是我們父母、祖父母和曾祖父母的時代，然而我們常常會遇見那些連家族裡有政治犯的人也不見得說得清楚什麼是白色恐怖的後代，也許靠得太近的人反而因為恐懼與刻意疏遠與迴避，實際上更不認識「白色恐怖」。許多解嚴以後出生的自由又忙碌的世代，或是許多過去白色恐怖時代都關起耳朵閉著眼睛生活的人，他們往往輕易地被在美麗島事件之後，具有特務身分的黨外和民進黨人士的辯解之詞矇騙過去，其原因正是因為他們老老少少對人類悠久的歷史無知，對身處的真實世界沒有概念。

《西方的沒落》一書的作者歷史哲學家史賓格勒說：「**唯有探知靈魂才能發現人類歷史。**」說到底，一個人要述說自己是誰，不是靠一堆流水帳似的事蹟和漂亮的學歷，這些都可能有許多虛假的成分，而是要能夠敘述他人生的經歷、波折與思考，更重要的是面對挑戰的內心轉折與外在變化。

89 瓦西里．格羅斯曼，《生活與命運》二〇一七，新雨，台北。p.639。

親身見聞

我第一次見到謝長廷是在一九八一年謝參選台北市議員的政見發表會上，那一年我十一歲。我父親當年是黨外熱情積極的支持者，美麗島事件之前就瘋迷《自由中國》、《文星》和《美麗島》雜誌，大審之後更加熱情支持，當時所謂選舉前十天的民主假期黨外野台演講，他可以一個晚上跑好幾場。父親教我特立獨行，他要我不要信老師，也不要信國民黨，他跟我說警察與軍人都很壞，我相信他。大審之後一兩年，我懂事了，他就帶著我到處去聽演講。我和媽媽住台中，父親住台北，南投以北，我們到處去聽演講。我記得，爸爸和朋友們對黨外候選人在很多場合都不提起牢裡的政治犯感到不解？很多人是為了聲援政治犯才來的，選舉在當時在權力運作上一點意義也沒有，讀者必須要理解，那是萬年國會的時代，立法委員選舉只辦理台灣地區部分。現在想想，一直在強調選舉的人很奇怪，拉開距離後，今天可以看得更清楚，美麗島事件之後黨外那一盤沒有領導人的散沙，拋棄被關在牢裡的領袖，熱衷於參加當時無任何實質政治意義的地方到中央的選舉活動，累積個人資源與利益，這完全是符合統治者利益的作法。當年在那十天的民主假期裡，我其實聽到很多耳語討論，比如「應該高票當選，馬上辭職抗議。」一九八〇年受難家屬高票當選的意義，根本不是「從政」，選票只是台灣人向統治者表達「異議」的唯一管道。選舉在戒嚴時代，只是統治者塞給台灣人的「奶嘴」，甚至連「奶水」都不是，用來安慰一下台灣人不安的慾望。台灣社會無情地拋棄監牢裡的英雄人物，已經一個世代了，美麗島事件之前，政治犯根本無人聞問，整個無情無義的社會避之唯恐不及，李敖把政治犯的名單偷送給國際特赦組織，結果把自己也變成了政治犯。美麗島事件之後，有一些人終於敢現身聲援政治犯，但國民黨安插在黨外的「那些人」漸漸地把群眾的熱情從拯救政治犯的「正義」感，移轉成支持義務辯護律師的「選票」，讓人民不再思考「正義」的問題，轉而只考慮現實的選舉如何提名、配票與輸贏。

全世界少有這樣無情的社會，那麼漫長的白色恐怖，其中許多政治犯本身是名人，他們的朋友也都是赫赫有名的人，他們被逮捕後，那些明知自己的朋友被誣陷成「政治犯」的人，他們每個夜晚到底是怎麼睡著的？

謝長廷控告我的起訴狀云：「而被告當時尚於學生階段，更完全不瞭解實際狀況……」事實是我年紀小沒錯，但話不能這樣說。當時我雖然是初、高中學生，但我不是正常學生；就像謝長廷，雖然是律師，但不是正常律師；雖然是黨外，但不是正常黨外。

我的高中生活在我父親的庇護之下，盡最大努力不參加升旗典禮，星期三老請病假因為當天有我討厭的軍訓課，遲到曠課太多導致每學期品行成績都丙等；在家裡每個星期看好幾種的黨外雜誌、每個月讀李敖千秋評論，和一堆課外讀物、美術、音樂和電影，我沒有救國團、沒有康樂活動、沒有男朋友、也沒什麼女朋友、沒有風花雪月，基本上是一個很孤僻的青少年，生活的刺激是選舉、幫黨外監票、參加黨外活動和原住民權益活動。民進黨組黨成功的那一天，我和爸爸在早餐豆漿店裡都興奮地哭了，雖然他和我都很納悶，為何要叫做一個怪怪的「民主進步黨」？卻還是興高采烈地對自己說：「叫什麼不重要。」現在我反省，我就是那一個正在被「國民黨人滲透的黨外的辯護律師」毒害的人，從一個正義凜然的反抗者，成為一群選票的小監工，還樂此不疲。高中時，我在報紙的角落大約幾張郵票那麼大的一小則報導，讀到施明德拒絕正常飲食，提到他被送到汀州路的三軍總醫「強制營養」，放學時我孤孤單單背著書包坐在新店溪畔的河堤上眼睛盯著流動的溪水轉，耳朵完全聽不見溪流的聲音只聽見自己的心跳聲咚咚咚好大聲，我太憤怒了，握緊拳頭想揍人。我心裡想，為何黨外人士沒有任何行動，我實在想不透，為何沒有人發動群眾包圍整個三軍總醫院？為何台灣人沒有去三軍總醫院樓下點蠟燭？為何台灣社會沒有盡力營救政治犯？為何整個世界無動於衷？我就住在興隆路武功國小附近，離汀州路其實不遠，我應該去看他，可是就連我，就連我，就連我，也完全沒有行動，只有空想。我只是偶爾對著唯一一個能理解這件事的同學訴說解悶而已，那個同學的外公在二二八被殺死了，是謝雪紅的部下。我不能原諒自己的懦弱與無能。

上大學後，因為謝長廷的選區在北區，服務處在士林中正路上離東吳大學校本部很近，我和同學們相約一起去幫忙，想為反對黨盡一點力。那是我近身觀察謝長廷的機會，他不像其他我認識的或看過的黨外份子，他有一種「不正常」的神秘感。我們想幫忙文宣，可是只讓畫畫無聊的大字報，有一點掃興，後來就組一個合唱團唱唱歌；選後也曾參與過王美琇女士（現為辜寬敏夫人）主持的《新文化雜誌》，同樣也是蠻無聊，很快我就離開。我回想，他所在的地方，沒有任何「思考力」可言，也沒有討論，就是很神秘，給我感覺非常無聊。

一九九二年秋天施明德先生競選民進黨主席，我被叫去幫忙，前後十三天，其中見到謝長廷兩次，一次是在大飯店的包廂，一個大圓桌十幾個人晚餐，主要是一個一個確認每一張黨代表的選票（當時主席選舉只有黨代表投票），我負責在場報告和記錄。第二次在投票當天的黨代表大會上，我記得異常清楚，在場外的走廊上他對我說：「你畢業了，打算做什麼？來我辦公室，我讓你做服務處副主任，主任很大……」（副主任或主任，我記不得，但「很大」，這句我記得很清楚。）我很驚訝，我回：「沒有啦！我馬上要出國。」但心中無限納悶：他為何要從施明德的辦公室裡挖角？為什麼？他到底在盤算什麼？現在我想我知道答案了：**國民黨在黨外勢力或說民進黨裡，想要打壓的是真正的反抗者「美麗島世代」，想要扶持的是被特務馴服的「辯護律師世代」，這樣才符合國民黨的統治利益。**陳水扁與謝長廷在那時都「搶人」搶得厲害。關於吸收政治資源這一點，對辯護律師來說佔盡優勢，他們都已有公職身分多年了，有資源也有長期在黨外認識的人脈；相對的，許信良和施明德幾乎是在一九九〇年之後，才回到台灣社會，重新開始的「新人」。用黨外喜歡講的話，他們是「空降」，不像其他人是「草根」、「在地」。**現在想起來，那幾年的選舉語言好殘酷啊。整個漫長白色恐怖「政治犯」被囚禁、被排擠、被褫奪公權，哪一個政治犯不是「空降」呢，要比「草根」，國民黨最草根，而國民黨裡的特務更草根，他們就是被訓練要草根，否則如何監視你們這些在地的台灣人呢。**台灣人被國民黨的細胞耍得團團轉，還在比誰才草根。

口述歷史

我開始認真做「白色恐怖歷史研究」始於我從法國回來之後，我先生施明德的基金會於一九九六年在中國時報余紀忠董事長的支持之下開始做美麗島事件口述歷史，雖然不是編制內的工作人員，但我非常投入。這個台灣最早做白色恐怖歷史研究的團隊之一，也為台灣培養了幾位傑出的歷史研究者，二二八歷史研究的專家黃惠君、國史館的研究員陳世宏等等。因為施明德先生的關係，我對白色恐怖歷史的研究具有一種別人所沒有的特殊距離，我心中出現疑問時，馬上有事件當事人和時代的見證者可以提問。施明德先生告訴我辯護律師裡怎麼樣都不可能沒有國民黨安插的？那是時代背景的基本問題，應該問誰可能不是，如何不是，說明原委，因為在那個時代每一個都應該是，必須是，就算一開始不是，後來有會被接觸、騷擾或收編等等。而且，我陸續得知，幾乎每一個律師都拿律師費，除了呂秀蓮的哥哥呂傳勝律師，沒有人是義務的。黃信介的女兒黃文柔女士親口告訴我，當年是她親自交給陳水扁二十萬元，施明雄先生也親口告訴我，尤清律師收二萬與鄭勝助律師四萬，已經是最便宜的了。這一切，都與我初高中時代在黨外競選場合裡聽他們所大肆宣傳的「義務辯護」律師，完全相反。

到底誰是誰？誰是什麼背景？以前做什麼？辯護律師從哪裡來？當時我們做歷史研究（一九九六～一九九九）是國民黨的李登輝時代，沒有檔案，沒有資料，我們只能做口述歷史。在聽故事的過程中，腦袋裡常常出現一堆問號，只能自己想，常常想像統治者是怎麼想的，真想知道國民黨的檔案長什麼樣子？那些神秘的特務都去了哪裡？每一個當事人都煞有介事的形容特務，常常都出現誰又懷疑誰是抓耙子。可是都像被蚊子飛在耳朵旁嗡嗡嗡，從沒抓到過一隻，這蚊子太神秘。剛好這段時間民進黨裡的長扁之爭正上演得如火如荼。

歷史研究常常是這樣，當你解開一個結之後，彷彿是近視眼的人終於配了一副新眼鏡，頓時你再回頭去觀察，事物與現象都變得清晰，有跡可循了，像「茅塞頓開」。

為什麼叫做「民主進步黨」，不是「台灣民主黨」？為什麼一個反對黨會莫名其妙地出現舉世無雙的「割頭」條款，「黨主席一年一任，得連任一次」。這種把戲，就是存心不要讓黨產生「領袖」才這樣搞，就是存心要反對黨成天內鬥，才這樣搞，又是誰，才會想這樣搞反對黨呢？黃信介當年出獄時說：「還有民進黨主席任期一年，不得連任，全世界恐怕沒有一個政黨，有這樣苛刻的限制。如果說任期一年，可以再競選，這不要緊。做得好可以再做，做不好請你回去，哪有說只做一年不可連任的？我猜這樣規定的意思是讓身分低的人也有一天輪到做主席。」90

德國政黨要是這樣搞，根本不可能培養出梅克爾這樣跨時代的領袖。領袖又不是小學班長，搞什麼輪流做的把戲。想當然爾，沒有領袖的黨，很快就不像樣了，台灣上演這齣戲，

90《歷史新新聞》一九八七年尚未入黨的黃信介與民進黨首任黨主席江鵬堅對談，已提到「調查局」……。新新聞。

國不國，黨不黨，還沒下片跡象。

當年組黨的要角就是護律師世代。為什麼出現這種：「黨主席一年一任，得連任一次」的「自殺」條款？

如果我們提出對的問題，解答其實就在其中。組黨的人不可能沒有問題。為什麼一個花了近五十年的恐怖與多少人的血淚與青春才建立起的政黨，不到十年，就把曾經為爭取台灣人組黨的權利犧牲奉獻，才出獄不到十年的政治犯們和流亡者，以民主方式（派系、人頭黨員）鬥爭出政治核心權力之外？施明德、許信良、林義雄沒有人能持續性忍受律師世代的民進黨人的無禮對待，和他們所豢養的支持者囂張跋扈的嘴臉：辱罵施明德主席賣台，用石頭砸許信良主席的頭。是哪些人？歷史事實已經給出答案：美麗島辯護律師群全面鬥爭成功，他們全面掌握權力，他們完全排除美麗島受難者。他們是誰？到底是誰？有一天這總是要水落石出吧！

可是，當然沒有。他們掌握統治權，陳水扁擔任總統八年，張俊雄曾任行政院長，蘇貞昌曾任行政院長，謝長廷也曾任行政院長，他們不但沒有給人民一個追尋白色恐怖真相的可能（開放檔案），也沒有進行像樣的轉型正義；不僅如此，他們掌握權力的手緊緊鎖住「檔案和證據」的同時，再來對手無寸鐵的人民嗆聲：「沒有證據，不要污衊，我可以告你。」這不禁啟人疑竇，他們以「美麗島辯護律師」之姿，「打入」黨外勢力攫取權力的「背後因素」到底為何？人們可以觀察到除了「贏得選舉掌握權力」以外，他們從不真的關心台灣人白色恐怖歷史的苦難真相。選舉時，他們利用台灣人的歷史悲情以攫取選票，讀者必須要分辨清出，「悲情」不是「真相」，悲情是當真相不明時的一種說不清的情緒；當他們掌握權力之時，他們追求自身的利益，也只會在紀念日當天虛偽的「道歉」、「紀念」、「緬懷」、「追求真相」的虛假作態，與國民黨的李登輝和馬英九一模一樣。平時照樣封鎖檔案，照樣只關心如何繼續利用「悲情」鞏固下一屆的選票，才不管什麼真相不真相。這一切是為什麼？他們到底是誰？

臥底

民進黨掌權之後對待「真相」的方式，就這麼巧，跟特務製造「匪諜」完全一模一樣。「調查局辦類似的匪諜案，有一個非常傳神的說法『擠牙膏』……先抓到一個『匪諜』，然後要他戴罪立功，供出還有哪些人也曾經參加過共產組織。這些資料一一造冊列管。這一季先辦一、兩件，把上級要求的積分達成，剩下的，就先擺著不辦。到了下一季，就再拿出來兩件來辦一辦。這就是『擠牙膏』，要用的時候擠一點。案子永遠辦不完，永遠有績效。」[91]此時此刻又逢二二八紀念日的季節，民進黨今年擠些什麼牙膏呢？把大屠殺的紀念日搞得像「爆料大會」？還一直宣稱「找不到元兇」，這種論述某種程度都是「出身特務者」討論事情的掩護策略。找「元兇」？發生一件「大屠殺」，先不究前面的暴政與衝突，誰掌握軍隊，誰就是屠殺者；誰後來飛黃騰達，誰就是合作者。難道，沒有軍隊和機關槍能執行大屠殺嗎？難道半個世紀之後，烏克蘭人民要追溯當初侵略他們國家的元兇到底是誰嗎？（不是普丁嗎？「哎呀，你不能這麼武斷。」）誰掌權，誰是元兇。誰開坦克，誰有機關槍，誰就是屠殺與侵略的執行者。

91 高明輝，《情治檔案：一個調查員的自述》一九九五，商周，台北。p.223-224。

台灣歷史學界的「元兇說」是要幫助整個「國民黨」脫罪嗎？台灣白色恐怖就是兩個獨裁者，元兇有那麼難找嗎？「真相」近在眼前，遠在天邊，卻有學者一直裝傻。難道有俄國歷史學者要探討史達林大清洗的元兇嗎？難道有德國歷史學者要問納粹德國殺猶太人的元兇嗎？不，真正的歷史學者研究的是在這些人類處境極端的狀態當中的「平庸的邪惡」、「出類拔萃的反抗者」、「勇於犧牲的烈士」、「極少數無私奉獻的地下軍」，當然還有受苦的人民，或是文化、政治、經濟與宗教等大結構剖析。

民進黨的第一任黨主席江鵬堅，二〇〇〇年政權移轉之際得了胰臟癌，得知自己不久於世，特地約施明德先生到菊之鄉日本料理店[92]小酌，真情告白自己調查局出身的過去，大審之後負責監視施明正曾是他的任務之一。他說自從他來到這個陣營，發覺大家都好可愛，他沒有害過任何人。而且，江鵬堅當晚也直截了當地告訴施明德先生：「謝長廷也是調查局的人」[93]。幾天後他差司機送來幾箱資料，那些資料若不是調查局的人是不可能擁有的，後來該批珍貴史料其中一部分，由施先生的基金會的研究小組編輯，交張炎憲主持的國史館於二〇〇一出版《戰後台灣民主史料彙編（三）從黨外助到黨外總部》[94]。很久以後我發現，調查員白瑄於前一年一九九九年底出版的《全民公敵調查局》一書裡，已揭露了江鵬堅的特務身分，我大膽揣測這或許是他告白的原因之一。

92 陳菊的弟弟陳武進在台大對面巷子經營的日本料理店，成為當時民進黨人經常餐敘的餐廳。
93 施明德口述。
94《戰後台灣民主史料彙編（三）從黨外助選團到黨外總部》二〇〇一，國史館，台北。編序。

關於特務臥底在反對陣營裡的真相，對此刻仍缺乏歷史意識的社會大眾認為是一件「驚爆」的內幕（畢竟這一兩年才有關於二二八大屠殺時期的臥底情報出土研究），但對於一個曾活在白色恐怖黑牢裡二十五年半的人來說，這是一件再「正常」不過的事了，他一輩子都生活在其中，在監牢裡，在他出獄後，他相信在美麗島大審的辯護律師裡更是不可能沒有特務。沒有證據，特務還是特務；但沒有特務，就不是白色恐怖。二〇〇〇年江鵬堅告白自己是特務時，台灣社會才剛剛開始沉浸在政黨輪替的喜悅裡，施明德先生覺得沒有必要驚擾大家，只在幾個朋友之間抒發自己的心情，感嘆那個時代。從那個時候開始，政權既已輪替，施明德開始靜待他等待了一輩子的真相，可是等到今天，那輛真相的列車都還沒來。民進黨對待歷史的模式很像國民黨特務擠牙膏式的偵訊手法，一次擠一點，擠到今天還沒完沒了。走筆至此，正值歷史性的二月，又到了每年擠牙膏的時刻了，今年輪到「驚爆」邱茂男的司機王進利，後來也是蘇貞昌的司機是抓耙子！每年擠牙膏，政客又有戲唱，記者有文可作，何樂而不為！只是，要到哪一年，我們才能徹底嚴肅地面對歷史紀念日，要等到哪一世紀，國家才能建立一個真正屬於台灣的「忠烈祠」，舉行崇隆的儀式，禮敬為反抗不義而走向刑場的英靈啊！拜託台灣人民，可以不要在紀念日時再胡謅瞎鬧了嗎。民進黨給我的「驚喜」是當年的校園特務黃偉哲都被羅文嘉、林佳龍等指證歷歷了，民進黨的態度居然是擁抱「政治正確」而拋棄「正義」，一幫抓耙子所建立的政黨果然不同凡響。不用講究超凡，正常人的價值也不至於如此低落吧。

謝長廷先生以及很多民進黨人面對自己身分被揭露的那種尷尬，辯解之詞常常是：「調查局特務說的話怎麼能信？國民黨說的話怎麼能信？」坦白說，面對歷史真相或者面對政治事物時，會說出這種話的人，我們都應該格外小心。這種話通常是當一個人的真面目被戳破時，「迴避」真相用的攻擊策略。大家都非常熟悉一種情節，當一個地位低下的人指出「真相」傷及一個地位較高的人時，地位較高的人為了自保，就會說比如：「這個乞丐說的話怎麼能信？」「這個妓女說的話怎麼能信？」這是同一種把戲。一句話是不是真話，是不是道出真相，說話者的「地位」並不是判準的因素。謝長廷自美麗島軍法大審之後，打著義務辯護律師的招牌，官運亨通，幾乎沒有他沒參加過的選戰。一到擔任國家最高行政首長行政院長，他站在高處，運用「國民黨」與「調查局」這兩者在民進黨支持者眼中是屬於令人厭惡低下地位的屬性，確實在一時間能產生一些屏蔽效果。但是，躲的了一時，躲不過一世。江鵬堅先生是調查局的特務，但也是民進黨人，但他死前的懺悔與告白，對施明德揭露了對他自己是最不利的自己過去不為人知的真實身分：「特務身分」。這個行動正是「真話」最佳的註解。檢驗一個人是否「說真話」，要看他是否甘冒風險。[95]

謝長廷在起訴狀提及二〇〇一年高雄市長選舉，他這麼寫：「民進黨支持者不認同其參選行為，甚至懷疑其動機，故僅得八千票而落選，因而對原告更懷不滿之心。」謝長廷不知早在一九八〇年，施先生心裡與行動中就確信美麗島辯護律師裡充斥特務，所以尤清才抱怨幫施明德辯護很難，施明德出庭前什麼都不透露，而在二〇〇〇年江鵬堅對他告白之時，也一併指出謝長廷也是調查局的人。施先生知道這些「底牌」，不過他依然像個君子般只端出「高雄經貿自治港市」這個他認為能挽救高雄經濟的政見，不願以「掀底牌」的惡招來競選。一如有

95 傅科，《傅柯說真話》二〇〇五，群學，台北。

良知的人，在白色恐怖時代的命運就是被殺或坐牢，一個有為有守的候選人又怎麼可能戰勝無所不用其極的無賴型的對手呢？如果說施明德先生對謝長廷在那一場選舉有什麼不滿，就是謝長廷是一個滿口謊言的人。選舉過程中，他對施先生保證說，施先生所提出的「高雄經貿自治港市」[96]的政見非常好，他若當選必定馬上去做。然而，事實證明他就是一個大說謊家，他根本沒有去做。

前調查局調查員白瑄的著作《全民公敵調查局》出版於一九九九年政黨輪替之前，如今二〇二二年，整整二十三年過去了，經過歲月沉澱，我們更能夠在今天辨認白瑄的書裡到底道出了多少真話和有意義的疑問是什麼？

特務機構與黑道幫派有類似之處，他們喜歡找孤苦無依者、貧困者，這樣出身的人，人生裡沒有選擇，生存在壓力下，容易被利誘與脅迫，特別是這樣的人之中，聰明又特別具有上進心、渴望飛黃騰達的人。這樣的情節，在人類歷史裡、電影與經典文學都經常性出現，是非常普遍的主題。今天我們談論的主角謝長廷與江鵬堅，都有類似這樣的命運，前者有一個欠債累累的父親，是貧困打鐵街出身的人[97]，後者是福建來台的鞋匠之子[98]。

96 二〇〇一施明德先生參選高雄市長的政見：「把高雄市定位為——經貿自治港市（free port），主動爭取高雄作為一世界性都市應有的權力與責任，除了主權、國防、外交仍歸中華民國政府外，必須擁有高度的自治權，並且具有與世界任何國家及地區，以自由、平等方式直接往來及簽訂經貿協定的權力。同時它必須是四合一的城市，具有香港、新加坡、鹿特丹和開曼群島四者的優點。」

97 呂政達，《謝長廷人生這條路》一九九五，大村文化，台北。

98 江鵬堅，《人權萬歲》一九八三，台北。

人生的路

現在我們要開始檢視謝長廷的一生，就從呂政達寫的《謝長廷人生這條路》談起。這本書一九九五出版，應該是為了隔年的大選謝長廷與彭明敏搭擋選副總統做準備，如果你細讀這本傳記，會發覺許多人生轉折充滿「特異」之處，每一處人生關卡都有「神來之筆」。當我理解了美麗島辯護律師裡不可能沒有國民黨安插的人之後，這許多的人生「特異」之處便看起來順理成章了。

在黨政軍一把抓集中在一人一黨手裡的時代，聯考制度在表面上必須要維持一定的公平性，但對被「有辦法」關照的人，要預先取得考題並不是一件難事，閱卷時也可以作假，最後公布錄取名單，更是問題的重點。謝長廷的傳記對大學聯考作了非常傳奇性的描述，白瑄提出這樣的解釋：「謝長廷說他以商職畢業的學生身分，平日還要忙於打工賺錢，卻還能奇蹟似的考上台大法律系，主要是因為他在補習班旁聽，又剛好撿到一些講義，而那些講義的命中率又『其高無比』，因此才能高分上榜。」[99]讀者要注意，那年是一九六七年，大學聯考的錄取

---

99 白瑄，《全民公敵調查局》一九九九，台灣之聲，台北。p.187。

率可能遠低於百分之五（一九七七是百分之五），台大法律系就更不說了，那是萬中選一的機率。但謝長廷也有真正下苦功的地方：體操。他說他高三時獲得省運吊環金牌，這才真正是他的真材實料，誰都沒話說的實力。

我讀白瑄這一段描述時，對他的真實性不以為意，直到二〇一〇年TVBS電台節目揭露前調查副局長高明輝在檢察署的偵查庭中具結作證[100]：「一九八二年七、八月間，阮成章局長被蔣經國召見，蔣經國很滿意謝長廷的表現，要打賞，阮成章立刻要高明輝約謝長廷隔天早餐會給他二十萬。」這份法庭的證詞，在現場的除了檢察官之外，還有謝育男、許榮棋、邱毅和李義雄出庭。幾天後，我受邀上TVBS電視台2100節目，對謝長廷是調查局內線之事發表看法[101]。電視播出後的那一陣子，我和施先生上館子或上街遇到對謝長廷的過去有了解的人，他們多熱情主動地同我們訴說他們所知道的情節，其中一位讓我印象非常深刻，他說：「奇怪ㄟ，這些人當大官了後，就袂記得自己是誰啦，長仔自少年時陣就是調查局的人，彼時陣伊滴咧成功中學，我們這一塊圈圍的人大家攏知道伊是調查局，這根本毋是什麼秘密，像我，我以前就是警總的人，大家嘛攏知樣。那個時陣，這攏是真正常ㄟ代誌，毋可能不是安捏生啊。長ㄟ，自少年時就愛講白賊，足滾溜滾溜詼。」他的說法是比較特別的一個，因為其他人都談到他們自己的黨外經驗裡看到謝長廷怪異的地方。但這個人只談到他的「少年時陣」，當時我沒想太多。許久以後，我偶然看到資料發覺謝長廷的少年時陣就真的是混「吉林路」一帶，

100 TVBS 2100節目光碟（2010/2/26）。
101 TVBS 2100節目光碟。陳嘉君受邀上節目。（2010/3/14）

我才恍然大悟，這個警總的人在跟我說什麼。因為施先生的姪子在吉林路開診所，我們常去那附近吃飯，餐廳老闆跟我們很熟，他看我上電視，那天才特意告訴我們，少年時陣他所認識的謝長廷。原來謝長廷與調查局的淵源從他少年時期就開始。那麼，白瑄的說法確實說得通。

崇拜

「在戒嚴統治時期，法律是極權統治者用來整肅人民的工具，律師是一個受到嚴格管制的行業，絕大部分的律師都是由軍中退役的軍法官退役轉任，而民間一般律師高考，每年通過錄取的人數甚至只有個位數，這些極少數的律師名額，相對於應屆和屢次重考的數千考生而言，錄取率實在奇低無比，競爭者又都是學有專精的一時之選，錄取難度遠高於大學聯考。對於這些極少數的名額，由於奇貨可居，情治黨當然更要嚴加控制。」[102]白瑄這一段寫得與時代非常吻合。一九六九年「謝長廷非常崇拜的許席圖[103]」被捕入獄了，同時間謝長廷以狀元之姿考上律師高考[104]。在那個恐怖時代，這兩件事能撞上一起，能不佩服謝長廷的特異功能嗎？

102 白瑄，《全民公敵調查局》一九九九，台灣之聲，台北。p.185。

103 許席圖（一九四〇）：一九六六年，政大學生許席圖與台大學生發起「中國青年自覺運動」，號召知識青年加入各種公益活動，以服務來淨化社會。為了籌措財源，又成立「統一事業基金會」向學生募款。由於活動積極誠懇，學子紛紛響應，對救國團造成威脅。當局乃展開大逮捕，將基金會誣為推動「中國統一事業」的叛亂組織，對多位學生刑求逼供。許席圖因受不了酷刑而發瘋，前程似錦的青春，化為精神病患的歲月，至今尚未出院。

104 呂政達，《謝長廷人生這條路》一九九五，大村文化，台北。p.75。

隔一年，他又考上台大法律系研究所，一年後接著考上日本文部省獎學金。「回憶這段奮學的經過，謝長廷強調，讀書、準備考試時，並不是猛讀，勤讀就一定奏效，還要講求讀書的方法，方法對了，說不定，就能有事半功倍的效果。」[105]這段話騙得過平常不怎麼讀書的人，但對於真正明瞭做學問、思考與考試是怎麼回事的人，根本是胡扯，用台灣話講叫做：「教壞孩子大小」。但騙不過明眼人。這不過是對自己的過去心虛，寫一本書交代一下每一個可疑的傳奇過程。像一個貪腐的人，被人發現來路不明的巨富時，只好慌張地掰說：「我剛好中了樂透而已。」

至於謝長廷自承參加「自覺運動」，又說認識具有領導特質的政大學生許席圖，還說自己非常崇拜他。他在書裡能回憶又具體描述所有關於「中統會」被學校迫害的細節，教官、調查員約談、恐嚇等等，他說起來都很清楚，最後只說自己很害怕，慶幸自己倖免於難。[106]這也是完全不合「時代」情理，怎麼說呢，簡單來說謝長廷的角色，可能比較像黃偉哲之於羅文嘉、馬永成在台大校園的抓耙子角色。當年的自覺運動的主席台大外文系學生陳鎮國三十年後自美國回到台灣時後這麼回憶：

「這是三十年前的一個春天，在臺北縣觀音山硬漢嶺上，『中國青年自覺運動推行會』的成員們在這裡聚會，許席圖正拿著照像機幫大家拍照，當時台大讀書的謝長廷也在其中。『青年自覺運動推行會』是由台灣各大學校院的同學為響應台大學生發起的自覺運動，而設立的

105 呂政達，《謝長廷人生這條路》一九九五，大村文化，台北。p.76。
106 呂政達，《謝長廷人生這條路》一九九五，大村文化，台北。p.78-80。

一個泛校性的學生活動社團。我被推舉為該會的主席，許席圖擔任秘書長。我們經常在課餘結集去『掃馬路，清水溝』以『清污除垢』來體認范仲淹的胸懷。以主張『本省外省一家人』，建立『公德心人情味一體』的社會訴求。以『台灣大陸一條心』來『會聚菁英』。一時之間在大專院校創造了『自覺新時髦』，在一年之內我們聚集了一萬多學生會員，分工得體，井然有序。但救國團的『觀察員』說我們在利用『男女關係』搞組織。而我們覺得『傳承道統，日益責重』。」[107]

他接著又說：「有一天，當時救國團的主任秘書姚舜通知我，蔣經國要單獨見見我。蔣主任確是和我談了一些勉勵性的話，他只是想直接弄清楚這群大學生「掃馬路」的心理。這是在臺北館前路台灣土地銀行三樓的單獨會面，將近有一個小時。這天，蔣主任以極其關切的語調說，你還有問題嗎？我猶豫了一下說我有兩個問題。他以兩個小故事結束了這天的談話。出來後救國團的人不停追問我談了些什麼，我回答說『什麼都沒講』。」結果是許席圖被秘密逮捕、偵訊，還沒審判就瘋了。同時間陳鎮國被勒令退學，立刻收到兵單。現在推論，陳鎮國與許席圖命運不同，是因為陳鎮國是外省人，統治集團認為外省學生，只要當兵或出國，他們沒有「在地」關係，出不了什麼大亂子。這樣的考量，在施明德、施明雄、施明正三人的「台灣獨立聯盟案」案子裡也很清楚，施明德在軍隊裡認識的其他外省軍官被叫去問問就飭回。特務刑求施明正硬要他交出五個名單，施明正說了一、二個外省文人友人，也都沒事，倒是有國防醫學院出示的不在場證明的三弟施明雄根本無辜還是被牽連了。

107 陳鎮國的文章：https://web.archive.org/web/20200126202347/http://www.aaapoe.net/buwrchesterchen01.html

那麼謝長廷為何能毫髮無傷？聽說馬英九與秦金生當年參加了「自覺會」也是毫髮無傷。後來他們有一些人生共通的特點，謝長廷去日本當職業學生，馬英九則去了美國也是職業學生，三個人也都官運亨通。謝長廷一九九六年時對自己過往歷史的回憶交代得很詭異，自己說崇拜許席圖，又表示當年就知道許席圖被逮捕，也沒說明自己的想法與衝擊。如果美麗島軍法大審可以改變一個唯利是圖的律師成為為民主爭公義的反對黨議員，那麼以謝長廷如此靠近許席圖，又崇拜他的人，對他被逮捕，居然毫無衝擊，難道他是鐵石心腸？整個白色恐怖國民黨特務逮捕人向來是秘密進行，偵訊和審判也是。謝長廷知道人被捕，知道「翻遍當時的報紙，幾乎找不到有關報導」，這太不合理。要麼一個正常學生謝長廷就以為許席圖消失，像陳鎮國那樣，要麼，既然報紙沒有報，為何謝長廷能知道許席圖被捕了？他是誰。為何吉林路上他的老鄰居說：「長ㄟ，少年時陣就是調查局的人。」

是否只是一個巧合？一九六九年二月許席圖被捕，謝長廷依舊冷靜理性地成為一九六九年律師高考的榜首。留待歷史解答。

京都

「根據長期領導他的資深調查員鄒紓予指出，一九七二年謝長廷前往日本留學之前，當時的調查局長沈之岳還在調查局仁愛路三段一一八巷的招待所設宴為他送行，鄒紓予當時是海外工作組主任，也應邀在場作陪，當場沈局長還親自致贈美金六百元作為獎勵。謝長廷到達日本後，是由在日本的海外工作組接手。一九七七年謝長廷回國時，由於鄒紓予已經是海外工作組的主任，謝長廷又是向他報到，由鄒紓予繼續領導。」[108]這是前調查員白瑄對謝長廷赴日前後的描述。他還在書中自陳，自己擔任謝長廷一九八三～一九八四年間與鄒紓予之間的跑腿，負責運送謝長廷的廣播錄音帶，讓特務在事前掌握情報。[109]

《謝長廷人生這條路》這本書特別交代了謝長廷與張雅孝之間的關係、開餐廳一事、和投資賺到日幣一百萬元的事蹟[110]。這些發生在留學生生涯的「特異」的情事，他確實最好在選副

108 白瑄，《全民公敵調查局》一九九九，台灣之聲，台北。p.165。
109 白瑄，《全民公敵調查局》一九九九，台灣之聲，台北。p.166。
110 白瑄，《全民公敵調查局》一九九九，台灣之聲，台北。p.117。

總統大選前「交代」一下說法。因為事實應該比較接近另一個情況：「在日本的台獨運動者當中，由於蔣氏家族情治單位的不斷打壓追殺，發生過許多特務和反特務的攻防戰，當時在日本因為遭到蔣氏家族情治人員暗殺而犧牲生命，或是被暗中綁架回國的熱血青年相當多……像謝長廷當年悄悄躲在京都大學張雅孝的實驗室裡，偷取台獨運動人士名單，並利用自己所開的『蓬萊餐廳』來搜集台灣留學生活動的情報，神不知鬼不覺的為調查局立下不少汗馬功勞，不但享有文部省的獎學金，調查局還有專人負責發獎金給他，供他帶著妻兒在日本的逍遙生活已綽綽有餘。他說他回國時還能帶上一百多萬日幣，表示他有投資的天分，但事實上光是賣掉他所經營的那家餐廳，他就分得一百多萬日幣，再加上平日積蓄的獎金，一百萬元恐怕還是他故意有保留的數目吧？而他回國後得以立刻擔任辜家的法律顧問，年收入超過五百萬台幣，事實上也是來自調查局工作關係的居中牽線。」[111]這些事蹟，白瑄白紙黑字寫下了，但這絕非是筆者唯一的資訊管道。施先生是名人交友廣闊，民進黨執政以來，二十多年間，總是有人會向施先生提起這些他們覺得不可思議的情節，細節會有些差距，主題是一樣的。檢視謝長廷的神蹟般的一生，讀者自己可以憑良心與經驗判斷何者才是真實？

111 白瑄，《全民公敵調查局》一九九九，台灣之聲，台北。p.128。

辯護

誰能來為美麗島事件辯護？

要回答這個問題，我們必須對那個恐怖時代軍事審判的律師角色有些概念，讓我們先讀一段政治大學台史所涂欣凱先生的碩士論文《戰後外省律師社群在台灣的發展一九四五～一九八七》，對那個時代的律師在軍法審判裡的角色有一些概念：

「關於受到軍事審判管轄的政治案件，在一九五六年通過的《軍事審判法》中規定被告於起訴後，得隨時選任辯護人。且不僅是被告，被告之直屬長官、法定代理人、配偶、直系或三親等內旁系血親或家長、家屬也能替被告選任辯護人。而關於辯護人的規範為：一、向最高軍事審判機關或有審判權之軍事機關登錄之律師。二、曾任軍法官或法院推事、檢察官、公設辯護人者。三、陸、海、空軍軍官或其同等軍人。而關於第一點，就是我們在這裡要討論的律師對象。律師要怎麼樣在軍事機關登錄，則是透過國防部於同年制定的《軍事審判機關律師登錄規則》中規範律師具備申請書與律師證書和加入律師公會之證明文件後經向國防部登錄，得在全國各軍事審判機關執行職務，並得逕向初級或高級軍事機關登錄，並由各該機關轉報國防部備查。而駁回登錄申請的情形則是有《律師法》第二條情事者與違反第三十條，第三十一條之規定者。以制度層面來看你是執業律師，基本上向國防部提出在軍事審判機關登錄的申請應該是會被接受。但是透過促進轉型正義委員會架設的轉型正義資料庫與一些相關傳記類作品中可以觀察到，在一九七〇年代以前經手這些政治案件的律師，大多是外省籍律師，以下介紹的案例中可以觀察到幾位接政治案件辯護的律師的一些特殊的背景。**像是雷震案爆發的時候，原本雷震的妻子宋英希望端木愷能幫忙（端木愷是《自由中國》的法律顧問，與宋英之間也是安徽同鄉之誼），不過端木後來婉拒這個案件，但介紹梁肅戎律師做為雷震的辯護律師**。而有關雷震案中雷震以及劉子英、馬子驌三位被告，當中除了劉子英未聘律師，由軍法處指定毛延齡上校為其辯護人外，雷震聘用梁肅戎，馬子驌所聘者為林頌和、方學李兩位律師，三位律師都是外省籍律師。儘管最後雷震案早已被官方決定好刑期額度，不過三位律師仍然是盡力提出：罪刑法定、不能光以自白定罪、定罪不能只靠自由心證需要有證據、法律不溯及既往、追溯期問題等等試圖替雷震與馬子驌辯護。**之後梁肅戎也因為雷震案辯護得到一定的名聲，所以之後彭明敏事件時，梁肅戎也為其辯護。**」[112] 雷震案發生在一九六〇年，彭明敏發生在一九六四年，皆為當時社會矚目案件。

針對同樣一件事，施明德先生在回憶錄裡是這樣記載的，而且，他曾在非常多的場合與飯局對非常多的人提起過這段回憶：

回押房的途中，我想起梁肅戎擔任雷震辯護律師的往事：

112 涂欣凱碩士論文：《戰後外省律師社群在台灣的發展一九四五～一九八七》二〇二〇，政大台灣史研究所。

一九七九年初，美麗島政團因為歷程「全國黨外助選團」和「黨外總部」的拓荒工程，已經在台灣社會獲得一定的代表性，蔣經國政權基於他們的利益，開始採用兩手策略：一方面由王昇所代表的特務持續對黨外喊打喊捉；另一方面由張寶樹所代表的黨務派開始對美麗島政團伸出談判的手，要進行溝通。當時，國民黨派出的代表是關中、梁肅戎。居間串連者是吳三連。有一天，吳三連出面邀請雙方聚餐。國民黨方面出席者是關中和梁肅戎。黨外方面是黃信介先生及敬陪末座的我。其他還有吳三連的親信吳豐山。

正式聚餐前，我和梁肅戎在一角對話。我主動向梁肅戎表示敬佩：「梁委員，你當年敢替雷震當辯護律師，你好勇敢。」

因為我知道梁肅戎是ＣＣ派，不是國民黨主流，卻敢替雷震辯護，社會上有一定好評。

「老弟啊！」梁委員以他濃濃的中國東北鄉音用相當高亢的聲量說：

「我哪裡有那種膽量。是老蔣總統有一天把我找到官邸。對我說，雷震的案子國內外都很注目，公開審判會有外國記者參與。這個審判不能出問題。檢察官、法官都是自己人，我很放心。只有律師我還不放心。我就派你去當雷震的律師。雷震的妻子宋英會找人來拜訪你當律師。這樣，檢察官、法官、律師我都放心了。如何辯護，我會派人跟你討論。」**梁肅戎再加強語氣：「沒有老蔣總統親自下令，我怎麼敢去替雷震辯護？」**

一場雷震案的公審原來還是這樣安排好的！檢察官、法官和辯護律師都是蔣介石的「自己人」！

「雷震案」公審才會如此順利進行完成。一場獨裁者安排好的「公審秀」！並且震攝了當年的黨外人士，不敢再組黨長達將近二十年。[113]

當我們明瞭了獨裁者與特務的心思與手法之後，我們才能進一步剖析謝長廷的文字和所謂政治案件辯護律師的組成。一個明眼人、一個經驗老道者和熟悉歷史演變與時代特徵的人，不至於被「政治大騙子」牽著鼻子走，就是這個緣故。

謝長廷說：「當時，參與黨外事務而沒有被抓的律師，只剩下張德銘，許多家屬便前來找他幫忙。根據張德銘向謝長廷透露，許多家屬提出的名單都有謝長廷，甚至為此發生爭吵。」[114]同時張俊宏的妻子許榮淑說：「律師團都是我一手辦的。當時柯景昇還在當張德銘的助理，他來聯絡……張德銘叫我過去，說律師他來分配，因為尤清和我有一面之緣，我就說我想請尤清。張德銘說他認識這些律師，他幫我們派。他叫我一個個去拜訪，因為他也不好出面啊。」[115]依常理判斷，美麗島案顯然承襲了雷震案的模式，由本來大家都認為應該站出來辯護的張德銘律師出面，來向家屬周清玉介紹謝長廷律師，此前謝與周並不熟，只見過一次面。這劇情完全如同《自由中國》的法律顧問端木愷律師「不被允許」幫雷震辯護，一起參與黨外運動的張德銘應該也被國民黨「禁止」辯護，並要他負責介紹「哪些律師」給受難家屬以利控制審判，其實政治犯已在特務手裡，介紹律師除了審判，另外也是要能接觸家屬，以利影響

113 施明德，《軍法大審：施明德回憶錄Ⅲ》二〇二二，時報出版，台北。p.269-270。

114 呂政達，《謝長廷人生這條路》一九九五，大村文化，台北。p.130。

115《珍藏美麗島Ⅱ：沒有黨名的黨》新台灣研究文教基金會（現改名為施明德文化基金會）美麗島事件口述歷史編輯小組，一九九九，時報出版，台北。p.283。

家屬動向。施明德是一個例外，因為他的美籍妻子艾琳達已經被驅除出境，他又逃亡了二十六天才被逮捕，家裡其他政治犯和家屬也都早就在監控當中，所以當局沒打算「配給」律師給他，循例在偵訊結束後，派兩個「公設辯護」申請來接見他。

尤清如何成為施明德的辯護律師呢？尤清是施明德的高中同學，他們二十多年沒見過面，再次偶遇在因「潮流事件」被逮補的吳哲朗先生保釋的場合。一九七九年八月七日潮流事件，陳博文和楊裕榮被捕，吳哲朗逃亡，陳婉真三天後在美國紐約絕食抗議，關中和黃越欽來溝通：「是王昇下令要抓人的，現在沒辦法解決，叫我們來收尾。」施明德說：「你們如果不放人，我們就要宣布成立台灣民主黨。」施明德認為，國民黨面對新的變局不曉得怎麼處理，而且內部還有矛盾。而我們的方向很清楚，是搞一個「沒有黨名的黨」。施明德被當局通知吳哲朗可以交保了，他立刻趕去法院要領人，一到場國民黨的溝通者黃越欽已經帶著尤清律師在辦交保手續。那是自高中之後，他第一次見到尤清，尤清是黃越欽政大法律系同學，而關中與黃越欽當時是蔣經國親自授權與黨外進行溝通的代表。[116]叛亂犯交保，依白色恐怖時代的既定程序，得是一個軍法審判許可的律師，當然更必須是一個國民黨許可的人。要知道，「保證」、「交保」、「具結」這些事在白色恐怖時代都有其非常嚴肅的意義。另一件有關交保的事情是美麗島事件後，發生「二二八林宅血案」後，蔣經國把這一件事交給李登輝，李登輝打電話給沈君山，要沈君山去保林義雄，接近方素敏，並透過江鵬堅律師表達希望林義雄可以不要參加

116《珍藏美麗島Ⅱ：沒有黨名的黨》新台灣研究文教基金會（現改名為施明德文化基金會）美麗島事件口述歷史編輯小組，一九九九，時報出版，台北。p.260-265。

軍法審判。[117]

尤清一開始以已經接了張俊宏的案子婉拒施明雄的請託，後來被施明德親自遊說成功而成為他的辯護律師，但他說：「替施明德辯護是最辛苦的，因為他在開庭前都不提供任何意見或線索，他不願意洩漏他在法庭上的辯護，或者鬥爭策略。」[118]沒有錯，這是因為施明德有被捕、刑求、偵訊、軍事審判的經驗，也聽梁肅戎談過辯護律師不過是軍事審判的一個被安排的環節，主因是矚目案件，必須對國際社會交代。他非常明白走到這一步時，他的戰鬥必須靠自己一個人獨自展開。

多少年來，這些辯護律師都嚷嚷著，他們當年心中承受著多少壓力，擔心自己的執照可能被吊銷，蘇貞昌律師甚至說到怕自己可能成為下次叛亂案件的被告（他們拿姚嘉文為余登發辯護的例子）。其實呢，現在回頭看時，這一批台籍辯護律師可以說是台灣有史以來最「幸運」的律師吧。這個被授權的辯護任務簡直是「天上掉下來的禮物」，國民黨把黨外菁英都關起來之後，失去領導中心幾乎真空的黨外，剛好由他們承接與掌控那一群被施明德在軍法法庭審判時面對死刑的微笑所喚醒的台灣人民。

謝長廷在一九九九年出版的口述歷史這樣講，顯示他是有這樣的意識的：「所有具有知名度的黨外人士幾乎都被抓了，再來有知名度的就是他們的家屬，再來有知名度的大概就是律

117《珍藏美麗島Ⅲ：暴力與詩歌　高雄事件與美麗島大審》新台灣研究文教基金會（現改名為施明德文化基金會）美麗島事件口述歷史編輯小組，一九九九，時報出版，台北。p.308。

118《珍藏美麗島Ⅲ：暴力與詩歌　高雄事件與美麗島大審》新台灣研究文教基金會（現改名為施明德文化基金會）美麗島事件口述歷史編輯小組，一九九九，時報，台北。p. 292。

師。當時因為這個辯護，我們變成這些被告的代言人。如果有外國律師、人權團體，常常就是我們去講話；記者問，我們常常去辯護，變成他們的替身在辯護。後來選舉時，我們就提出『永不停止的辯護』。」[119]如今回顧這一段歷史，我們不得不認為這應該是國民黨特務史上最成功的「打入」佈建，首先是對黨外進行致命一擊，將領導人通通抓進牢裡軍法審判，又把能組織有熱情的人也抓來司法審判，再製造一次慘絕人寰的「二二八滅門血案」，警告蠢蠢欲動的社會人心，以徹底瓦解已經在台灣各處成立十幾個服務處的「沒有黨名的黨」。接著，馬上在受難家屬一片六神無主的時刻，利用國民黨特務機構長期培養的法律人，安插辯護律師進入反對陣營逐步掌握發言、監控家屬、爭取領導權。當然國民黨也不會停止運用特務體系，分化黨外人士，阻礙其團結與組織化。「黨外在一九八〇年初確實出現很長時期的無組織現象」[120]我們若回溯從一九八〇～一九八五年間，人民的熱情雖然被公開的軍法大審點燃，但黨外人士在外被分化與監管都各自為政，無法自我組織，也難于組織群眾。張德銘該辯護卻不去辯護？康寧祥有參加高雄事件也有上台演講，事後卻沒事，也很怪？這一點連國民黨人梁肅戎後來接受訪問時都表示不可思議：「在整個事件中，最特別的是康寧祥，他完全沒有受到任何處置。……事實上當天他有去，林義雄本來不去，還是康寧祥把他領去的，三點多的時候坐車子去的，也上台演講。把林義雄判罪，他不判罪，哪有這個道理？不過去強調這個沒有意思。連軍方也說他沒有參加，事實上他哪裡沒有參加呢？他參加遊行了，也上台去演講、

119《珍藏美麗島Ⅲ：暴力與詩歌　高雄事件與美麗島大審》新台灣研究文教基金會（現改名為施明德文化基金會）美麗島事件口述歷史編輯小組，一九九九，時報出版，台北。p.373-374。

120 台灣政治反對運動：歷史與組織分析（一九四七～一九八六）p.365。

罵了，那怎麼沒有他呢？就是因為蔣先生對他印象很好，因為覺得他所問的話都很有道理，很講理的人我們都要尊重；所以才沒有把他牽扯進來。」[121]沒有逮補康寧祥確實很奇怪，梁肅戎為他自圓其說認為是蔣經國對他印象很好，我卻認為是蔣經國作為統治者的考量與處置是相當高明，他自父親處得到真傳絕學，蔣介石辦雷震，不辦吳三連、李萬居等，恰恰因為放他們在外面可以「以夷制夷」，反正控制他們易如反掌。康寧祥不若黃信介是終身立委，也不像黃信介一樣有財力和人和，相對容易控制，留下康寧祥在黨外一片哀號時，幫他收拾殘局與替他政治運作的空間，是很簡單的「拉出」型佈建。在那個特務統治時代，當統治者的特務手裡拿著手拷與你談判，哪有不成的道理。一個人一旦被「拉出」成功，就踏上了惶惶恐恐的人生旅途，總在心底深處恐懼被起底。

一九八五年施明德在獄中再度獨自一人以「無限期絕食」對國民黨政權發動攻擊，大力聲援他的妻子艾琳達和美麗島政團同志許信良在海外的力量，使得江南命案之後國際社會再一次盯住著國民黨。當許信良終於在一九八六年五月一日於紐約宣布成立「台灣民主黨」，台灣方面有鄭南榕、江蓋世響應，蔣經國在這樣的政治壓力下，趕緊快馬加鞭派他的人馬在台灣成立一個由律師世代能完全掌握的反對黨，防止獨裁政權所無法控管的真正的反對勢力領袖領導台灣人民。民主進步黨成立之後，律師世代們只需以合法的民主鬥爭的型態和無禮的言語，便能讓受難者世代們因為難以承受「無尊嚴」的存在感，而黯然退出，美麗島受難世代從

121《珍藏美麗島Ⅲ：暴力與詩歌　高雄事件與美麗島大審》新台灣研究文教基金會（現改名為施明德文化基金會）美麗島事件口述歷史編輯小組，一九九九，時報出版，台北。p.278。

出獄，加入民進黨到最後退出，都在十年到十五年間發生。俄國政治犯大文豪杜斯妥也夫斯基曾說：「我只擔心一件事：我怕我配不上自己所受的苦難。」沒有因為正義而受難的人多很難領會。當然政客般的律師世代都是厚臉皮的比較多，但是真正的受難者臉皮都很薄。我們不得不承認，民主時代平庸的特質，確實非常適合厚臉皮者當道。

美麗島事件前的黨外時代，黃越欽是當年代表國民黨與黨外溝通的學者，一九九九年接受口述訪問時他說：「關中是蔣經國親自授權的，他跟蔣經國談了四十五分鐘。……等關中開始正式推動黨內外溝通，我才正式露面。當時關中一句台灣話都不會講，也不認識這些黨外人，我大概花了一個星期的時間給他惡補，把當時黨外的分佈，有什麼人，有什麼想法，幫他做個分析。」[122]

而關中在口述歷史時說：「『高雄事件』的第二天，外交部長蔣彥士帶著我、警備總司令汪敬煦、馬紀壯先生，我們四個人在總統面前報告這件事。當時總統府秘書長是馬紀壯，安全局長是王永樹，大家在談論處理這個問題的基本原則、方向。……處理案子的範圍，可能是安全局提出來的，他們有一個參與『美麗島事件』大大小小人物的名單。……『二條一』是唯一死刑，家屬都認為死定了，當時我們也認為如此。……軍法大審前夕，所有家屬都列席，哪些人可以旁聽，旁聽證的分發，都是我在跟情治單位聯繫處理。這段時間上面很關心處理經過，所以我們會隨時去報告。審判期間，記者作筆記，我也做筆記；每天審判回來，我都

122《珍藏美麗島Ⅱ：沒有黨名的黨》新台灣研究文教基金會（現改名為施明德文化基金會）美麗島事件口述歷史編輯小組，一九九九，時報出版，台北。p.261。

向秘書長報告，秘書長的書面報告都呈蔣主席。」[123]

當年也被蔣經國親自授權與黨外溝通的梁肅戎在口述歷史時，這樣說：「行政院秘書長周弘濤來問我，要怎麼審判？我主張不要用軍法審判……蔣經國一度還跟汪道淵說：『梁肅戎怎麼反對我採取軍法審判呢？』汪道淵就講：『他是好意，因為你如果要同時採取軍法和司法審判，你要定個劃分辦法，不能拿個案送到你這兒來批。你一批，要送軍法，軍法重，可能就是死刑；批要送司法審判，本來應該要死的，卻留下活口。這樣不好。』」[124]

蔣經國的御用學者沈君山回憶：「軍法大審我被派去旁聽，有幾個人我記得很清楚，我、丁茂松、殷允芃三個人，我就是代表知識份子對審判過程的一個看法……去看了九天。這九天裡面我每天晚上就回來跟蔣經國先生報告，講我知識份子的看法……法庭錄影最後拿去給蔣經國看。除了我在裡面聽，蔣經國也問很多人，王惕吾、余紀忠他都問過，大家那時候有很多說法，而軍法單位是傾向殺一儆百。後來我寫了一個〈以德報怨，以法止暴〉。除了這些以外，沒有太多所謂的溝通，他們都進去了我還有什麼好溝通的。」[125]

撇開國家檔案關於各種情資的報告不談，光是從蔣經國親自授權的溝通代表口述歷史，

123《珍藏美麗島Ⅲ：暴力與詩歌　高雄事件與美麗島大審》新台灣研究文教基金會（現改名為施明德文化基金會）美麗島事件口述歷史編輯小組，一九九九，時報出版，台北。p. 281-282。

124《珍藏美麗島Ⅲ：暴力與詩歌　高雄事件與美麗島大審》新台灣研究文教基金會（現改名為施明德文化基金會）美麗島事件口述歷史編輯小組，一九九九，時報出版，台北。p. 281。

125《珍藏美麗島Ⅲ：暴力與詩歌　高雄事件與美麗島大審》新台灣研究文教基金會（現改名為施明德文化基金會）美麗島事件口述歷史編輯小組，一九九九，時報出版，台北。p. 336。

我們就可以了解到，美麗島事件後的偵訊與審判，必定是國民黨政權必須精心導演的一場戲，特務們鉅細靡遺地操控每一個環節，誰能相信在這種狀況之下，辯護律師是獨裁政權「認為」不需要掌控的呢。所有情治體系都發動，包含媒體和學者都要監控與打點，如此精明的特務體系，連滴水不漏的「戡亂時期檢肅匪諜舉辦聯保辦法」都想得出來的人，會放任叛亂犯自由地聘請律師？台灣社會沉浸在這一片謊言裡，也太久了，應該得好好注射一筒真相點滴，補充一些歷史營養，免得老是處於營養不良的狀態，導致腦霧而無法明辨是非對錯。國民黨的恐怖統治之後是民進黨的謊言統治著我們，而無論恐怖與謊言都只能靠勇氣與真相來掙脫。真相自古以來經常與勇氣連在一起，正是因為真相幾乎沒有不難堪的。

蘇聯作家諾貝爾獎得主索忍尼辛像繞口令一般地說：「**我們知道他們在說謊，他們也知道自己在說謊，他們也知道我們知道他們在說謊，我們也知道他們知道我們知道他們說謊，但是他們依然在說謊。**」這是他們的古拉格群島，同樣也是我們白色恐怖時代的寫照。二戰英雄邱吉爾也曾幽默地說：「當謊言已經環遊全世界時，真相還沒穿上褲子。」那些自從國民黨降臨台灣以來我們聽了一百萬次「反共復國」的謊言，那些民進黨執政後說了一百萬次的「九二八建黨神話」，那些謊言總是一路從過去飛奔到現在，溫暖著所有其中的背德者，而真相卻被拋棄在遙遠的過去裡，讓「沒有真相」擁抱的受難的人孤伶伶地承受不義。

我記得台大政治系大學者胡佛有一段精彩如電影般充滿畫面感的一段對針對「謊言」的描述：「有一天警備總司令汪敬煦請我和陶百川先生到一個地方吃西餐，並跟我們解釋『美麗島事件』的種種，說黨外這些人有叛國的嫌疑。他跟我講：『胡先生，你是教授、書生，人太好了，總是往好方面想。』諸如此類講了很多。話說完以後，兩個軍人抬了一台電視機，放錄影帶給我和陶先生看。第一個出現的人就是黃信介，我覺得黃先生非常客氣，那法官問他：『你吃得怎麼樣？』他就說：『很好，很好。』再問：『晚上有沒有被子蓋？』他說：『有啊。』這樣子對話。接著下一個……看完後，汪敬煦說：『你放心了吧？你看他們都有吃有穿，每一個都講很好啊。』」[126]大費周章地安排這一切的「謊言」，只因胡佛跟陶百川說，當局應該趕快放人不要冤枉這些人，要人道對待，陶百川往上報了之後，汪敬煦就來了。特別「澄清」等於特別「示警」，特別的真相也等於特別的謊言。

施明德當時的美籍妻子艾琳達被驅逐出境後，在國際間飛來飛去向國際人權救援團體、台灣同鄉會和台獨盟說等說明美麗島事件，直到一月初她在紐約才得知施明德在逃亡，之前她懷疑施明德被秘密處決。她很清楚國民黨抓人一向靜悄悄地，抓了兩個禮拜之後，被抓的人還要政府諒解他，然後認罪、判刑，就沒下落了。她知道施明德逃亡，不能結案，也就成了國際新聞。她說國民黨花了一百萬美金請公關公司做宣傳，可是公關公司就是抄抄國民黨的資料，在國際上反而是反效果。後來林宅血案發生，她與媽媽剛好從日本飛香港，要等待審判開始。她一到香港，就找駐香港的Newsweek和TIME的記者。她親自告訴他們，我就住在二樓，這事一定是特務殺的，結果他們反而登出來說一定是海外台獨殺的。當時TIME雜誌的人還說：「我們以前的老闆Henry Ruth跟蔣介石多好啊！」她和媽媽都好生氣。那一陣子，

126《珍藏美麗島III：暴力與詩歌　高雄事件與美麗島大審》新台灣研究文教基金會（現改名為施明德文化基金會）美麗島事件口述歷史編輯小組，一九九九，時報出版，台北。p.273-274。

她們看這兩本雜誌的國際版，都充滿國民黨登的好幾頁的廣告。[127]明明美麗島八名被告在偵訊過程中都有刑求，卻要大費周章演出一齣戲錄影到處播放；明明是特務殺的，卻要嫁禍給海外台獨，到現在居然還被民進黨政權宣布將「謊言」、「永久保密」。一個習慣作「邪惡勾當」的人，都具備耍出能瞞天過海的本事，熟悉歷史者皆知，這正是我所理解的辯護律師們令人佩服的本領。權力簡直美妙，可以屏棄良知永久埋喪了所有不欲人知的真相。

再說當年姚嘉文律師是如何「破天荒」地成為余登發案的辯護律師的呢？根據田秋堇的口述歷史：「余登發被抓進去之後，軍法處給他一張律師名單，叫他從裡面挑律師。實際上他被關在裡面，和外界完全隔絕，余登發的判斷被他們混淆了。」[128]姚嘉文說：「當時大家都要我替余登發辯護，但是余登發在牢中接受軍方推薦的四位律師，他們是當軍法官退下來的。因為一個被告只能請兩個律師，余陳月瑛說余登發的做人原則是：已經委託過了，就不便再更改……交涉的結果，余登發讓一步，請一個軍法官退下，讓我去辯。但我不是替余登發辯而是替余陳的先生余瑞言辯。」[129]正因為黨外舉行橋頭遊行施壓，又爭取到姚嘉文進入法庭辯護，才有人造匪諜吳泰安當庭表演：「姚律師，你有良心一點，我是真匪諜，不是假匪諜，我是愛

127《珍藏美麗島Ⅲ：暴力與詩歌　高雄事件與美麗島大審》新台灣研究文教基金會（現改名為施明德文化基金會）美麗島事件口述歷史編輯小組，一九九九，時報出版，台北。p.311-312。

128《珍藏美麗島Ⅱ：沒有黨名的黨》新台灣研究文教基金會（現改名為施明德文化基金會）美麗島事件口述歷史編輯小組，一九九九，時報出版，台北。p.154。

129《珍藏美麗島Ⅱ：沒有黨名的黨》新台灣研究文教基金會（現改名為施明德文化基金會）美麗島事件口述歷史編輯小組，一九九九，時報出版，台北。p.154。

國的匪諜。」這一齣達艾琳達稱之為「革命馬戲團」[130]的演出。調查局市調處處長高明輝針對這事就表示：「當初調查局辦余登發的案子，對形勢的估計犯了很大的錯誤。吳泰安哪裡是匪諜，就是一個神棍嘛。」最後，這個假匪諜就這樣被判了死刑，據說拉出去槍斃前，他微笑著認定那顆要穿過他胸膛的子彈一定是假的。就這樣吳泰安成了白色恐怖最後一個被槍斃的人造匪諜，可是白色恐怖還沒有結束。

一個不受控制的姚嘉文律師，沒有讓國民黨學到教訓嗎？蔣經國怎麼可能不對辯護律師人選仔仔細細思量計畫一番呢。從逮捕到秘密偵訊的這一段時間，既沒有家屬也沒有律師參與，基本上人就像在地球上消失了一樣。從十二月十三日抓人，一直偵訊到二月二十日起訴，蔣經國政權有二個半月可以精心計畫如何「打入」佈建。

《謝長廷人生這條路》一書裡一段有趣的馬路消息：「謝長廷後來還聽說，本來警總很有把握的跟蔣經國講，可以公開審判，一定能夠讓黨外人士認錯。警總憑藉的理由是，不久前蘇聯也有一個類似的案件，大半後來所有被告都承認有罪，讓西方人權工作者目瞪口呆。警總似乎也有意如法泡製，想不到被告後來都翻案。」極權統治的獨裁者不可能不控制所有他能控制的因素，辯護律師當然包括在裡面，他唯一不能掌握住的因素是反抗者必死的決心，如果不是施明德當庭展現的視死如歸般的雄辯滔滔，美麗島軍法大審很可能就是警備總部心中

130 艾琳達、許心《美麗島》一九七九，第四期〈革命的馬戲團〉。

策劃的另一場一九三六年的「莫斯科審判」[131]。可是，蔣經國手裡握有的特務體系，明著來的就有五大體系，而且他心裡盤算的戲路也不會只有一套。秘密偵訊、疲勞審訊、刑求這些都是關起門來進行的，這些手法都已經做了三十五年，早已駕輕就熟、相對的幾乎每一個叛亂犯總是第一次被捕，最多是第二次，自然很好對付。美麗島政團對統治者而言，傷腦筋的部分應該是「審判」，過去的政治案件除了少數矚目案件外，多是「秘密審判」速審速決，但高雄事件是一樁群眾事件，秘密審判勢必不能處理媒體與收服或震攝人心，而且施明德脫逃的意外已經讓艾琳達有充分的時間醞釀國際救援工作，種種因素讓蔣經國迫於情勢必須舉辦公開審判。既然要公開審判，辯護律師又怎麼可能不好好事先打點呢。回想國民黨來到台灣以後，反對勢力有兩次付諸行動組黨，第一次是一九七〇年雷震的「中國民主黨」，他是外省人知識份子也是曾是國民黨人；第二次美麗島政團全是本省人為主，且具強烈的台灣意識，他們不在意形式上的名號，而採實質組織為主，憑藉美麗島雜誌社之名，到各地方成立服務處組成一個可以運作的「沒有黨名的黨」，並且提出具體的政治目標[132]，和十二大共同的政見[133]。

131 莫斯科審判：指的是一九三六年八月對十六名布爾什維克、老布爾什維克的前蘇聯著名政治和其他人物的審判。一九三六年八月十九日，在莫斯科的工人文化宮舉行對參與所謂「托－季反蘇聯合中心」十六人的公開審判。旁聽人員包括一百五十名「市民」和三十餘名外國記者。然而事實上，這些所謂的「市民」是內務人民委員部的人員偽裝成的，對審判進行監視。被告被分為兩組，第一組是季諾維也夫、加米涅夫等十一名布爾什維克高級幹部，他們主動承認了所有罪行，聲稱自己罪孽深重，要求判處自己死刑。此反常行為令外國記者十分震驚。最終法庭在八月二十四日將所有十六名被告人都判處死刑。

132《戰後台灣民主運動史料彙編（三）：從黨外助選團到黨外總部》國史館，二〇〇一，台北。p.135-137。

133《戰後台灣民主運動史料彙編（三）：從黨外助選團到黨外總部》國史館，二〇〇一，台北。p.132。

一般而言，國民黨審判外省人「匪諜」，顯得特別凶狠毫無顧忌，因為這些外省人基本上在台灣社會無親無故，同是中國來的外省人大多數也是依靠獨裁者體系生存的人，殺這樣的「異議份子」沒有人會為他站出來，關這樣的外省「叛亂犯」其他外省人反而更乖，沒人會作亂，蔣介石就派一個梁肅戎律師給雷震，然後收服雷震的律師朋友端木愷[134]，再封殺殷海光老師的生路，外省族群之後都一直很安分。雷震組黨是一群知識份子在體制內結合地方山頭與蔣氏政權的抗衡，不像美麗島政權完全是一群能說、能寫、能組織的新興的本省菁英，他們有很強的群眾基礎和地緣關係，也不同於國民黨長期收編好的傳統的地方山頭。雷震出獄後被監視得很緊，有人在巷口站崗，我想傅正老師也是一樣。雷震組黨二十年後，才有美麗島政團，當蔣經國決定要逮捕他們時，對於如何偵訊，如何審判，應該早就心裡有譜。相對於外省人，國民黨在處理本省異議份子時，顯得比較謹慎有顧忌，主因便是擔憂家族和鄉里的反彈，我在最近收到的國家檔案裡發現，蔣介石在一九七〇年處決了泰源五烈士之後，情報單位趕緊針對五烈士的遺族作了一段長時間的監控，報告中主要觀察情緒是否躁動，對政府的態度以及有無可疑連結等等，就怕引發台灣人反抗。

這一次美麗島大審要對付的是本省人反抗者，若依照慣例一味地派外省軍法官擔任被告律師，除了語言不通（與被告與家屬），也不易取得被告信任無法深入探知敵情，更怕會引發進一步的對立，不利於控制局面。這個時候，先前特務組織所「揀選與培養」的一批台籍律師，應該就是在這個時候要派上用場，養兵千日用在一時。如何順暢自然地安排，當然非常重要。

134 端木愷後來成為東吳大學校長，二十年之後的美麗島大審，國民黨動員端木愷在媒體上為國民黨作政治宣傳。

所以需要張德銘和康寧祥巧妙地從中穿針引線。

在那種恐怖時代，統治者要用你，沒有人有拒絕的餘地，除非你不怕死，也不在乎前途。先前談過恐怖時代的特殊性：律師資格的取得與律師執業的敏感問題，獨裁者早已經從源頭掌握住，就像雷震案時，蔣介石數度直接對警備總司令黃杰下令：「告訴國防部不許辦理新的律師登錄。」[135]聘請律師雖是當事人的自由，蔣介石從源頭控制：停止新的律師登錄，雷震便只能從現有在國防部軍法局登錄有案的律師中做選擇，不會出現意外人選，蔣介石只需從中運作。蔣介石運作律師的部分，沒有出現在黃杰的日記裡，出現在梁肅戎與施明德的對話[136]。這也是可以理解的，因為戒嚴時期警備總部保安處負責逮捕目標人士與偵訊，軍法處負責審判，與辯護律師相關之事務，不在警備總部的轄下。

任何人都能同意，在那個歷史條件下軍法審判的辯護律師，不可能出現不是掌權者可控制的人（姚嘉文能為余瑞言辯護幾乎是唯一的例外與意外）。以當時美麗島政團在政治所形成之空前絕後的組織與動員程度，統治者怎麼能讓辯護律師有自由聘任的空間，這種想法完全不合情理。這幾天，檔案局又寄來一批我新申請的檔案，總數近三萬張，其中有一份台灣警備總司令部特種調查室情報報告，發給軍法局的通報。法庭裡，檢查與軍法官和被告和其辯護律師是對立的兩造，但極權統治者不需顧慮這些，他運用自己的情治系統，將蒐集到的辯護律師情報，向軍法局報告，以利審判全盤在他們設定的方向上進行。其中張德銘表示「警

135 國史館，《雷震案史料彙編：黃杰警總日記選輯》二〇〇三，國史館張炎憲，台北。p.144、156。
136 施明德，《軍法大審：施明德回憶錄Ⅲ》二〇二一，時報出版，台北。p.269-271。

總保安處曾先後兩次約談我，警告不得擔任該案被告辯護律師」，直接佐證了美麗島辯護律師是蔣經國政權一手控制的事實，只有兩個人的律師在國民黨還沒處理好之前就被家屬確認聘僱，呂秀蓮的哥哥呂傳勝律師，和黃天福一開始自己去找的鄭慶龍律師。

台灣警備總司令部特種調查室情報報告（通報）

一九八〇年二月八日

據工作關係魏良提供資料：據張德銘律師談稱：

一、高雄暴力事件後，警總保安處曾先後兩次約談我，並警告不得擔任該案被告辯護律師。我知道：倘要違抗，必立遭拘捕，權衡利害關係，乃退居幕後，為彼等被告安排辯護律師。為策安全，仍由張俊宏妻許榮淑等故意對外放空氣，指我不該「袖手旁觀，置之不理」，遇見外界將誤解我對朋友不義，也只有忍受，主要在於取得彼等被告家屬諒解就夠了！

二、我所安排之律師，均係「週一餐會」之會員，共約四十餘人；為表示立場，律師與被告家屬在簽訂合約上載明律師費每名貳萬元，真實支付與否，都無所謂。目前自願為姚嘉文辯護者有十餘人，唯只能由其家屬按規定指定其中兩名。另徵求為張俊宏辯護者，卻無人出於自願，如今我才曉得張俊宏為人之失敗；不過我仍要覓一位年輕、優秀之律師為張辯護。

除續運用關係瞭解彼等動態外，請參考。

（上述資料係內線提供，請勿徑向張某查詢，以免暴露關係。）137

137 國家檔案檔號：0068=1571=207=35=001=0003。（見本書p.375, 376）

台灣警備總司令部特種調查室情報報告（通報）

一九八〇年二月二十二日

據工作關係魏良提供資料：

一、高雄暴力事件嫌犯黃信介等八名被告所選聘之辯護律師中，黃信介辯護人鄭慶隆律師係經黃天福所選聘，呂秀蓮辯護人呂傳盛律師係呂女之胞兄，其餘均為張德銘與康寧祥幕後安排者。

二、目前彼等律師團正極力蒐集有利被告證據，倘有所獲，均相互研究，加以運用。現已持有高雄暴力事件現場之全部錄音帶，可以證明各被告當天在現場發表之言論及鼓山事件涉案人姚國健，又邱阿舍二人向新聞界供承受酷刑談話錄音，又李慶榮持有洪誌良借貸二十萬元新台幣之原始借據等，以上證物均將於開庭時提出作有利被告之陳述。

三、該黃信介等八名被告中，以陳菊、林弘宣二人涉案情節最為律師團所憂慮，認為陳、林與海外「台獨」叛國組織有所勾搭，為社會輿論所不容，又陳菊個人英雄主義色彩濃厚，個性衝動，在錯覺意念下，可能在法庭上公開承認是「台獨」份子，果如此則難求平反。

二、除續運用關係了解彼等律師動態外，請參考。

（內線情報，請注意保密）138

這與我之前判斷美麗島案的辯護律師應循雷震案模式一模一樣。只是，雷震案只需專心

138 國家檔案檔案：0068=1571=207=35=001=0032。（見本書p.377-378）

對付雷震一人，但美麗島案被告人數多，家屬也多，又是台灣人，而且美麗島政權已經相當組織化，比較複雜，更需仔細處理。

台灣警備總司令部特種調查室情報報告（通報）

一九八〇年三月一日

據律師張德銘（張係高雄暴力事件被告辯護律師團幕後重要份子）於二月廿九日中午談稱：

一、高雄事件被告辯護律師團，因不滿軍事法庭，不准被告家屬旁聽及調查證據時准許被告在場！決定自本（廿九）日起，拒絕參加調查庭。調查庭乃審判庭之準備程序，亦即奠定審判基礎，律師於調查庭未到庭，雖依法可由公設辯護人補充執行職務，但已減低審判庭證據公開的可信度。

二、律師在審判過程中所扮演的正是反對黨角色，最後，階段必與軍法單位激烈爭執，但目前尚不宜撕破臉對抗，故軍法處通知再開調查庭時，律師會到庭；倘仍不准所作聲請維護被告權益事項，將再繼續爭取。

三、據參加調查庭之律師反應：本案出庭的軍法官多很年輕，部分屬台籍，法學素養很差，只會憑藉軍威，如真要論法鬥法！皆非律師團之對手。[139]

139 國家檔案檔號：0068=1571=207=35=001=0054。（見本書p.379, 380）

田雨

關於一九七七～一九八一年代美麗島政團相關的國家檔案，目下我們能掌握的不夠多且切割破碎，所幸一九六〇年的雷震案確有相對非常豐富的第一手史料，使我們能從中發覺恐怖統治細緻的思路與手法。接下來，我要闢一個大括弧請大家參觀當年警備總司令黃杰的工作日記，他仔細記錄了他個人工作內容，以及蔣家政權處理雷震案的各種考量、決策與執行細節，不感興趣者，可自行跳過，不過想跟我一起去歷史裡散散步沿途看看風景的人，走這一趟除了舒展筋骨之外，思路必能更清晰。但懇請諸位法官們，仔細探究，不要輕忽了這份重要史料對本案的意義。人生裡找機會多多散步與旅行，增廣見聞呼吸新鮮空氣，感受不同的風土人情、遇見珍奇獸禽、親驗奇風異俗對我們磨練我們敏銳的感受力與奔放的想像力大有助益。

拓荒者每走進一批檔案完全像闖入一座原始森林，篳路藍縷常常得辛苦好幾個月，所幸這部分國史館已完成擷取其中雷震案相關部分，我只需再從中摘其精華羅列於後，效率倍增。我的摘文將注意力放在警備總司令黃杰與總統蔣介石之間的互動，讓我們檢視雷震案的發展過程當中，統治者暴露的心機，要的手段，及其戰略目標為何。

時序：一九六〇年九月至一九六一年一月
出場人物介紹
總統：蔣介石
國防會議副秘書長：蔣經國
副總統兼行政院長：陳誠（辭修）
行政院副院長：王雲五
總統府秘書長：張群（岳軍）
警備總司令：黃杰（書寫工作日記者）
台灣省警備總司令部部主任：王超凡
中國國民黨秘書長：唐縱（乃健）
國防部長：俞大維

黃杰將軍工作日記（警總）：[140]

一九六〇年七月二十二日—十五時

保安處報告：

140 國史館，《雷震案史料彙編：黃杰警總日記選輯》二〇〇三，國史館張炎憲，台北。根據陳世宏做作的導論：本書來自國防部史政編譯室的〈黃杰將軍工作日記（警總）〉共五十二冊。記錄格式頗為一致，可以概分為兩個部分，一為每日情報摘要，另一則為黃杰每日從早到晚的行事紀錄，如會議紀錄、講詞、電話、公文、命令、信函摘要等等。

一、雷震、李萬居等籌組之「反對黨」，預期在本年九月間成立，惟台籍分歧份子中，因對組黨問題意見不合，目前內部已分裂為三派：

李萬居、郭雨新為首之一派，主張吸收民青兩黨優秀份子，推誠合作，以堅強新黨陣容，藉號召群眾進而與執政黨抗衡。

高玉樹領導之一派則傾向於純粹與台人組合，俾在國際情況變化時（台灣獨立、託管或兩個中國）立場單純，杜絕牽制之弊，且旗幟明朗力量容易集中。

郭國基態度極為狂妄，自詡擁有群眾基礎，企圖獨樹一幟，且譏李萬居、郭雨新為無聊政客，斥高玉樹為媚美漢奸，均不足以代表台省民眾。

上述三派鼎力紛爭，以日益尖銳，從事協調者，竭力彌縫，迄今尚未獲融洽端倪。

二、雷震對籌組「反對黨」份子內部意見分裂，表示現有矛盾是事實，惟矛盾與民主乃一雙胞胎，勢不可免，亦不足懼，內在之矛盾，可在相同之目標（意指反政府）下予以統一，一俟新黨成立組織，紀律納入軌轍，國外有友邦之聲援，國內有輿論之支持，一躍而與執政當局折衝抗禮，則少數異議自歸沉默，況籌組同仁對建黨之要求，咸有深刻之痛苦經驗與認識，當不致小不忍則亂大謀，故預料縱有意見上之分歧，決不難於短期內獲致協議的謬論。

保安處長期監視得出之分析結論，台籍地方山頭政客一如往昔，從二二八之後成了一盤散沙各自為政，雷震才是具有遠大抱負和政治膽識的人物，對時局能分析敢判斷，並且樂觀懷抱希望。如同社會上普遍的認知，特務亦然，雷震是組黨的靈魂人物，沒有他的領導，其他台籍地方人士就算將新黨組織起來，不久也自然而然就會走向分歧、分裂，無可避免。國家安全局的情報資料，提供統治者去判斷他所面臨的「政治危機」如何化解，構思相對應的準確政治操作，這對於平順地化解政治危機非常關鍵。我們慢慢往下看，就能知道蔣介石面對雷震組黨的政治危機是怎麼判斷，又怎麼做？所謂極權統治的「政治危機」，是指當出現有能力看穿他的極權統治的真面目的人，並且還敢於公開批判他，進而組織群眾成立政黨，在政治上與其競爭，動搖他的權力基礎。歷史的前車之鑑告訴我們，極權統治者一點點都不能容忍「與人分享」權力，這是絕對禁忌，誰都不能分一杯羹。人類史經常上演的「大整肅」，西班牙的法西斯，史達林的大清洗，都被認為在處裡極權統治者認定的政治危機。接下來黃杰的工作日記裡，你們也會看見，蔣經國在國家安全局裡談，那些年他如何運用情報治安的力量，處理了那些比他優秀的「他所擔憂的人」。他讓毛人鳳嚴刑逼供孫立人的部屬郭廷亮直到他「自白」自己是匪諜，從此孫立人將軍被軟禁在台中自宅三十三年。他讓人在台中刺殺吳國楨未遂，美國這時剛好邀請吳國楨訪美，蔣經國扣留了吳國楨的二兒子做人質，才准許吳國楨去美，待吳國楨抵美之後，蔣經國又在台灣發動黨、政、媒體抹黑他貪污瀆職，並且在美國運用胡適攻訐他。一九八四年他死後，撰寫《蔣經國傳》的作家劉宜良提筆寫《吳國楨傳》時，蔣經國授意讓國防部情報局局長汪希苓指使竹聯幫成員陳啟禮、董桂森、吳敦等人將他暗殺於舊金山自宅。吳國楨不只要死在現世，也得死在歷史裡。

你必定也像我一樣好奇，蔣經國為何要對孫立人和吳國楨趕盡殺絕斬草除根，我認為理由與後來他們為何要對付雷震與自由中國，為何要扶植一批辯護律師收割掉施明德沒有黨名的黨，都基於同一種念頭：這些人真正威脅到他的政權，他們存在正當性，甚至是他們未來的歷史地位。

簡單地說，孫立人將軍主張軍隊國家化，反對留學蘇聯時任國防部總政治作戰部主任蔣經國，以政工制度破壞現代軍事體制[141]，也對當時主管警備總部的彭孟緝不假辭色。吳國楨擔任省主席，一九五二年台灣第二次市縣長和市縣議會的選舉前，他在台北建立培訓學校，輪番培訓從各區選出的民眾代表，此舉引發蔣氏父子高度不滿。衝突越來越高，一九五三年四月三日吳國楨幾乎被刺客殺死，立刻辭職。五月二十四日吳國楨夫婦得到邀請前赴美國講學開會。赴美後，國民黨發動國內媒體指控吳國楨貪污，吳國楨則在美公開批評政府一黨統治，批評救國團、情治單位及蔣中正獨裁，並指出台灣當時政治的六大問題：一黨專政、軍隊政戰部門、特務問題、人權問題、言論自由與思想控制。一九五四年六月吳在美國《*Look*》雜誌，用英文發表〈在台灣你們的錢被用來建立一個警察國家〉的文章，文中指稱目前台灣已經變成了一個警察國家，「在台灣每年的預算中，美國人提供了三十～四十億美元，用來創造一個極權國家」。美國著名報刊《紐約時報》、《芝加哥論壇報》、《時代週刊》、《新聞周刊》等，無不爭相報導。並稱「國民黨之經費，非由黨員之捐助，乃係政府，即國民之負擔，這種國庫通黨庫做法，除共產集權國家外，實為今古所無。」當胡適寫了「奉命文章」譴責吳國楨時，吳國楨回信給胡適說：「我後悔的是我在過去許多次向道德考慮以外的其他影響力屈服。正因為如此，所以我現在決定只根據道德考慮從事，不顧其他。如果我過去犯了錯誤，那因為我以前太軟弱，而我的確現在正努力不再軟弱。」

施明德光是心裡暗自想「武力推翻蔣氏政權」，計畫與行動都還沒啟動，國民黨特務就逮

141 政工制度就是軍中特務制度化，進行監視與思想檢查。

到了這個小小的砲兵少尉，特務將他刑求到一根牙都沒有了，羈押期甚至因此違法延長至十一個月才起訴[142]，因為得等待傷口復原安裝好全口假牙才能見人，「刑求罪證確鑿」死刑因此沒能判成，改判他一個無期徒刑，當然十分恭順的台灣社會也沒有人知道這麼一回事。就像二二八是個政治禁忌，存在政治犯這事也是國民黨視為重大的政治禁忌，這些都會害他們臉上無光。等老蔣死了，施明德才被減刑為十五年出獄。社會上依舊沒有人認識這樣一個奇特的人，十五年來關在囚房裡不出去作外役，閱讀、觀察、思考、內省、鞭策自己，嚴苛地鍛鍊自己，他是那麼不可思議地相信，相信自己的命運。這股強大的信仰是打哪兒來的，沒有人知道。

一九七七年施明德離開小綠島監獄來到大台灣島監獄，他得重新盤算。泰源革命後他被獨囚在比兩個棺材大一些的暗房十三個月，他知道台灣已被趕出聯合國，社會經過長期的白色恐怖統治，道德與人心早起了變化，他必得重新思考新的改革策略。他的處境是最艱難的，孫立人是大將軍、吳國楨是省主席、雷震是黨國大老，他一文不名又被特務列為「考管份子」，這樣的一個政治犯，社會與親戚都避之唯恐不及，千頭萬緒沒有著落的他如何開始呢。他先寫了一本小書《增設中央第四國會芻議》直接批判蔣氏政權運作的偽政治權力基礎「萬年國會」，特務也動作迅速，立刻啟動逮捕他的評估計畫，他聞訊也趕快與美籍女友艾琳達結婚。

142 根據軍事審判法，偵查期間羈押一期二個月，得延長一期，也就是最多不能超過四個月，也就是四個月到期時必須起訴或釋放。施明德因為被刑求，一口牙齒全被打掉，拔光，必須由時間做全口假牙，拖到了十一個月才起訴。解嚴之後，國安法第九條剝奪了被害人提起上訴恢復正義的權利，但施明德這個案子，軍法審判明顯程序違法，施明德曾為此提起訴訟，這樣一樁明顯的軍事審判程序「違法事實」卻一樣遭到「司法」違法判決敗訴。

婚禮是一場黨外大型集會，雷震也來擔任證婚人發表他生前最後一次的政治談話。之後黨外總部、美麗島政團、「沒有黨名的黨」像一九一七年列寧從莫斯科開往西伯利亞的革命列車一般，直接駛進台灣人被恐懼凝結的心房。倘以黃杰這一本警總時期的工作日記為藍本，我們不難推想蔣經國如何佈局這一場「滅了美麗島這一把火」的情治、政治與宣傳工作。但這畢竟不是外省人放的火，「在地」畢竟有它強大的火力，外省統治者畢竟是少數，再說這樣一個政權要不是靠他邪惡的統治術，懦弱的外省幫兇與無恥的台灣叛徒幫他們撐腰，當然十分恭順的我們和我們的長輩們也有為他們付出苦勞，否則蔣氏政權怎麼能延續如此長的時間。美麗島的大逮捕、鋪天蓋地通緝施明德、林義雄家的二二八血案，一件一件升高的壓力與恐懼，形成一股巨大的漩渦把台灣社會再度捲進深深的無以名狀的恐怖裡，同一時間特務忙著偵訊取證，統治者與他的情治專家們籌備著他一向拿手的審判大戲。極權統治下的審判是精心製作的一齣「指鹿為馬」大京戲，這調調我們這些台灣人常常有聽沒有懂，沒關係，他只要我們知道驚怕就好。

天下最厲害的謀略者，或者機關算盡的天才，也無法判斷一個「殉道者」的心，無從推估「殉道者」的思維，更難以衡量「殉道者」對事情的影響。這種屬於靈魂層次者，並不是理性思維與計算能捉摸，就像一個奇蹟，人在見證之前，是不能想像它的。奇蹟發生時我們才驚訝地發現。不是陰影是死亡的本尊正看管著這一場統治者處心積慮安排妥當的公開審判，安排妥當的角色也一個一個行禮如儀地上場，突兀地出現一個不受拘束的自由人，他踏著輕快的步伐，揮舞他的手，泛起一抹春風得意的微笑，他急切地說話不放過任何機會，他左顧右盼，貪婪地看著這世間的一切。「只有那個自由的人隨時可以拿自己的生命冒險，而懷抱著不自由、奴性靈魂的人則緊緊抓住生命——這種弱點希臘文有一個特別的語詞來指稱：philopsychia。」[143]，中文也是有這麼一個字的，叫作：貪生。這個嘴裡沒有一根牙齒的自由人是從地獄裡冒出來的囚犯，當時他三十九歲的生命裡，有十五年蹲在苦牢裡，上帝派這樣一個地獄來的人，給我們展現自由該是個什麼模樣？那正是統治者處心積慮地要各種手段使我們忘記與拋棄的東西。「使極權主義真正創新而可怕的，不是它否認自由，或宣稱自由對於人類既不好也不必要；而在於它認為：人的自由必須為歷史的發展而犧牲，這歷史發展的過程只會因為人的自由行動和互動而受到阻饒。」[144]接下來發生的事，我的眼淚使我不想再說下去。有興趣的讀者，如果想知道這個人「為何殉道」，可以讀他當時寫的遺囑[145]，理解他的「道」，但是依舊難以接近那個謎樣的「為何」，其實連他自己也說不清楚，我剛剛說過，那是靈魂層次的事，恐怕是超越了文字與語言能訴說和承載的。當你讀他的遺囑時，我希望你能注意到一些事實，這一份六萬字的遺囑，因為歷史的必然審判前，蔣經國派人在二二八殺了林義雄家人，也因為歷史的偶然，施明德在即將做最後陳述前幾個小時才得知滅門血案，他，於是激動又嚴肅地說：「請判我死刑」並且放棄在審判庭上宣讀他的遺囑，僅以書面呈庭[146]。蔣經國與他的特務在台灣什麼本領都有，但還是無法評估「烈士」可能帶來的政治效應。「殉道者」

143 漢娜．鄂蘭，《政治的承諾》二〇一〇，遠足，台北。p.155-156。
144 漢娜．鄂蘭，《政治的承諾》二〇一〇，遠足，台北。p.154。
145 施明德，《施明德的政治遺囑》二〇二一，時報出版，台北。
146 必須說明，那一份施明德呈庭的「最後陳述狀」，直到今天，我們仍舊還沒在國家檔案局美麗島軍法大審的卷宗找到，該不會也像雷震的獄中日記換回憶錄一樣，被統治者銷毀了。

與「烈士」決不是一支獨舞，它必須一支雙人探戈，壓迫者與反抗者的探戈。施明德以一個自由人出場，蔣經國呢，接下來換他出手，他右手讓施明德以無期徒刑的囚犯身分活下來，左手狠狠地殺死「施明德的政治遺囑」。幸好自知必死的施明德在審判前，就把他寫的「政治遺囑」以隱形字的手法，抄了兩份在正常的書籍的空白處，偷渡出去了。這份「政治遺囑」才能流傳下來。往後餘生在監獄的日子裡，施明德無論做出怎麼樣的努力、吶喊、哀求與威脅，他的兄弟妹妹、女朋友以及黨外人士，全都對他虛與委蛇，在蔣經國死前沒人敢印刷、流傳或出版他的遺囑，到現在多少他當年從牢裡偷渡出去的東西都找不回來，沒有一個家，什麼都留不住。世界最孤單的人莫過於此。蔣氏政權除了殺人並沒收財產，一直以來也都是沒收遺囑的邪惡慣犯，多少政治犯的遺囑就這樣半個世紀來與世隔絕，被囚禁在檔案裡。家人與世界都不知道有人曾留下遺囑給他們。遺囑，是一種很純粹的愛。

如果你願意讀一下那個自由人寫給你的遺囑，你不會只讀到他的大道理，你將會感受到你是多麼深刻地被愛著。那個自由人是如此地愛著我們每一個人，包括外省人。

事過境遷，當我們以為時代不一樣時，這一股「懷舊」勢力並沒有在台灣消失，他們還有一批追隨者都是高級知識份子們，是否因為半個世紀沒有補充過「維骨力」，骨氣、格調、正氣這些中國傳統道德文化，他們可全都拋光光了嗎，蔣經國打著反攻復國所做的特務統治實際上可是完成了文化大革命的事業嗎，為何還有人忙著為一個死掉的特務頭子、大鬥爭者、大獨裁者擦脂抹粉。他活著時，令人懼怕，他死了，你們還怕什麼？

沒有人想要去鬥爭或鞭屍一個死掉的獨裁者，只不過想讓人能好好地說真話，是什麼就說是什麼，不是什麼就說不是什麼，就像黃杰寫工作日記那樣，發生了什麼，就明白清楚地記錄下來。那些還在替蔣經國的特務統治擦指抹粉的人，要麼是個從沒有見過國家檔案的歷史鄉巴佬，要麼是個居心叵測的權謀者，繼續幹著欺世盜名的勾當。

一九六〇年七月二十二日—十九時十分

保安處長劉醒吾少將報告本日十六時前鋒會議　蔣副秘書長訓話要點（下午四時在國家安全局講）：

「我想要安定軍隊，情報治安機關是一力量，政治局面雖然看起來很混亂，但是我們的工作，祇要有方法，有進步，不落伍，是有辦法的，例如孫立人、吳國楨過去給我們最大的打擊，最後我們仍是勝利的。」

「今天自由中國半月刊的雷震，糾合一般分歧份子在喊組織反對黨，我們對於這一問題的處理，不可過於緊張，必須以政治方法來解決質疑政治問題，但是我們也不要大意，不要馬虎，我們應該要有多方面的顧慮，我個人認為處理這一件事情，應該小事放鬆，大事抓緊，小問題即刻處理，大問題從長商榷，總之，不要別人看到我們是有權的機關，別人看我們糊塗我們不糊塗，別人看我們沒有力量，我們有力量。」

蔣經國到國家安全局訓話，結尾時他說：「不要別人看到我們是有權的機關，別人看我們糊塗我們不糊塗，別人看我們沒有力量，我們有力量。」有句俚語說：「扮豬吃老虎」很傳神地形容了他的結論。我們在往後會看見，剷除政敵孫立人、吳國楨、陳誠等後，當蔣經國終於接下他父親的江山，他確實在「表面上」走一種糊塗感的「親民」路線，掩飾他實質上的陰狠狡詐。另外，我們還必須關注這句一段話裡的「別人」指涉誰？別人不是誰，正是你我，泛指所有的「被統治者」。蔣經國的意思是統治者處理雷震案的方式，要能夠讓「被統治者」自然而然得出「統治者」是「弱小」是「糊塗」的印象。這樣的手法出現在種種歷史檔案、黃杰工作日記和情報資料裡，統治者在意的明明是雷震「組黨」以及「自由中國對時局批判性的言論」，可是卻叫特務上窮碧落下黃泉地在雷震身邊找出個「匪諜」來羅織這個案子。有「匪諜」，讓國民黨處在共產黨的危機中顯得可憐；有「匪諜」坐實了國民黨還不夠精明，怎麼管理國家糊塗到讓匪諜有機可乘，管理得還不夠嚴謹吧，怎讓國家風雨飄搖呢，如此才能得到同情弱者習性堅強之殖民地後裔台灣人的愛戴。到底為何台灣人特別具同情弱者之習性？也是非常值得深究的文化課題。

一九六〇年八月十三日—十時三十分

晉謁　總統，垂詢田雨專案準備情形。

總統指示：

一、對雷震之行動應切實注意。

二、對付傅正之行動，亦應加以注意。

三、機場港口應該注意。

四、行動時間到月底再做決定。

「田雨專案」是逮捕雷震在特務組織裡的專案名稱。研究顯示這個名稱一九五九年初即出現在「警備總部軍法處對於『田雨』專案公務處理通知單」，該處打算開始假想起訴作業，但需要保安處和政治部協助蒐集情資，和分析自由中國雜誌內容。讀者注意否，「田雨」是雷字的顛倒。極權統治體系非常龐大複雜，因其對「掌控」要求得非常完美，不若其他型態統治一般鬆散，執行一件事的時候動員的機關與人員很多，給行動主旨一個執行者容易理解的名稱，就顯得重要，這個名稱要能「切題」，能在長時間的工作裡讓每一個參與者不要忘記行動的主旨：「顛覆雷震」。

我在研究美麗島的檔案時，對於「安和專案」是逮捕高雄事件相關人士的名稱，感到不解。看到田雨專案時終於頓悟了，雖然至今未能查知「安和專案」何時展開，但「安和」這二字確實暗示了統治者處心積慮運用流氓製造暴力衝突的大戰略，他們要人民感知的是「政府在嚴懲暴徒」，「安和專案」的主旨對應的正是：鎮壓「暴力」。統治者要把「暴力」硬塞進異議份子的行動裡，何其簡單，自二二八以來台灣社會裡的地痞流氓一直是蔣氏政權喜愛運用的專門對付「異己」的武器。就像後來蔣經國要汪希苓派黑道陳啟禮去美國暗殺作家江南，是一例，也是台灣白色恐怖暗殺第一次「歷史性地」被破案。一次就足以動搖其統治基礎。

一九六〇年八月十五日—十一時二十分

總統指示：雷震之秘書傅正，其人極為可疑，傅之年齡，據專案組所報，係三十六歲，但根據其個人資料，出生於民國十七年，今年為三十二歲，而非三十六歲，且此人曾就讀於上海某大學，旋又轉入武漢大學，最後又入台灣大學政治系畢業，從未謀取公職，專為雷震充助手，青年人讀書之抱負，果如是乎？依此情形推斷，當係共匪之職業學生，來台從事滲透工作者，應注意其往來函件，及交往之人物，倘於搜查他住所及辦公室時，尤應注意其收藏之文件，以求獲得直接證據。

對本案有關人員，均因特別注意其行動，往來人物、及來往文件，以期能發現新線索、新資料。至於執行之時間，或不等待至月底，有提前處理可能。

一九六〇年八月二十日—十四時五十分

總統又指示：下星期即擬採取行動，究竟應先逮捕雷震，抑或應先逮捕傅正？或能從傅正證供詞中獲得較多之資料亦未可知。倘先逮捕傅正，雷震必然與於其所辦刊物或煽惑其他反動報紙刊物對政府大肆攻擊，自屬意料中事，如何應付此一可能局勢，均應詳加研討。或者雷震與傅正同時逮捕，亦屬可行之一案，盼從速研議具報。

一九六〇年八月二十七日—九時十分　赴陽明山晉謁

總統垂詢田雨專案之行動計畫已準備妥善否？余答已有準備。

總統指示：雷震乃一極狡猾之徒，不可不做最周密之部署，將其逮捕後，預備禁閉於何處？是否係監獄？余答以擬將其禁閉於本部軍法處看守所，俟起訴判刑後，即正式移監監獄執行。

總統問：「軍法官已指派否？必須指定頭腦清晰、學識經驗均稱豐富之幹練人員以擔當此一非常之任務。」余答以業已指定，並令其了解全案狀況。一切均以做周密準備，請總統放心。

如果想像這是一個男人追求心儀的女士的一整齣內心戲，你將更能體會其中奧妙。統治者對於捕捉他心儀的獵物，先是讓特務佈下天羅地網，仔仔細細透徹了解物種的習性與歷史，到了最後要收網之時，更得認真謹慎地閱讀情報資料，做出研判，給出命令。他深知，在他的淫威下工作的人，鉅細靡遺地提呈資料與報告可能非常稱職，但「下判斷」一直是他的特權。太會下判斷的人讓他擔憂，但不會或不敢下判斷的人也讓他煩惱，這種人看資料不知所以然，看事情不知蹊蹺。這是所謂獨裁者躲不掉的憂慮。伴君如伴虎，有時候底下的人裝也得裝笨，唯唯諾諾才得平平安安。蔣介石自知若要事情走得像樣，得在一些關鍵上直接說出「偏好」、「判斷」、「指令」，才得讓執行者在對的方向上計劃與考慮執行細節。

誰敢憑此一點點資訊就大膽研判傅正是共匪之職業學生？只有他。可惜這事後來發展不如蔣介石的意，查不出什麼可以把他扣上「匪諜」帽子的資料。傅正沒當上「匪諜」僅判交付感訓三年，拒絕感化有又延長三年。

這裡必須提醒讀者，我在台灣常常感覺到民眾對「萬惡的國民黨」有一點誤解太深，以為國民黨「隨隨便便」殺人、「無緣無故」逮捕人，像一個沒大腦的暴徒，或像一個現代我們所了解的「無差別地精神病殺人犯」一樣，這其實是無法直視統治者的錯誤認知。當我們這樣草率地謾罵統治者時，絲毫不能凸顯他的邪惡，反而讓他逃過受仔細檢視的折磨。就連一九七四年的二二八大屠殺，國民黨都是精準地運用特務和半山盡量精挑細選過誰是該殺的人。國民黨佔領台灣，目的在於「統治」，屠殺與恐怖統治是他的威嚇手段，不是目的。進入白色恐怖時代之後，國民黨其實是進入非常「法治」與「官僚」的統治時代，前面我已經分析過，是「解嚴令」、「懲治叛亂條例」、「檢肅匪諜條例」、「聯保辦法」等等法的規定，透過嚴密的情治特務體系，讓法律十分有效率起來，所謂的「效率」，指的是大多數人民「十分恭順」的狀態，知道恐怖的人害怕在心裡表面看不出來，不知道害怕的人打心裡很愛國。明瞭雷震的理想者，恐懼放在心裡；不知者，拍手叫好又抓到一個匪諜。這個恐怖統治體現在社會表面的樣子就是一片安和樂利，難怪乎今天還有不知道恐怖統治內幕的人懷念著那一片虛假的祥和。

一九六〇年九月二日—十六時四十分　赴陽明山

因　總統召見時間係十七時半，余等抵達後，尚有十五分鐘餘裕時間，乃與唐秘書長乃健兄一同趨謁　陳副總統辭公，報告「田雨專案」已近執行階段，　副總統及表欣慰，並謂：「本案我可以負責處理，如需由行政院下令，余雖臥病多日，仍可即刻下山，俟執行後，再回休養。」余表示：本部為執行機關，自當由本部下令執行，由本部負責辦理，倘將來如發生問題，政府可以犧牲我個人，而不致動搖根本。

副總統表示亦屬可行，仍請示　總統裁決之，盼於晉見　總統後再來一談。

一九六〇年九月二日—十七時三十分

與唐秘書長乃建兄同時晉謁　總統。張秘書長岳公已在坐，首先由唐秘書長報告本星期二下午開會情形，及剛才晉謁　副總統時，　副總統表示願意負責處理本案之堅決的態度。同時建議處理本案，要與反對黨案截然分開，以免分歧份子因惶恐而釀成其他事端，因此在宣傳方面計劃，務必周密有效。

總統指示：

一、本案不必由行政院負責。

二、本案行動以後，唐秘書長可分別告知李萬居、高玉樹等，此次行動，係處理自由中國半月刊之舊案，與反對黨毫無關聯。同時可請　副總統電告胡適先生加以說明。

總統問：有關本案之法律問題，已準備否？起訴後，判刑最高或最低各系多久？

余答：法律問題均已研究清楚，將來判刑最高可判有期徒刑十五年或無期徒刑，最少亦將判刑七年。

張秘書長岳公表示：管道宣傳工作，組織方面實在做得太差，也實在沒有人才，處處居於被動，分歧份子到處寫文章，攻擊政府，攻擊本黨，從未見本黨有文章予以有力駁斥，今後要爭取主動，要做有計劃之宣傳佈署。

總統指示：下星期一紀念周中，余將對此一問題發表談話，俾中外均能明瞭政府處理此一案件之立場。

唐秘書長建議總統，在談話中，最好避免提及反對黨問題，極力使問題純化，以沖淡分歧份子對本案之重視。

總統指示：一切行動準備，限明日六時以前完成。又問：「究竟由何單位下令為宜？」

張秘書岳公答：「以有警備總部下令執行，黃總司令負責處理。」

總統指示：可照辦。執行後正式報告行政院。余之談話，即表示係根據行政院之報告。

余請示　總統行動時間何時吩咐？

總統指示：明日余當親自電話指定時間。可將今日會談情形報告　副總統。

余旋將準備之行動後對新聞談話稿呈　總統過目，奉　核定將該文最後一句「積極」二字刪去。

周邊的人應該已經看出來蔣介石對雷震案的高度重視，　副總統兼行政院長陳誠都得表態想盡一分力量，警備總司令也趕緊表示為國犧牲之決心。到處皆有耳目，為官之道首重恰當與恭順的態度為要啊。

讀者讀這份黃杰的工作日記時，要時時謹記在心，這僅是黃杰從他警備總司令的視角看見的事情，然而蔣介石不只有警備總部一個特務機構。我注意到，這一整天，有一個很重要的重點透過唐縱的嘴巴重複了兩次「處理本案，要與反對黨案截然分開」，我不說唐縱說，我保留了是蔣介石要唐縱在會議裡提出的可能性。「田雨專案」從一九五九年一月初到一九六〇年九月初，近兩年了，特務們都在監視所有被雷震組織的人，盡一切力量分析自由中國半月刊的每一篇文章，甚至查出讀者投書也是編輯假讀者之名寫的，最後，決定以「匪諜」案收網，怎麼對自己體系的人交代，又怎麼對社會宣傳呢。這個時候「處理本案，要與反對黨案截然分開」是最佳戰略。

總統指示：「本案行動以後，唐秘書長可分別告知李萬居、高玉樹等，此次行動，係處理自由中國半月刊之舊案，與反對黨毫無關聯。同時可請　副總統電告胡適先生加以說明。」可見蔣介石眼裡根本沒有李萬居、高玉樹等這幾位，認為他們一旦失去雷震這個領袖，他們就絲毫不構成威脅了，放在外面反而能助他統治台灣人，控制他們的辦法多的是。至於胡適，他打算用匪諜說堵住他的嘴。

另外諸如一些法律、逮捕細節，他也不會遺漏。執行者問他何時行動？他說，我再親自打電話給你。為什麼？因為他才是統治全部特務體系者，警備總司令只是其一，他可能需要其他諸如國防、外交或私人的情報，來形成最後的判斷。極權統治，從不隨隨便便。隨隨便便嚇得了你一天，嚇不了你半個世紀。

最後蔣介石交代：「執行後正式報告行政院。余之談話，即表示係根據行政院之報告。」這個細節也相當重要，他想粉飾他是大獨裁者的角色，在國際上他還想打著民主自由的名號呢。他想讓外界認為他的談話，不過是根據行政院的報告，顯見他認為外界理解的中華民國憲法是內閣制。

> 一九六〇年九月三日——十一時四十分
>
> 總統召見，垂詢田雨專案擬予逮捕之四人，除雷震、傅正外，另兩人馬之驌、劉子英係何種身分？余答馬係自由中國雜誌社之經理，係涉嫌份子，在本部存記有案者。劉子英亦係涉嫌份子，係雷震保證入境，在國史館工作。國民大會召集期間，劉子英曾被介紹至秘書處工作，經本部發覺其別有企圖，硬性規定該劉子英必須離開秘書處者。馬、劉兩員就逮後，交由本部保安處處理。
>
> 總統指示：本案及依擬定之行動計劃執行，時間為九月四日上午三時開始行動。

白色恐怖時期警備總部逮捕人都是清晨天還未亮，秘密逮捕，不張揚，秘密偵訊，速速審判，快快讓事情消失無形。

一九六〇年九月四日——八時

總統府許副侍衛長電話，奉　總統諭，查詢處理田雨專案情形。

一九六〇年九月四日——八時四十五分

政治部主任超凡報告

關於執行「田雨專案」，如何對我三軍宣布問題，總政治部蔣主任堅忍將召集軍及軍團政治部主任開會，口頭傳達，不以書面。

一九六〇年九月四日——九時

至中委會第一會議室參加會議，討論處理「田雨專案」問題。本部負責對匪諜份子依法起訴，對立、監兩院如有委員詢及，由中委會負責答覆。

確認如何安定軍情，謹慎地「口頭傳達，不以書面」，確保消息不會透過不可管控的管道洩出，或被軍隊文書官做出不當臆測。同時也須兼顧立法院與監察院，雖是「萬年國會」，但依舊要考慮觀感，做好內控。然後，最高統帥正式下達逮捕令，作戰開始。

一九六〇年九月四日——九時四十五分

總統親自電話查詢逮捕雷震等經過情形。

一九六〇年九月四日——十一時

往見國防部長俞部長大維報告執行田雨專案之處理經過。俞部長對此問題之處理似不甚贊同。余表示本部係奉命執行，特來報告今日已執行此一案件，俾部長明瞭原委及經過而已。

一九六〇年九月四日——十二時三十五分

總統府許副侍衛長電話查詢，本部執行田雨專案有無書面報告？余告以下列情形請其轉報總統：

一、本部執行本案之經過已報告陳呈總統府，並附有馬之驌、劉子英兩人之涉嫌資料。

二、本部執行本案之新聞稿，已於十時二十分前發出。

三、於傅正之辦公室及其住宅中，蒐獲之文稿甚多，有助於本案之發展。

一九六〇年九月四日——十七時

至陽明山晉謁　總統，報告今晨執行雷案之經過，及搜查時所獲之若干文件，將有助於偵查本案時之發展。

總統指示：應注意查明該社經費之來源及該刊發行至港澳地區所獲之外匯，如何套匯來台，及此項外匯之用途如何，均應詳為查核。

如果這是一場戰役，蔣介石就是一名前線作戰指揮官，第一天就迫不及待地聽戰情報告，並且立刻指揮必須注意的細節，包括：「外匯之用途？」

一九六〇年九月五日——七時四十分

奉到總統親自電話垂詢雷震、傅正等四人拘押後，有無新資料發現？余答以「有新的資料，正整理中」。

總統指示：可將新資料送閱，本日十時舉行紀念周，可於九時半來見。

一九六〇年九月六日—十一時　參加情報會談

總統親臨主持，指定本部報告雷震案之案情及處理之經過。

一九六〇年九月六日—二十時四十分

與唐秘書長乃建兄晉謁　副總統，當即將昨今兩日辦理雷震案及劉子英案情形詳細提出報告。

副總統認為：胡適已有電來，以「逮捕了雷震，壓迫新政黨之組成行動，是違憲的。」等語，擬決定請王副院長雲五函復胡氏，告以劉子英案發，雷震涉嫌知情不檢舉，且包庇匪諜，於法難恕。

副總統旋又提及本日監察院舉行院會時，曾提出函請行政院修改戒嚴法問題。

副總統最後指示：

一、本案匪嫌部分，應再深入偵查。

二、凡與匪諜案無關者，不可牽涉在內。

三、劉子英系匪碟，雷震牽涉在內之新聞，因從速予以發佈。

一九六〇年九月八日—十時二十分

召集李副總司令立柏、王主任超凡、劉處長醒吾、周處長正、李副處長競俊、周副處長英、張組長耀華等，舉行會議。余即席傳達昨日午後在總統府開會所獲結論傳達與會各同仁，俾有所遵循。同時指示兩項：

一、傅正應由軍法處移保安處偵訊。

二、以後政治部對本案不主動發佈任何消息。

「匪諜」在白色恐怖真是一顆萬靈丹，胡適有意見，給他一顆「匪諜」，包沒事；人民有疑慮，給他們一顆很純的沒有其他添加物的「匪諜」，包滿意。應該是怕宣傳上「不同調」，乾脆禁止政治部發布消息。

一九六〇年九月八日—十三時

總統府張秘書長岳公電話指示：報紙已刊出雷震致妻宋英函，抗議所加於彼之「叛亂」罪名而絕食，此項消息足以刺激人心，應將雷震已飲食如常之消息公布，以免引起其他問題。

看到這點指示，心裡難過，施明德絕食時也是同樣的遭遇。人被抓了，嘴巴長在統治者臉上，媒體在他手裡，你絕食，他就說你已正常飲食，誰能到監獄查證呢？誰能進監獄探監呢？接下來你們也會看到，蔣介石如何禁止監察委員探監。

一九六〇年九月九日—十時四十分

奉　總統府張秘書長岳公電話指示：戒嚴法於三十七年及三十八年兩度修正，由　總統令公布實施，行政院曾將戒嚴法修正草案送立法院審議，立法院均照案審議通過，完成其立法程序。三十九年　總統命令宣布台灣為接戰地區，實施戒嚴法，警備總部為執行戒嚴令之機關，其一切措施均尤其法律依據，並無違法可言。凡此種種，均應請法學權威人士為文說明，以正視聽。

御用學者出場了：「一切『依法』統治中，請大家不要害怕。」

一九六〇年九月十一日——十時

參加　總統召集之會議，與會者有張秘書長岳軍、唐秘書長乃健、谷秘書長鳳翔、鄭部長彥棻、沈部長昌煥、陶主委希聖等。

余首先報告本案處理程序及偵訊馬之驌經過情形。

總統指示：應迅速完成偵查手續。

總統問李萬居情形如何？

唐秘書長報告數日來與李萬居接觸情形。

鄭部長報告，大輿公司侵吞僑資案，李萬居涉嫌背信詐欺，已由法院處理中。

總統問：高玉樹情形如何？

唐秘書長報告數日來與高玉樹接觸之經過情形。

鄭部長、谷秘書長報告高玉樹市長任內經費支付有問題，法院已受理，票傳高玉樹到庭應訊，高已三次抗不到案。

總統指示：高玉樹應該到案。

陶主任主委報告自由中國半月刊仍將由雷震之妻籌備繼續發行，及台大教授殷海光不願再寫文章等情。

唐秘書長報告，昨日大專學校教授舉行座談會經過情形，咸認政府對自由中國半月刊之乖謬言論，早應採取措施，予以制裁，現在處置已決過遲。同時若干教授對胡適在美之言論深表反感。

總統指示：本案應以雷震等為主，不在牽涉其他人，並從速處理。

總統問：馬之驌上次被傳訊時，係何人將之保出，應即查報。

統治者不需要抓這些台籍政客，他們本性易於屈服，也有許多黑紀錄，對付他們易如反掌。你們是否注意到，蔣介石對付異已時有多麼細心，他親自問到關於「保釋」之問題。我在之前談到的「聯保」之於恐怖統治奧妙，這裡就出現了。

一九六〇年九月十四日——八時

總統官邸許副侍衛長通知，奉　總統諭：請於八時廿五分至松山機場候機室一談。

一九六〇年九月十四日——八時二十五分

在松山機場候機室晉見　總統，面呈匪嫌份子劉子英自白書一件。

總統指示：

一、對雷震之起訴書，應從速擬妥。

二、傅正有無為匪之事實，應即訊問清楚具報。

製造一個匪諜的秘方就是自白。「自白」既然是秘方，蔣介石就得親自品管。就像仿造LV名牌包包，是不是頂級的A貨，也要專家才看得出來。

一九六〇年九月十四日—二十一時四十分

唐秘書長乃建電告：

一、總統令，雷震按須於一週內起訴，請軍法處周處長即與谷秘書長鳳翔進行研究。

二、李萬居企圖於新黨成立時，策動萬人遊行，須速作處置。最好能警告其打消此一企圖，否則重申戒嚴令，由余發表一項極硬性之談話，說明戒嚴地區所不許可之事項，希望國人不可以身試法。

三、請研究日內將戒嚴令及匪諜之定義、懲治匪諜條例予以公布，俾社會人士有較深刻之認識。

訴訟的原故，我有截稿時間壓力。高壓下寫作導致生活破碎，耽翫典籍，忘寢與食，人處於一種前所未有的忽而集中與忽而恍惚的並行狀態，何事何時發生，竟在日常溝通上出現障礙。「我昨天睡了多久？」「你今天睡的不是昨天。」「晚餐吃什麼？」「你現在應該吃早餐。」「我洗澡了嗎？」「不清楚。」不過，此刻我清楚的記得，剛剛做的夢，與我昨日擱筆處相關，我夢到收到了一項指令：「請研究盡快將真相與正義之定義和憲法予以公布，俾社會人士有較深刻之認識。」我又惶恐又興奮，不知如何下筆，實在太難。

「不公平，不公平。」

為什麼定義「匪諜」如此容易，懲治叛徒大快人心，可是你叫我定義「真相」與「正義」，我卻不知該從何開始？為何這種無法完成事情的惡夢，時常吵我睡覺？

一九六〇年九月十五日—十七時十分

李副總司令力柏兄來談：

總統前交查馬之驌前於卅八年六月為前台灣省警備總部逮訊，係何人所保釋？頃據保安處查報：「馬之驌，卅七歲，河北欒縣人，北平華北文學院肄業，卅八年五月由滬隨國軍撤退來台，涉嫌參加匪南下工作團，前台灣省警備總部於卅八年六月逮訊，馬某供認於離北平前，曾向匪南下工作團報告登記，但未實際工作，嗣經馬某前華北文法學院系主任王聿修轉請中委雷震於同年八月三日函請保釋（馬與雷不相識）當時馬某因涉嫌情節尚屬輕微（當時未供出接受匪命為匪工作情事），乃准由雷震保釋察看（即繼續偵查）。馬某獲釋後，即經王聿修教授介紹進入自由中國社任職迄今。王聿修已於卅九年間赴港，在新亞書院任教授。又於去春赴美，現在美國國防部擔任匪情研究，在五角大廈辦公。」

這「戡亂時期檢肅匪諜舉辦聯保辦法」多麼厲害啊！

雷震十一年前幫馬之驌作保，這一件事，這一個文件，特務機構有條不紊地管理著，在那個沒有電腦的時代，一切有跡可循，台灣恐怖統治之精髓，說是「戡亂時期檢肅匪諜舉辦聯保辦法」一點不為過。

一九六〇年九月十五日—十八時三十分

蔣副秘書長經國兄來訪，隨侍　總統赴南部參加空軍官校及陸軍官校之畢業典禮，午后始北返者。

總統已將「劉子英自白書」過目，甚覺內容無力量，囑對雷震及劉子應兩人提出下列問題偵訊，並求其確切答復：

一、詢問雷震

劉子英曾否告知你負有匪方使命而來？

你有沒有報告政府？

你有沒有要劉子英自首？

你既知道劉係匪諜，為何尚為劉介紹工作？

二、詢問劉子英

是否係匪方派遣來台？

是否告知過雷震？

雷震是否曾要你自首？

雷震是否知你為匪諜而仍為你介紹工作？

政府宣布自首辦法後，你為何不自首？

「甚覺內容無力量」這幾個字，是否讓人想起小時候國文老師對我們敷衍應付的流水帳式作文的評註呢？

蔣介石閱畢囚犯的「自白書」，覺得此份「自白」無力「自證」為「匪諜」，決定提筆親自擬定「問題大綱」，我想起我在法國寫碩士論文，第一次跟指導教授討論「問題大綱」時，也是這般情景。我老師說，做學問，問對問題就已完成大半，你得多下功夫在如何問問題上琢磨，不要急，問對問題就完成大半論文工作了，剩下的只是苦工部分。

唉，真不想去想到底特務要如何去「求其確切答復」，要何其殘忍、奴辱，才能叫人「承認自己偷扛了古井」！

九月十六日—十時三十五分

偕軍法處周處長正晉謁張秘書長岳公，承詢及雷震案之審訊，是否可以將涉及軍法範圍者，由軍法審判；涉及司法部分者，移交法院審理？周處長即根據法令條文，當面答復，必須由軍事法庭全部承辦之。

一九六〇年九月十六日—十一時

晉謁　總統。在座者有張秘書長岳軍、唐秘書長乃建、谷秘書長鳳翔、陶主委希聖、鄭部長彥棻、本部軍法處長周正等。

總統指示事項：

一、副總統說，雷案應與共匪統戰連結起來，極有見地，應研究。

二、李荐廷應來台作證。
三、雷震致黄宇人的原信，應由中六組設法取來送案。
四、劉子英何以到國民大會蒐集資料？作何用途？均應查問。
五、劉子英說到台灣祇寫一封平安家信，以後即無連絡，殊不可靠，應繼續追問。
六、劉子英自白書內容，對若干可疑之問題，均交代不清，顯欠真實。此項資料暫予保留，不必分發研究。

谷秘書長鳳翔意見：

總統指示：

一、副總統說本案與匪統戰有關，你們要注意，而且要辦得迅速。
二、劉子英通信方法，決不如此簡單，要追問。
三、傅正有匪黨嫌疑，要好好追問。
四、香港方面之證據要取來。
五、告訴國防部不許辦理新的律師登錄。

一九六〇年九月十六日——十五時

李副總司令立柏兄來談

雷震案情中，尚有三項疑問，已飭查明具報：

雷宅搜出之匪檔書籍，究係何人所有？

劉子英為何去國民大會工作？是否係雷所指使？

劉子英曾偷竊機密文件抄寫，係何人所指使？

一九六〇年九月十六日—十五時五十分

奉 總統親自電話指示：雷震案中所搜獲有關新黨之文件，暫不發還，俟本案結束後再議。

這一天，從早上十點到下午四點，好不忙碌。陳誠「雷案應與共匪統戰連結起來」的主意擄獲了主子的芳心，像是我們人生經驗裡，想要「陷害」、「捉弄」人時，得出一個栽贓好辦法時的那般得意。原來國民黨政治的最高層搞的竟是這樣的把戲。

總統指示：「告訴國防部不許辦理新的律師登錄。」這樣，總統自己就能順利地自己運作雷震的律師。審判的過程時間急迫，沒有給當時人挑選律師的時間，何況蔣介石急著要在雙十節前結案，被告心情壞透了，在律師這件事上，有人就不錯，朋友都不敢辯了，不然就是公設辯護人，常人在這種情形下，通常就這樣順水推舟。

一九六〇年九月二十日—十二時二十分

本局四十九年國內安全工作會報，主席只是如左：

四、目前對學校方面之問題，非到萬不得已時，切勿採取行動。但對可疑份子，可予監視調查。原則上應不使小問題變成大問題。局部的問題，不使成為全面的問題。一個學校的問題，不使引起其他學校的問題。使一切問題能消弭於無形，防制於事先。同時，對學校行政措施所能引起不良影響者，亦應加以注意，如大專學校增加收費、公車問題、調動某一教授引起學生不滿等，都值得注意。學校中需要有一不公開之組織，以軍訓教官、調查局同志、中六組人員、訓導長等，組成一個單位，但必須通過校長，彼此交換情報，互相配合協調，由中央負責主持，暫以台大、師大、成大、東海、淡江文理學院、東吳法商學院、政大、工專、基隆海專等作起，具體辦法立即研究。

雖然我知道校園監控已經一輩子，這事是一種那個時代的生活常識，但看到國家安全工作會報，白紙黑字這麼明確，一一點名單位人員，指定的方式佈達，並要求立即提出具體辦法，還是感覺非常不舒服，想像這一大群人走在大學校園裡，是老師與長輩，是典範與模範，結果卻不過是一群懦夫時，我本來的氣憤，頓時化為悲涼。

六、十月慶典、地方選舉兩事，各單位應即加以準備。對反對黨不必過于重視。但亦不可忽視。這種狐群狗黨，將來一經成立內部便會分裂，不過我們仍須加強工作，隨時防範。

他們研判不需要理會這些台籍政客，一副看不起。但，我們台灣人不需要反省嗎？我們沒有掙脫日本總督後藤新平對我族精闢的批判：「貪財、怕死又好名。」這三種致命的特質，前兩者剛好提供統治者控制我們的方法，後者永不可能讓我們團結在一起。

一九六〇年九月二十七日—十一時

至陽明山晋謁　總統，　總統精神至為愉快滿面笑容。

總統問：劉子英會不會翻供？

答：每次訊問均予錄音，並有其口供筆錄，劉子英親自簽名之自白書存卷，且曾曉以利害，決不致翻供。

總統問：馬之驌會不會翻供？

答：情形和劉子英一樣。已妥加運用，不致於有翻供的事情發生。

總統問：雷震會不會有自聘律師？

答：一定會聘請律師，聽說正在和端木愷、梁肅戎、李公權等接洽中。

總統指示：告訴唐秘書長，即以端木愷為雷震的辯護律師好了。

十六日那一天到二十七日這一天，劉子英和馬之驌過的應該是地獄般的日子，取供成功之後，「總統精神至為愉快滿面笑容」，這形容在工作日記裡是非常少見記載。囚人的痛苦就是總統的快樂，總統現在只擔憂，煮熟的鴨子會不會飛了，必須再三確認。

總統明明已經運作了律師，卻要故意反問警備總司令，聽取情資，然後又故意指錯方向。明知他們無法達成，就是要讓他們，警備總部黃杰和黨部秘書長唐縱，兩方面都形成不能掌握律師的錯覺，因為總統想要端木愷，雷震最後聘的是梁肅戎。這樣讓警總軍法審判更為謹慎，有敵我意識，也杜絕了任何流言的可能。

一九六〇年九月二十九日—十二時十分

十二時十分晉謁　總統。

總統問：高等審判庭之審判長及法官人選是否曾經嚴格選拔？
答：都很不錯，學識經驗均堪稱上選（余即以高等審判庭組成人員之簡歷冊呈閱）。
總統指示：告訴他們事先要多作準備，多研究案情。
答：已經交代過，並將 總統於結案後召見承辦法官之德意傳示諸同志。
總統問：判決書何時可以擬就？
答：預計十月六日可以擬妥八日可以呈閱。
總統指示：快一點辦好，雙十節前務必宣判。

「總統召見」軍法官，可以確保軍法審判遵照上意判決，這既是威脅也是恩寵，恩威並行。還有一點，速辦太重要。政治案件，速辦一直是最重要原則。統治者想爭取的是一種司法定讞，誰也無法更改的，趕緊落袋為安的實質勝利。

一九六〇年十月三日—十七時
總統親自電話查詢下午審訊雷震情形。余報告：上午情形良好，已有基礎。下午一時半至四時審問終結，由承辦法官章墨卿主審，章員甚精幹老練，必能達成任務。

一九六〇年十月四日—八時五十分
境管處處長黃對塀，報告雷震為劉子英申請入境之責任問題：
雷震昨日於法庭中聲辯，彼於四十年赴港時，曾辦理退保手續，故對保證劉子英入境案已無法律責任。但事實上，雷震係為劉子英「申請」入境，而非「保證人」。其赴港退保，並不包含劉子英。因雷震對劉子英係「申請人」、「證明人」。而非「保證人」。茲說明理由於次：

民國卅八年二月十日台灣省政府台灣警備總司令部會銜公布「台灣省准許入境軍公人員及旅客暫行辦法」規定，同年三月一日實施，申請入境並無單獨保證書之規定，軍公人員及其眷屬申請入境，由代申請人及證明人負保證責任。一般人民申請入境，由代申請人負責。在該項辦法內所須發之軍公人員申請書附記第五款規定：「如查有身分不確或有可疑不法情事者，除查究其本人，並由證明人負其全責。」雷震代劉子英申請入境，即係該案之證明人兼代申請人。

上項規定，至民國卅九年七月十三日以後，始有保證書之規定。

雷震所謂換保一事，經查四十九年元月十二日，雷震以總統府顧問身分申請出境赴香港，（申請書上蓋有總統府秘書長印信）因曾擔保三人入境（其中不含劉子英在內）當經省警務處通知省政府交際科樊專員紹賢，轉知雷震換保去後，據雷震四十年元月十八日函請陶處長，請提前發出境證等語，當經於同年元月卅一日出境，未辦換保手續。

查劉子英向雷震說明其為匪工作時，在四十年前，而雷震出境在四十年元月底，其罪行之確定，與其出境換保無關。

小心啊，「戡亂時期檢肅匪諜舉辦聯保辦法」可不是鬧著玩的。認真起來可是不得了的事兒。申請人、保證人、證明人、退保，要弄清楚也不是那麼容易。

恐怖統治的厲害之處，就是像情人吵架翻舊帳，翻到了你牽起她的小手之前，那個跟你借一隻原子筆的那個女孩，你為何要借她，她還你筆又幹嘛要寫字條給你，那張字條到底寫些什麼？「我不記得」。「可是我記得一清二楚，那天……」「可是那天我還沒牽過你的手……」「我不管……」

他們在跟雷震爭辯的事，是九年前的「保人」和「退保」這件極其嚴肅的無聊事。

一九六〇年十月八日—十一時

在總統府集會商討雷震案，由　總統親臨主持，出席人員計有陳副總統、張秘書長群、唐秘書長縱、谷秘書長鳳翔、謝院長冠生、沈部長昌煥、鄭部長彥棻、沈局長錡、趙檢察長琛、陶希聖先生、曹主任聖芬、國防部軍法覆判局汪局長道淵、及本部總司令黃上將、軍法處周處長等十四人，討論主題為研究「甲」、「乙」、「丙」三案之採擇。

發言情形（略過）

總統指示：

一、題目（按指判決主文而言）要平淡，須注意及一般人心理。

二、雷之刑期不得少於十年。

三、「自由中國」半月刊一定要撤銷其登記。

四、覆判不能變更初審判決。

總統隨又垂詢：「乙」案能否撤銷登記？將來覆判不可變動有無把握？

當由汪局長起立答稱：都可以辦到。

總統認為「乙」案既可判刑不少於十年，而撤銷登記及覆判均不致發生困難，則採乙案較為不致刺激社會上一般人之心理，於是裁決採用「乙」案。

一九六〇年十月八日——十五時十分

李副總司令來談

本日十七時宣判雷震案，軍法處已遵令以乙案宣判，但判決書全文尚無法及時擬就，決先宣布主文及理由要旨。

下午五點要宣判，蔣介石早上十一點在總統府召集十四人開會討論雷案。

我個人以為，這一場會議的重點，是要把所有相關人叫來，行禮如儀地在總統面前發表對三個既定方案的看法。但當我們追蹤前面發生的事，我們應該已經了然於心，對總統來說其實沒有三種方案，從頭到位都只有一種「匪諜」方案。然而對宮廷政治運作來說，一定得如此繁複，這個過程讓各方人士沒話說，更重要的是，當總統發表「總統指示」時，大家就彷彿聽到「宣告戰爭結束」一般放下心中大石頭。

當總統又急切地加重語氣強調問：「乙」案能否撤銷登記？將來覆判不可變動有無把握？這時，覆判局長汪道淵「起立」答：「都可以辦到。」堪稱為這一場戲畫龍點睛。

總統親自召集會議，親自主持，找來那麼多相關人坐鎮，為得就是覆判局長「自告奮勇」投其所好的「起立答覆」。司法是獨立的。誰能說不是呢？

一九六〇年十月十二日——十四時二十五分

總統指示：雷案判決書稿，張秘書長岳公定本日下午三時召集會議，再加研討，定稿後即送一份總統核閱。

一九六〇年十月十二日——二十一時

訪蕭同茲[147]兄談天，同茲兄建議雷判決書「理由」內，似可以加入下列兩句：「如有一份愛國心，豈能為匪張目如此之惡毒；如有一份反共之意，決不會掩護匪諜達十年之久。」當即轉飭軍法處周處長原文錄入。

這果然是神來之筆，完美定義這歷史性的判決，簡直是一場如假包換的中世紀的「異端裁判所」，在這裡受審的是「你的心愛不愛國」和「你的腦袋反不反共」。高難度的審判，難怪需要到最高指導，來指導如何製造有力量的「自白書」。

一九六〇年十二月九日——二十三時四十分

李副總司令電告

李萬居擬赴台中召集分歧份子開會事，已託省議員黃議長向李氏提出警告，雷震判罪乃由於不聽忠告，一意孤行之結果，台中之集會如不依法獲得警備部之核准而舉行，勢必被依法取締，勸其懸崖勒馬為上策。黃議長之警告或可望發生效果，阻止李萬居等台中之行。

147 中央通訊社創始人。

在白色恐怖時代，自由的代價一向很高。

一九六一年一月四日——十二時

總統問：雷震之妻宋英赴軍監探望雷震，每次均向記者發表消息，何以不加制止？

答：上次奉　指示，不許報紙再刊登雷震家屬探監之消息，已告知唐秘書長縱轉知李萬居，不可繼續再刊登，唐秘書長交涉之結果如何，則不得而知。

總統指示：這種事何必告訴唐秘書長，直接通知軍監，不許其眷屬接見不就解決了嗎？

答：監獄法之規定如何，是否可以不准其接見家屬，尚待查明報告。

一九六一年一月二十三日——十二時四十五分

奉　總統諭晉見。余即赴總統辦公室晉謁。

奉　總統指示：不許監察委員接見雷震，因雷震以叛亂罪判刑十年，係余以總統權核定者，該犯之能否被接見，必須得余之批准，始得為之。可即通知軍監，陶百川、金越光等可以接見劉子英，而不得接見雷震。

一九六一年一月二十六日——十一時

赴總統府參加情報會談

總統垂詢不許監察委員接見雷震一案事前已有明確指示，何以不明白告知監委陶百川、金越光等？唐秘書長報告：本案曾經彭總長、梁副部長、黃總司令等會商，認為明白告知監

委不許接見雷震係　總統所決定實有損　鈞座之威嚴，不若由軍監諉稱係未奉指示不能接見為妥。

總統指示：我知道你們是為愛護我而採取的辦法，但這種辦法仍舊是不行的，你們可以明白告訴監委，凡是經過軍事審判之罪犯，業經　總統批准判刑者，非經　總統之批准，任何人皆不得接見，立委監委亦均不得例外。

蔣介石就是不讓監察委員去跟雷震會面。可以見「匪諜」劉子英，不可以見「知匪不報」的雷震。蔣介石意志之堅決，一而再，再而三，不顧自己威嚴地交代下去。

總之，政治犯必須被徹底隔絕。這一點，施明德領受了二十五年半，只有統治者要對你進行「統戰」之時，才運用關係找人去探監，遂行其干擾你的目的。

秋遠

「田雨」一遊收穫滿滿，目下我們還有另一個去處「秋遠」值得一探究竟，保證醒腦。

國史館於二〇二二年九月出版《戰後台灣政治案件蘇東啟案史料彙編（全四冊）》總頁數為二五九二頁，篇章分為：壹、內線蒐證與逮捕行動。貳、黨政軍特與偵辦方向。參、談話與偵訊。肆、起訴、初審及覆判。伍、「高級關係」之處理。陸、各方反應與關切救援。柒、考管與監控。剛出爐熱騰騰的史料，我們就先來嚐鮮考古：省議員李秋遠，一個臥底在台籍政治菁英陣營的高級特務。剛好作為理解謝長廷的範例。

該書第一冊頁一～五二〈導言〉[148]明言：

國安局長期運用在台籍政治菁英間埋伏的內線，充分掌握「分歧份子」的言論與串連行動，乃至當局最在意的組黨動態。蘇東啟與組黨同志們談及與台籍充員兵接觸經過，同樣透過這條被警總稱為「安全局的高級情報」線為當局所掌握——化名「袁春雨」的李秋遠。

148《戰後台灣政治案件蘇東啟案史料彙編（全四冊）》，國史館，二〇二二。

李秋遠（一九二六～二〇〇六），台北蘆洲人，原名李得用。李自稱十三歲自和尚州公學校畢業後，前往大阪今宮中中學校，一九四〇年初入侵年初入新京（長春）順天醫學院就讀，同時協助國民政府從事地下抗日工作，戰後參與東北接收。以上經歷是李個人提出或外界所認識之一般生平。然據一九五七年李秋遠父子偽造文書及逃避兵役案判決事實顯示：李秋遠十七歲時恐被日人徵兵，潛往東北瀋陽。戰後頂冒李秋遠之名，盜用其東北大學畢業證件，稱自東北還來，年齡提高五歲，自為戶長，並取得醫師檢覈合格證明。李秋遠父親李順蹺則將李得用呈報行方不明，申請除籍，父子佯作不識。

一九四六年李秋遠返台在蘆洲行醫，與時任警總少將參謀陳漢平之妹陳佩瑛結婚，一九四七年於蘆洲開設秋遠醫院。一九四九年李秋遠被控參加中共台灣省工作委員會被捕，許希寬供稱其在四六、四七年數次將《光明報》、《土改方案》等宣傳品交李閱讀，並領吸收由廖瑞發領導。綜合國防部保密局及李秋遠供述，一九五〇年李秋遠透過林頂立介紹與保密局搭上線，五一、五二年間保密局偵辦陳清墩、許希寬等案，「對該李秋遠曾予運用」。（被證二四八）

……

李秋遠的社會身分則是醫生與民代。一九五〇年起李秋遠連任四屆台北縣議員，一九六〇年起連任三屆省議員。

一九六〇年四月李秋遠首次當選省議員，一九六一年四月，因台灣高等法院判決當選無效去職。在當選後到解職間，李秋遠先是參加由雷震結合在野與無黨派的本、外省籍菁英組成的「地方選舉檢討會」，以改進選舉為名，實則欲組織強有力的在野黨。雷案爆發後，李秋遠仍與李萬居、郭雨新、郭國基、許世賢、夏濤聲、蘇東啟等保持聯繫，加入為一九六一年初的縣市議員選舉而成立的全台助選團。雷震被抓後，互相期許不讓這個跨族群的組黨力量散去的同志間，竟有國安局的線民。

李秋遠在蘇東啟被捕前，一九六一年三月十三日、三月十六日、八月二十四日、八月二十九日，四度向國安局彙報籌組反對黨之消息，以及他個人與蘇東啟見面經過等。當局最早獲悉蘇案的情資來自李秋遠，李不僅以信件報告消息，更曾對蘇進行錄音。

……

國安情治單位對李秋遠的這則報告的評估是「來源可靠，因係獲自內線」。且據總政治部、調查局會辦的滿谿然等叛亂案，蘇東啟所稱陸戰隊中有少數不滿份子從事叛亂組織與活動，似有可能。國安局呈報國防會議，奉蔣經國批示：「此情報極為重要，應即與總政治部作迅速與妥當之處理，並將辦理情形告知」……

當時與雷震共同參與籌組反對黨運動的台籍菁英們，對李秋遠的內線身分，渾然無所覺。警總打算起訴李秋遠時，國安局期期以為不可，該局為此詳盡而充分交代了該局與李之關係與表現，「李近年對于分歧活動情報之搜集貢獻最大，亦不能犧牲此一有力之內線部署」。台籍菁英籌組反對黨的動向，國安局早已透過李秋遠滲入其中，充分掌握。

同樣地，蘇東啟案最初的線報，國安局用來核實各方情資的高級情報來源，也是來自李秋遠。國安局道出李在蘇案的關鍵角色：

李秋遠早係前保密局運用之工作人員，後經本局派其滲入分歧份子之間，雖從事工作，實即我工作同志，此次蘇東啟叛亂案即為其首先舉發，其參與蘇案活動，及協助蘇某籌措經費等，均受本局指示為搜集蘇東啟叛亂證據所採取之動作，更應免究。

從上述國史館的導言中，台灣人終於第一次能夠徹徹底底看清楚了一個卧底惡棍抓耙子的一生。李秋遠，這個以「醫生」、「黨外民意代表」、「台籍菁英」、「民主前輩」等高貴身分行走於我們之間的人，這個由陳水扁掌權的歷史性政權輪替時第一批被提名為國策顧問的人，他不僅生前名利雙收，死後國家還頒發褒揚令給他。然而，這一切的一切都是假的，不僅是假的，還是一樁陰謀，而且是拿來謀財害命的。

檔案一打開，原名李得用的李秋遠，真面目非常難堪。十七歲為躲避日治時代的兵役，李得用潛逃到當時日本扶植的滿洲國，後來不知道是什麼樣曲折離奇的情節使得他得以冒用「李秋遠」這個倒霉鬼的醫學院學歷與身分。戰爭結束後，李得用以「李秋遠」之名自任戶長，與父親共謀偽造文書，讓父親謊報李得用行蹤不明申請除籍，然後父子倆假裝不認識。（東窗事發，一九五七年因偽造文書被判處有期徒刑六個月）從此他以一個東北醫學院學生「李秋遠」之名重生，在台灣取得醫師執照檢覈合格，開始他一生持「假照」行醫的詐騙生涯。

後來他雖曾被牽連到許希寬涉及的中共台灣省工作委員會案，但其無恥下流的本質流露無遺，立刻吸引到特務頭子保密局長林頂立的賞識，自此他與保密局關係密切，成為特務系統運用的重要資源。

李秋遠一旦獲得「國民黨特務的庇護」之後，便展開他官運亨通流暢的一生。一九五〇年始，擔任四屆台北縣議員，一九六〇年後擔任三屆台灣省議員。特務為他作這樣的人生安排，是為了讓這一名欺世盜名的無賴得與真正有理想抱負的反對運動者平起平坐，交流在一起，獲取他們的信任，幫助特務搜集情資，協助蔣氏政權打擊政治異己遂行恐怖統治。所以，隨後台灣社會見識到雷震去牢，經歷了蘇東啟被判處死刑，後改判無期徒刑，但作為他們核心的工作夥伴，他卻都沒事。他繼續頂著「敢怒敢言為民喉舌的黨外菁英」這一頂真正好用的高級抓耙子帽，穿梭在反對陣營裡為國民黨特務做特殊服務。一九七八年黃信介、施明德等人組織全國黨外助選團，李秋遠與林義雄等共同負責台北縣、宜蘭縣的部分。四十四年後（二〇二二）的今天，施明德先生看到檔案所呈現出真實的「李秋遠」時，嘆了一口氣：「當年，我們就感覺到了。」那個時候黃信介先生到雲林目睹施明德幫蘇東啟太太助選的那一仗，政治犯特別的選舉方式，便找了施作一九七八年中央民意代表選舉全國黨外助選團的總幹事，籌組的過程中李秋遠異常熱心地三天兩頭跑來總部，獻言、獻策也捐一點錢，總是「總幹事啊」、「明德兄啊」掛在嘴邊，過度禮貌殷勤地招呼。每當李秋遠離開後，黃信介先生總不忘提醒施先生說：「總ㄟ，李秋遠是抓耙子，伊ㄟ話聽聽就好，但是也不要得罪這種抓耙子，伊想要作助選團的成員，就安排乎伊去作。」

身處恐怖統治時期時的政治工作者，明知身邊誰誰誰是抓耙子，但總選擇隱忍不聲張。為什麼難以啟齒，不敢搓破呢？抓耙子的存在，像是一樁噁心的性騷擾，這種令人不舒服的曖昧只存在雙方之中，難於舉證，一經舉發就是關係緊張、破裂、難看。只要存在一點「誣指」的可能性，就足以讓一個膽怯或心善的人止步。反過來說，抓耙子像一個性騷擾慣犯，只要不要讓人逮個正著，摸到什麼都好。就是靠著這種死皮賴臉的精神，吃定了良善人的羞恥感，抓耙子才得以盛行不衰，特務統治才得以綿延超過半世紀。戒嚴時，在台灣的反對運動裡就算辨認出抓耙子，也礙於種種考量，拿不出辦法，不若我們在其他文明裡所見識過的，嚴謹的組織絕不含糊地處置一個叛徒的「正義」。已然民主化的今日，受難者眼看著抓耙子搖身一變成為掌權者，看者他們深鎖檔案，就算已經有正當的合理的情資來源與事實推論，指認一個「抓耙子」總還是得甘冒被抓耙子反過來「控告」的風險。抓耙子賭的就是，橫豎你們還沒撈到那一張檔案，就算是高明輝見證了特務頭子阮成章拿錢給黨外市議員謝長廷又奈我何，檔案不解密，誰也不能真正「證明」什麼。何況特務守則就是矢口否認，不見棺材不掉淚，耍賴耍到底。這種特務「否認功夫」，也如實呈現在檔案裡：蘇東啟質疑臥底政治犯李志忠時，特務說必須對線民加以指導訓練應對技巧。

就這樣李秋遠的人生繼續前進著，一個偽造文書前科，一個唆使殺人前科的歹徒，一個舉報蘇東啟案的關鍵特務，終於走到和特務江鵬堅、謝長廷等一起，在偉大的特務機構的督促與監督之下宣告民主進步黨成立，沒錯，他也是建黨委員。

檢視李得用冒用李秋遠之名充當醫生，成為特務運用的特務而飛黃騰達的一生，讓我們很容易從中辨識出李秋遠的人生，與我們的主角謝長廷在白色恐怖時代裡，多麼令人感到不可思議的特務人生，他們幾乎有著同樣一種成功人生的節奏與模式。李秋遠先是被特務逮捕，然後立刻被吸收，特務掌握了他偽造文書假造身分的「要害」，李秋遠與特務們魚幫水，水幫魚，唇齒相依，狼狽為奸，陷害忠良，蒙騙百姓。謝長廷出身貧窮無依，考上成功高中後與蔣經國之子蔣孝武同學，被調查局長沈之岳吸收，自稱撿到補習班講義，才得考上台大。進入台灣大學後參與「青年自覺運動」崇拜許習圖，結果許習圖被捕，他卻能毫髮無傷，很難令人不去合理推論特務需要台大菁英裡有內線，就想盡辦法把謝部署到那裡去監視同學。就在許習圖被捕同一年，謝長廷奇蹟式地以狀元之姿考上律師高考，隔一年再考上日本文部省獎學金，更難令人不去合理推論特務需要一名靠得住的內線謝長廷打進日本的台獨組織裡，於是他躲在京都大學張孝雅的實驗室裡，偷取台獨運動人士名單，還能開設餐廳來搜集台灣留學生情資。

李秋遠以本省無黨籍縣議員、省議員身分打入台籍政治菁英的行列，作為特務的耳目。特務對謝長廷的栽培運用由來已久，但把他推進政治領域則始於由黨外律師張德銘推介給受難家屬來擔任美麗島軍法大審辯護律師。後來施明德在大審中出乎所有人意料之外，以無畏死生的姿態與無與倫比清楚的答辯表達出台灣人的政治主張與理想，台灣人沉睡已久的良知終被喚醒，民眾燃起關懷政治受難的熱情，受難家屬紛紛一反常態地投入選舉，國民黨特務遂順勢安排讓謝長廷也投入隔一年的台北市議員選舉，自然而然地謝長廷成為黨外重要的一份子，所有的組織與會議他都能掌握與參與，如同特務當年安排李秋遠在台籍政治菁英間穿梭的角色。關於這部分，江鵬堅的告白，已經清楚證明。所以，當一九八六年施明德在牢中無限期絕食鼓吹許信良等在海外組黨，遷黨回台之時（這部分當時的人民是不知道的，因為國民黨封鎖消息），特務所控制的謝長廷、江鵬堅等人在國民黨的授意之下，趕緊早一步於「台灣民主黨」遷黨回台之前，搶在國民黨全程監控之下的圓山飯店宣布組黨，並且去掉「台灣」這個頭更名為「民主進步黨」。

如今，由國史館出版的蘇東啟案史料彙編舉證歷歷，一張張檔案如實地刻畫出特務統治的風貌，讓所有人都見識到特務的手法，也看清了台灣人嘴裡喊了七十年卻從不曾見過的，臥底者的廬山真面目。

二〇〇〇年台灣政黨輪替，陳水扁等美麗島事件辯護律師世代掌權，二〇〇一年檔案局成立，二〇〇三年開始我與檔案局打交道，多年下來，這一路扛著「台灣人出頭天」、「要求歷史真相」招牌打天下的民進黨律師世代，怎麼也不願意開誠佈公地「打開」檔案，雖然江鵬堅早先就告訴我們一部分的真相了，我們仍抱著一點希望。看到這一次蘇東啟案的史料彙編裡關於李秋遠臥底的檔案，更讓人明瞭了，何以陳水扁、張俊雄、謝長廷、蘇貞昌等辯護律師掌握政權，任總統或行政院長時，是如此蠻橫地不願讓施明德調閱檔案靠近真相。

從檔案裡，我們見識到這些國民黨特務系統支持的人，或說「縱容」的人，「部署」的人，他們的言論總是特別具煽動性，格外激情。當一個人有免於牢獄之災的特權時，什麼話都敢講，什麼口號都敢喊，只要是能搶走選票，搶走人民的注意力，爭得政治上的影響力，奪取反對運動的領導權，使得反對運動的動向都掌握在特務的手裡。由於警備總部當時不知道李秋遠是國安局運用的內線，警總所作的「『鎮平專案』李秋遠部分偵查報告表」描述一九六〇年李秋遠競選省議員時這麼說：「中華民國不要臉，丟了三十五省到台灣來，還是這樣，大陸人都是豬，台灣人要獨立，國民黨候選人，從前都做日本人的走狗，現在作中華民國的走狗。」讀這一段紀錄時，勾起我的年少回憶，在美麗島大審之後沒幾年，尚在戒嚴時，才十幾歲的我跟父親一起到黨外競選的場子聽演講，台上常常有一個講話特別激昂，台語特別順暢的人，他演講的內容跟這一套說詞居然一模一樣，他叫王兆釧，我印象太深刻了，我之後還常常學給別人聽。後來我在白瑄的書裡《全民公敵調查局》發現，他也是調查局運用的人，現在我在李秋遠的檔案紀錄裡再度看見同樣的這段精彩的「特務說法」。李秋遠與王兆釧真是特務的好學生，教材倒背如流。

一個特務代表反對運動問政，好比吃了禁藥去參加奧林匹克運動會的「偷吃步」的運動員，跑得快跳得高爆發力強。一九六〇年李秋遠當選省議員後第一次提出質詢時，他表示：「一、要求周主席轉達執政當局，及早廢止『黨化天下』措施，軍隊司法及公營事業單位，國民黨應退出活動。二、主張改選國大代表與立監委員，其名額本省籍應佔半數為原則。三、要求撤銷各地民眾服務站之組織，地方選舉應求公平。四、新黨橫遭阻撓，執政當局做法前後矛盾，應自我檢討。」一九六一年抓耙子李秋遠為人助選時說：「政府掛羊頭賣狗肉，主張取消各地民眾服務站，並強調政黨地位要平等，各級重要高官應有個黨派人士出任，要求省長民選。」又說：「黨應退出軍隊。」「國庫不是國民的，而是國民黨的私庫。」「國民黨實施自治，只是唱高調。」看到抓耙子這般賣力表演，有誰能比他更亮眼，何況，在抓耙子優異的情資蒐集功力之下，論理的、誠懇的、有良知的政治人物早都進了大牢裡，不是死刑，就是無期徒刑。

蘇東啟、雷震關了十多年出獄後，他們不懂嗎？誰是特務？誰出賣他們？他們心裡怎麼可能沒有數？在那種時代，就那麼幾個人開會，就這麼幾個人出錢？怎麼李秋遠沒事？高玉樹步步高昇（台北市長、交通部長、政務委員）？可他們心裡明白得很，特務統治是個怎麼回事，證據在掌權者手裡，真相出自他們的嘴，他們愛怎麼說就是什麼，權力就是真理，特務的猖狂就仗著這一點。蘇東啟和雷震出獄後，依舊被考管監視著，他們倆都曾向施明德先生抱怨過這種可恨的生活。

政治犯的哀歌

一個臥底在出獄政治犯蘇東啟身邊的內線，政治犯李志元的命運是一曲特務時代的哀歌。此前我曾花很大的篇幅描述政治犯出獄後的悲愁。那個時代政治犯出獄與自由沒有一點關係，出獄就淪為「考管份子」被監管著，或者走上如政治犯李志元的線民之路，完整地演奏了這一曲哀歌〈考管與監控〉。

李志元是蘇東啟先生的同案也是同鄉，被判七年。可是「**他在蘇東啟出獄後，協助蘇洪月嬌競選一九七七年省議員時，調查局雲林縣站為深入瞭解蘇氏夫婦，在青年黨內的既有內線（康昆元）外，擬另運用與蘇同案的『新生份子』李志元擔任內線，貼近偵查。**」149

施明德與蘇東啟在獄中相識，出獄後蘇東啟找他做蘇洪月嬌選省議員的競選總幹事，化名「許一文」。特務會化名，施明德也學會了，在競選總部人人稱他「Ko桑」，沒人知道他是誰。他確實是一張白紙，十七歲唸軍官學校，二十一歲就去坐牢十五年的人，三十六歲時等於還沒有出過社會。施明德書寫所有的宣傳單和文宣：「蘇東啟書面聲明」、「蘇洪月嬌競選名片」、

149《戰後台灣政治案件蘇東啟案史料彙編（全四冊）》，國史館，二〇一三。p.51。

「民主潮社論：關於蘇東啟被捕事件」、「我的心聲」、「蘇洪月嬌政見書」、「抗議、控訴」，檔案顯示特務研判如此不妥之宣傳文字應是蘇家委由張俊宏代筆，因為當時還沒有人知道許一文是誰。

一段特務描述競選現場的文字：「蘇東啟、蘇洪月嬌隨宣傳車到各地活動時，蘇某仍穿著該二九九號囚衣，其子女則仍著書有『我爸爸有罪嗎？』『我媽媽有罪嗎？』紅字之黃背心，同時並到處散發『民主潮』不妥傳單及『抗議、控訴』……」[150]二九九號囚衣其實是施明德從監獄帶出來的，他說別人在選舉，他想做的是民調，他擔任總幹事要的是讓人民正視「政治犯」，關懷「政治犯」，要國民黨知道台灣人對「政治犯」真正的想法。

雲林縣調查站公文又寫了：「蘇東啟於本（十二）月二十四日晚上九時三十分在渠住所很義憤的指責李志元說：『我太太（蘇洪月嬌）競選省議員時，施明德來擔任總幹事，對外是絕對秘密的，沒有人知道。只是選舉後，我曾對你（指李志元）說過，奇怪為什麼台北諜報組（即警總調查組）人員去找施明德妹妹，說出施明德曾去北港擔任蘇洪月嬌競選總幹事，所以我在台北與施明德見面時，他罵我不應該將他的名字透露出去，李志元你想想看是否曾說出去。李志元曾矢口予以否認並未外洩。三、本站已就此事妥為指導李志元同志應付蘇東啟之技巧，以免引起蘇某之懷疑。』」[151]透過李志元，國民黨特務掌握了蘇東啟所有與國內外人士交往的情形與談話，包括搜集到這一代雜誌刊出的「增設中央第四國會芻議」掛名者「許一文」就是施明德，這導致國

150 國史館《戰後台灣政治案件蘇東啟案史料彙編（全四冊）》，二〇一二，台北。p.2405。
151 國史館《戰後台灣政治案件蘇東啟案史料彙編（全四冊）》，二〇一二，台北。p.2433。

民黨開始將蘇東啟與施明德列為偵辦與逮捕的對象。[152] 一聽到風聲，施明德便決定與外國女友艾琳達結婚，當時他並沒有僥倖心認為可以避開逮捕，只是要增加國民黨逮捕的難度與後座力。

施明德先生看到李志元的特務檔案時表示，他心中有譜。牢獄裡李志元曾住他的對面房，但沒有近距離相處過，在蘇東啟住處時他曾認出李志元，但李沒認出他，當時他就特別警告過蘇東啟不能對任何人說出他的身分，特別是李志元。根據施明德辦公室主任政治犯張茂雄說，李志元在施明德擔任立法委員時曾來請託，當時他擔任職棒教練，職棒不打算續聘他，他希望施明德幫忙關說，張主任幫忙打電話，他因此被留任了。但二〇〇六年施明德發動反對陳水扁貪腐的運動之後，有一天李志元碰到張茂雄時，居然因為這件事歐打他。

出污泥而不染，是何等層次的高貴！政治犯出獄後還能不忘初衷者，在歷史裡並不多見。施明德先生在苦牢裡見證英雄烈士臨死前的歲月，槍決前的慷慨赴義的典範，影響他一生，可他一生也是被那些跟他關在一起的政治犯害的最慘。政治犯蔡寬裕奪走他的妻子、財產與家庭，李志元等等在獄外監視他，高金郎與徐春泰告密他領獎金，泰源事件相關的政治犯到處說他壞話，王幸男登報公開侮辱他，林樹枝吸毒時以為施明德很有錢，跟他借不到錢，揚言要出書罵他，果然還真去做了，拿施明德的名字來斂財，這些人在牢獄裡見過無助落魄的施明德，都看不得他出獄後用自己的命掙回美名，也看不懂他何以能真心地和解與寬恕讓自己活得尊嚴與自由。燕雀焉知鴻鵠之志，他們確實想不透施明德。他們在悔恨與嫉妒的毒液裡醃製他們的餘生。

152 國史館《戰後台灣政治案件蘇東啟案史料彙編（全四冊）》，二〇一三，台北。p.2472-2489。

借鏡

從國民黨特務如何辦「蘇東啟案」，推論「美麗島軍法大審」。

一九六一年十二月二日國民黨逮捕蘇東啟等二十六名之後，警總擬定「鎮平專案」第二階段預備計劃綱要，其中被考量的變數為「聯合國於本年十二月一日起開始辯論我代表權問題，為時預定三週，故十二月下旬，或五十一年元月上旬，本案是否繼續偵辦，或可作政策性決定。」計畫以國家安全局行動命令到達之日為D日，訂定出D日以前應完成事項：「一、對象言行及生活習慣交往幹部之瞭解，即分歧言行中犯罪事證之搜集。二、對象電話信件之監聽檢查。三、行動方案及治安戒備計畫之完成。四、行動後聲明或新聞發佈或審判方向之請示。五、看守所之設施，即臥底、看守計畫之完成。六、對在押重要人犯之安撫。七、完成起訴作業。八、對辯護律師問題之預為措施。九、蘇案全案人卷移軍法處。十、臥底及看守人員派定。十一、聲明或新聞發布之方向核覆。十二、對記者應付策略之準備。」[153]

一九六〇年雷震案，雷震身分太特殊，不能不公開審判，蔣介石親自介入安排雷震的辯

153 國史館《戰後台灣政治案件蘇東啟案史料彙編（全四冊）》，二〇一三，台北。p.2067-2071。

護律師，巧妙地排除雷震的友人端木愷，親自指派梁肅戎來辯護。梁肅戎也因為此案扮演御用律師，讓他從此當上CC派的邊緣政客，一路飛黃騰達到立法院院長。

一九六一年蘇東啟案，蔣介石下令以「不能公開審判」為原則，但在「鎮平專案」預備計畫中，也謹慎地對辯護律師問題預做考慮與準備。154

一九八〇年美麗島案，因為執行「安和計畫」逮捕行動時，施明德出乎意外地逃亡成功，讓施明德的美籍妻子艾琳達有充分時間在香港、日本和美國向國際社會求救，國際社會的迴響與關懷，使國民黨不得不公開審判。一旦決定公開審判，蔣經國政權對「辯護律師」可能不作「預為措施」嗎，可能不「好好部署」嗎，可能不去思考「臥底」、「人員派定」等種種考量嗎。

我們越是回到歷史脈絡裡，就越能解開現在的謎團。回到美麗島事件前的兩大政治案件檔案，雷震案和蘇東啟案，其中關於掌權者的思維、考量、權衡事物的準則，關於特務組織的運作、手法，關於偵訊、審判等等，都讓我們無法迴避，也必須對美麗島事件提出這樣的疑問，誰能是特務？該把特務放到哪裡？如何放進去？如果要「部署」特務進入已然被「美麗島雜誌」風起雲湧的黨外運動所喚起的勢力，掌權者會怎麼「部署」？如果要「部署」特務到被「美麗島大審」視死如歸的勇氣所激發的民氣，掌權者會怎麼「部署」？最直接答案就是指派「辯護律師」。然後，吹噓辯護律師的勇氣：寫遺書；標榜辯護律師的道德高度：純義務。邏輯如此，事實是如此，歷史真相也是如此。

154 國史館《戰後台灣政治案件蘇東啟案史料彙編（全四冊）》，二〇一三，台北。p.2119。

圓山

早在一九九九年白瑄在他的書裡就提出，民進黨人宣稱「當年在圓山大飯店組黨時，國民黨一無所知，等到組黨完成時，生米已經煮成熟飯，國民黨就算要抓人，也已經來不及了」，這種說法根本是一個世紀大騙局。

他引用當時擔任蔣經國侍衛，化名「鐵金剛」的敘述作為佐證，說明國民黨不可能不知道，蔣經國更不可能不知道，相反地是全盤地掌握，甚至我們可以這麼推斷，國民黨是產婆，產房就在戒備森嚴的自家圓山飯店，生出一個嫡系的民主進步黨，好把施明德之前絕食催生的海外私生子「台灣民主黨」阻擋在海外。直到今天，民進黨上上下下每每想要把這一樁「怪」事說清楚講明白，就會落得越描越黑的下場。

鐵金剛這麼說：「回想起來，除了與國民黨有關的國際性會議以外，圓山飯店開放給外面的團體前去開會，尤其是非國民黨的黨外團體，那次是破天荒的第一次。當時我們也沒有多做猜想，直覺的就認為上面會有那樣的安排，一定有他的道理。而且在正式開會的前幾天，我們就接到上面來的命令，內容大致上是說：黨外人士在圓山飯店開會時，不管裡面發生什麼事，我們都不能插手，我們負責外面的門禁，對於沒得到准許、要從外面進去的人，一定要加以阻擋。一般有重要會議在圓山飯店召開時，都是由我們警衛隊負責佈置場地、安全檢查、以及鋪設音響和錄影設備的線路，這些工作一定都是由警衛隊從頭到尾完全親手負責，絕不假手於他人，即使是調查局的人都不准插手。我們當時被分派去佈置的錄音、錄影設備，都是相當公開的，錄音和錄影的地方，是在圓山飯店的地下室的警衛室，能在圓山飯店開會的人或團體，一般都是跟國民黨有關係，而且也一定是相當重要的人物。到場開會的人，看到現場的錄影設備，當然也都一定都會了解到，現場所有的開會情形，都會有錄音和錄影的紀錄存檔。這一切得拉線佈置工作，至少都是在兩天之前就要開始安排，佈線、測試、檢查等工作，一定要事先反覆的檢查，以確認正常無誤。

民進黨組黨當天，由總統官邸警衛隊負責在圓山飯店裡外佈崗，當天早上七點多我們已經就位完畢，一直到下午組黨完成後才完成任務。當天我們都是穿便衣，身上佩帶著一個梅花當標記，完全不攜帶任何武器或通訊器材，以免暴露真實身分。而且每當有外面團體要前往開會時，現場服務人員，一定都會全部改由警衛隊的人去擔任。」[155]

《衝破黨禁1986》一書裡，常常出現一些令人啼笑皆非的幼稚話，像游錫堃說：「組黨是黨外人士多年的夢想。」我不知道他所說的黨外人士是誰，但絕不是施明德。我們可以說，禁止組黨剝奪了所有對公共事務懷抱著夢想者的實踐手段，就像你沒收了盧梭的紙與筆，敲碎了羅大佑的吉他，切斷了蕭邦的手指頭。商人可以說，開一家公司是他的夢想，很多商人是如此，他們沒有除了賺錢以外的特別想法。但，組黨絕不能說是一個追求自由、平等、人權

155 白瑄，《全民公敵調查局》一九九九，台灣之聲，台北。p.143。

和民主者的「夢想」，這樣太膚淺了。雷震並不是把組黨當作夢想，組黨是為了打破國民黨壟斷政治的局面，雷震與殷海光心懷更遠大的抱負。沒有抱負為何要組黨呢？施明德組織「沒有黨名的黨」是實踐他政治抱負的具體行動之一。黨，是為了組織人而已，與夢想沒有關係。極權統治就是把人原子化、孤立化，以壟斷政治獨佔權力。組黨是在反抗這種人被孤立化、原子化的局面。當領袖們被關進牢裡之後，黨外人講起話經常荒腔走板。只有像商人一樣想法的政客，才會說把組黨當作一個夢想這種話。

至於，民進黨喜歡引用蔣經國的機要室主任王家驊在三十二年後說：「民主進步黨組黨成功那天，蔣經國並不曉得；圓山飯店組黨大會當天，經由我向蔣經國報告，蔣經國才知道。」來鞏固蔣經國事先不知情的「建黨神話」，這種說法騙騙小孩也許行得通，但面對歷史是沒有效的。坦白講我認為王家驊說的是「他自以為的實話」，那是他個人片面的感知，可是他說的話與蔣經國是否知情這個事實無關連性。何況那個時代掌握一切的人是蔣經國，不會是王家驊。蔣經國的警衛隊都奉命去「佈置」圓山飯店，蔣經國會不知情？要問的是為什麼蔣經國選擇圓山飯店，我的判斷是圓山的佈置可以由他自己的警衛隊控制情況會比較單純，為了防止特務的背叛，他手下掌握的特務體系至少有五、六個，而且是單線指揮，各自為政，互相競爭，甚至勾心鬥角，圓山剛好不是任何特務機構可以插手的地方，只由他的警衛隊直接控制。民進黨組黨前夕恰巧發生了幾件事，其一蓬萊島案宣判，陳水扁、黃天福和李逸洋入獄。其二國民黨以張德銘控告鄭南榕妨害選舉的案子為理由，在六月二日逮捕了鄭南榕，背後真正的原因是他參加了許信良在美成立「台灣民主黨」，是台灣第一號黨員，當然也因為他是不可控制的桀驁不馴之徒。國民黨的這一些作為，非常可能為單純化讓調查局系統的特務充分掌握組黨的形式與人事安排，排出他不能控制的意外因素，讓事情盡如上意地進行。「上意」就是統治者認為既然政治改革開放已到了勢不可擋的階段，至少「反對黨」一開始必須完全是我們可以掌控的人。

情治檔案至今都不完整公開，研究者就加倍辛苦，得像一個偵探般冷靜地抽絲剝繭絞盡腦汁，辯護律師裡面有誰被統治者認定是可以「掌控」的人呢？江鵬堅和謝長廷本來就是調查局的人；康寧祥呢，也許黨外時期，也許在美麗島事件時，國民黨公然選擇不逮捕他，他往後的人生，雖不用蹲監牢也等於被囚在無形的牢裡了。國民黨這種控制人的手法，自二二八以來在非常多人身上用過，非常有效。天下還有什麼比這種方式控制一個公眾人物更有效。表面上看康寧祥被放過，但他就像簽了賣身契一樣，他的自由完全掌握在統治者手裡了，他活在國民黨不只隨時可以抓他，也隨時可以讓他身敗名裂的憂慮裡面。周清玉說：「美麗島高雄事件發生後，當報載美國在台協會主席David Dean來台灣，要接見受刑人及家屬時，我就去找康寧祥請他安排引見，結果他當面回絕：『人家哪有時間見你們？』我愣住了，只能含淚回家。」[156]康寧祥心情想必也很糟吧！

156 王曉玟，《衝破黨禁1986》二〇二一，圓神，台北。p.243。

沒有黨名的黨

施明德生於一九四一年日治時代，在家門前見證了高雄火車站前的二二八大屠殺。最高學歷陸軍官校砲科專修班，當初決定唸軍校就是為了軍事政變推翻蔣家獨裁。特務密佈的時代，他尚未發動行動就被逮捕，一九六二年以「台灣獨立聯盟案」被判處無期徒刑。第一次坐牢的十五年當中，除了自己被偵訊刑求的經驗，見聞許許多多的政治案件，聽過各式各樣偵訊刑求的過程和政治犯悲慘的家庭故事，一九七五年蔣介石過世舉行全國大赦，他才從無期徒刑被減為十五年。一九七七年六月十六日，家人簽了一張保結書，自己也簽了一張保證書後出獄，獄外自由的空氣裡依舊是特務這股老味道。往後九百三十六天生活在監獄外的日子裡，除了逃亡的那二十六天，真正地稍稍擺脫了特務，他都活在特務的監視之下，養的狗礙著特務監視工作就被特務毒死了；過節想出門吃飯攔不到計程車，乾脆回頭邀特務一起，就有便車可以搭；特務為了誘導他不要「反政府」，乾脆幫他好做人生規劃：其一、你既有外國女友，你出國留學，國家付錢；其二、你喜歡研究，給你政大國關中心研究員的位子和高薪。他都只回答：「我再想想。」依舊繼續作他認為該作的事。

美麗島軍法大審，特務偵訊結束，收到起訴書之後，他原本是請不到律師的，而他其實無所謂[157]。他一心一意只在乎「能否公開審判」。他想要把自己用一生的時間所思考的關於「台灣」、「台灣人」、「外省人」的出路與未來，以及他主張在這塊土地上子子孫孫生活的理念：人權、自由、平等，都寫下來，在法庭朗讀出來。偵訊後，他開始拼命寫，這篇文字長達六萬字[158]，從他父親在美軍轟炸的日子裡，給他講什麼是一個悲情的殖民地寫起。最後陳述庭開庭那天（一九八〇年三月二十八日），中午休庭時他才震驚地得知林義雄家的「二二八」滅門血案。他沒有聽錯，是第二次的「二二八屠殺」！許多無知的外省人與本省人都對那特別的一天無感，但心裡有悲痛，有歷史記憶，有聽過禁忌的人，都知道那是統治者多麼邪惡的殘暴，想要掀起多深的「恐懼」的攻心之計。

於是，他放棄宣讀，只說：「請判我死刑，我請求，我請求。」

「這份『一個奉獻者的最後剖白』，相當於我的政治遺囑。本來是要在『審判程序』進行到『最後陳述』的階段時，當庭朗讀的。沒想到就在將要宣讀之前兩個小時，我聽說『林家滅門慘案』已發生了。我受到強烈的震撼。從那匕首縫隙飆出的鮮血，有如來自我的動脈。

我疲倦、虛弱得只有放棄宣讀這份文件，並把它直接遞交『國民黨法庭』，好讓來日由歷史法庭參酌。」[159]

天主保佑，施明德這樣一個視死如歸的人又一次在獨自一人對抗蔣氏父子的審判裡，再

157 施明德，《軍法大審：施明德回憶錄Ⅲ》二〇二二，時報出版，台北。p.254-271。
158 施明德，《施明德的政治遺囑》二〇二二，時報出版，台北。
159 施明德，《施明德的政治遺囑》二〇二二，時報出版，台北。作者識。

一次贏回自己的一條命。第二次被判處「無期徒刑」家人全都喜極而泣，同房獄友皆曰：「恭喜」。一九六四年的軍法審判能賭贏一條命，靠的是在秘密法庭裡，當著唯一獲准出庭的媽媽面前，從嘴裡掏出被刑求的證據——「一副全口假牙」，媽媽激動地當場崩潰聲嘶力竭地吼叫哭泣不止：「我二十一歲的兒子進去時好好的，怎麼被你們弄成這樣……嗚……嗚……」法官驚慌地宣布休庭[160]。那是他密謀許久的對策，長期在監獄中對誰都不動聲色，出奇不意地突擊成功，二條一唯一死刑變無期徒刑。

第二次「叛亂罪」審判，他對特務行徑已有更多了解與領悟，他對偵訊過程特務手法經驗豐富，加上逃亡時期消息靈通，對外界局勢能掌握，這一切都幫助他思考與作出判斷，他不懷任何僥倖心，一心一意只盼望能「公開審判」，他認為那是他唯一的祈求，他渴求向台灣人民真真切切地「說出心底的話」，他想要拿出自己的一切來「鼓舞台灣人民」不要再害怕。

心裡害怕的人最大的問題就是「搞不清楚狀況」，恐懼使他們盲目，更容易為人擺佈。恐怖統治運用的就是這一套古老的人性弱點，套用現在的話這叫做「情緒勒索」。離開這個恐怖的輪迴，沒有巧門，只能靠自身勇敢地覺醒。

寒冷的二月裡我讀完這一本即將出版的《軍法大審》[161]初稿，總共三十多萬字，使我深信沒有人比他更了解「特務」的本質，就連特務都未必如施明德般了解特務，因為特務不需要仔細反覆反省思索「自己是誰」、「行為動機」等，施明德卻需要絞盡腦汁搞懂特務心思與行為，

---

160 施明德，《死囚》〈一副假牙〉二〇二二，時報出版，台北。

161 施明德，《軍法大審：施明德回憶錄III》二〇二三，時報出版，台北。

那是他牢裡牢外賴求生存的不能不面對的因素。他兩次戰勝特務體系對他羅織的死亡陷阱，如果我們稱「無期徒刑」也是一種勝利的話。

美麗島軍法審判之後，黨外政壇出現一批新貴：「義務辯護」律師，綠島則迎回一個老政治犯：施明德。所有的美麗島被告當中，只有他一個人被遠遠地丟到火燒島「隔離起來」，家屬與社會都難予關心和靠近。通信與接見都受到非常嚴格的限制，在政治犯已經被限縮到只能跟親屬通信的違反人道規定之下，施明德竟不准與妻子艾琳達通信（這種殘酷的隔絕直到解嚴才放寬）。國民黨處理完給國際社會交代的審判，打點好給人民洗腦的媒體，安排好知名度竄升的辯護律師，他們又高枕無憂地運行他一貫的高壓特務統治，照常監視騷擾家屬與黨外支持者，照舊刑求逼供不小心又致死一個異議份子（一九六六年有遭調查局繩刑至死的沈嫄璋[162]、一九

162 沈嫄璋（一九一六～一九六六）二二八大屠殺之後，《台灣新生報》副總編輯周自如介紹沈嫄璋到《台灣新生報》任職。二二八之後的一波大整肅，新生報的總經理阮朝日、總編輯吳金鍊、台中分社記者陳安南、嘉義分社主任蘇憲章、高雄分社主任邱金山、高雄印刷廠長林界等臺灣籍職員都被處決，國民黨急需安插一些外省人進去。沈嫄璋當記者，她的丈夫姚勇來當編輯。

一九六四年，蔣經國為部署接班，為了掌控情治單位，在調查局內部先進行整肅鬥爭。沈之岳接任局長，蔣海溶一派被鬥倒失勢，《新生報》也受連累。

一九六六年，姚勇來夫婦被逮補，堅毅不屈不肯誣咬蔣海溶、李世傑是共產黨而遭刑求。沈嫄璋被扒光全身的衣服，「在房子對角拉上一根粗大的麻繩，架著她騎在上面，走來走去。沈嫄璋哀號和求救，連廚房的廚子都落下眼淚。那是一個自有報業史以來，女記者受到最大的羞辱和痛苦，當她走到第三趟⋯⋯」私處血流如注，最後死在留置室。調查局對外宣稱沈嫄璋畏罪自殺，再將沈嫄璋屍體布置成自縊狀。學過醫的姚勇來如此寫下妻子的死狀：「沈嫄璋右頰骨下有巴掌大的紫青，嘴巴微張，嘴唇發黑，舌頭未露出，左頸下有明顯勒痕⋯⋯一切都指出她不是自縊身亡，而是被刑求致死。」姚勇來被押去為亡妻更衣、化妝。黑夜裡下起滂沱大雨，像一曲悲涼的送葬曲，護送著沈嫄璋屍體被軍車載到六張犁公墓埋葬。

八一年陳文成被警總刑求致死[163]），也不改習性地派黑道殺手恐怖暗殺（從二二八開始到一九八四江南命案，我們至今不知道其中有多少案子。施至成，一個可能是施明德先生同父異母的哥哥到底是失蹤還是暗殺，迄今未明。）

163 陳文成（一九五〇～一九八一）卡內基梅隆大學統計系助理教授，美麗島時代曾自美國打電話給施明德表示願意贊助美麗島雜誌社，該越洋電話被警總彩虹專案監聽到。一九八一年他自美返國即被警總約談，之後陳屍在台大校園。這不是一件懸案，這是一件被警總刑求致死，然後佈置成自殺的樣子，來掩護警總的惡行。施明德多次提出他的判斷，他說：「警總抓人有很多方式，但放人只有兩種，請你的家人來保釋你，把你帶回家交給你的家人，不可能有第三種。」警總的說詞和鄧維祥的偽證都不可信。鄧維祥是否是特務，誰能證明不是？陳文成的父親陳庭茂表示，一九八一年六月二十七日，蕭裕源醫師請陳文成吃晚飯，蕭是陳在密西根大學的室友，陳文成回來後，「曾對素貞（陳文成之妻）表示這頓飯吃得不愉快」，陳文成說：「蕭裕源請我們吃飯，怎麼還找那兩人來。」那兩人指的是鄧維楨、鄧維祥兄弟，前者是當時《政治家》雜誌的創辦人，後者正是陳文成命案發生後，自稱最後看到陳文成的人。

台灣民主黨

謝長廷控告我的訴狀裡，有一段我讀來極為有趣又荒謬的文字：「惟民進黨建黨時，施明德尚在服刑，既未參與也不知實際建黨經過……」有趣的是「用詞」部分，一個人選擇什麼樣的詞，表達出他潛意識的立場與想法，比如時下人們常計較你稱「中國」還是「大陸」，謝長廷使用「服刑」而不是「受難」，其實根深柢固地透露出其真實的特務「立場」。沒有頭腦清楚的「黨外」在美麗島事件之後，也沒有立場堅定的「本土派」在現在會稱呼政治犯在「服刑」，政治犯在「受難」，政治犯不是罪犯。「服刑」這兩個字正表現出謝長廷的「真實」。而荒謬之處在於：「**惟民進黨建黨時……既未參與也不知實際建黨經過……**」這些文字出自謝長廷，表示謝長廷自擔任姚嘉文的辯護律師打入黨外陣營以來，不論在情感上與命運上對黨外的歷史與傳承與黨外的政治主張，其實是沒有認同感的。很顯然地，謝長廷對台灣歷史的反對勢力傳承是陌生的，又或者故意裝糊塗，二二八菁英的政治主張，政治建設協會就是組黨的腳步，雷震先生雖然被「知匪不報」實際上卻是為組黨坐牢，施明德在法庭上就明說了美麗島雜誌社本身就是一個沒有黨名的黨，他對這些真的「無知」嗎，還是總是站在對立面來看待？因為在美麗島事件之前的恐怖的年代，他根本不在這個陣營裡，也不關心人民和公共事務，只關心自己從事的神秘事業。而這一句指控施明德「既未參與也不知實際建黨經過」，也正好坐實了他自己特務的身分，因為「被人牽著鼻子走的人」不在真實的狀況中，常會用這種方式「截斷歷史脈絡」的方式事後為自己「辯解」。明眼人都看得出這是一種無效的技術辯解，因為早在美麗島大審，施明德就以視死如歸的姿態宣告美麗島雜誌社就是「沒有黨名的黨」，表白了自己是個怎麼樣的人，陳述了他主張「台灣是一個主權獨立的國家，事實上台灣已經獨立三十年，她的名字叫做中華民國」，他還提出了台灣政治未來的方向：解除黨禁、報禁、戒嚴令、廢除萬年國會，使得這些台灣主要的政治議題都不再是美麗島事件之後的黨外或者蔣經國政權能迴避的具體政治課題，歷史已經為我們證明這些，不用在這裡費筆墨爭辯。美麗島政治犯被關入牢裡之後，黨外的支持群眾難道是謝長廷、陳水扁這一批律師靠法庭上無聊的法律辯論獨自號召出來的嗎？所以，關於後來的組黨，施明德因為組了一個沒有黨名的黨被關進牢裡，所以「**既未參與也不知實際民進黨建黨經過**」，他今天就沒有說話的餘地嗎？或者不存在民進黨建黨的歷史裡？

奇怪的是彷彿謝長廷又是知道的，他曾在一次受訪時表示：「建黨時候也一樣，那時候我們可能『被發現』，可能發生意外，可能會跟雷震、跟『美麗島』一樣，所以我們當時的十人小組，沒有人洩密，度過很多難關。」[164]真令人傻眼，建黨怎麼可能不被發現？又不是要「恐攻」或者「秘密結社」需要嚴加保密。建黨也不是開車上高速公路，沒有「意外」會發生？一

164《珍藏美麗島II：沒有黨名的黨》新台灣研究文教基金會（現改名為施明德文化基金會）美麗島事件口述歷史編輯小組，一九九九，時報出版，台北。p.374。

個真正的政治工作者，在極權統治下爭取任何權利，「發生意外」是不曾出現在腦袋理的念頭，或說不會使用的思維方式，他們不會說「發生意外」，因為他們考量任何政治行動，都是針對要「觸怒當局」或「挑戰禁忌」，是干冒著生命危險，結果是受難與否，不會叫做發生意外。真教人無法想像怎麼在特務眼裡，「雷震組黨」與「沒有黨名的黨」居然被叫做「發生意外」。

何況在民進黨自己出版的書《衝破黨禁1986》上都明白地整理並記載，組黨並不是一件秘密：

八月三十日：「新潮流雜誌在吉林國小舉辦『組黨說明會』。」九月十日：「蔣經國召見許勝發（中央政策會副秘書長），詢問對未來負責溝通的作法與觀點，並指示今後的溝通政策。」九月十三日：「國民黨溝通代表梁肅戎、許勝發拜訪黨外溝通代表費希平。」[165]這表示了國民黨完全知道「組黨這一件現在進行式」。

九月二十八日在圓山飯店時，當時的謝長廷回答記者關於組黨的提問，立刻輕鬆地回答：「我們已經準備三十年了。」[166]這是他最拿手的，拿一把俐落的沙西米刀馬上收割了三十年來從雷震到美麗島政團的犧牲與奉獻的果實，謝長廷其實心裡非常明白，什麼是組黨，哪來的什麼「秘密」與「洩密」呢。可謝長廷又很愛無釐頭地說：「如果施（明德）先生，他能夠證明（我洩密），我跪著跟他道歉，沒有的話，我建黨，我知道的秘密，我是十人小組的主要成

165 王曉玟，《衝破黨禁1986》二〇二二，圓神，台北。p.159。
166 王曉玟，《衝破黨禁1986》二〇二二，圓神，台北。p.99。

員，都沒有洩密了，他們現在講說我是內線、線民，這不合邏輯嘛！」[167]蔣經國都派人要來開協調會了，蔣氏政權特務統治台灣都邁入堂堂四十二年了，內線細胞早已密佈台灣甚至海外台僑，怎麼會獨漏在台灣的所有的黨外組織呢？這是不能想像的事。《衝破黨禁1986》一書都自己「第一次」揭露了，獨裁者連國民黨自己的高層人士也要特務嚴密監視：「情治單位綽號『老黑』的余紀忠受到嚴密的監視，除了往來的信件和電話都被監看外，連家中和辦公室紙簍裡的廢紙或紙屑，都會被警總一一翻出檢查。」[168]在這種恐怖的天羅地網之下，「正常人」沒有人敢，也沒有人能夠，拍胸脯保證自己沒有被監視，沒有「洩密」，恐怕只有「站在監視方的特務」能有這樣的「自信」認為自己不可能「洩密」。這個邏輯很簡單，只有特務本身才可能沒有「洩密」的問題，秘密的情資原本是他們的「工作」。這也是一個很簡單的立場問題，自古以來都考驗著想要發跡的人，也都為難著每一個時代的每一個重要關鍵時刻的「猶大」。在我的記憶中，在我接觸過的美麗島時代的黨外人士和後來的民進黨人當中，我從沒有遇過任何一個人，像謝長廷這樣講出「誰能證明我洩密」這種「怪怪」的話。怎麼說呢，以前的黨外，只要是頭腦正常的工作者沒有人相信身邊沒有特務，只是不知道在哪裡又是誰，大家心中擔心的是「是否不小心講了什麼不該說的」或自忖「到底什麼不該說」，或「不該對誰說」，但沒有人使用「洩密」這個字眼。因為對一個從事「體制內」對抗獨裁的政治工作者而言，沒有秘密可言，一切都是要公開佈達給人民的，這才是他們要做的事。在美麗島事件之前那個更危

167 TVBS新聞網：〈謝長廷駁「抓耙仔」若有跪施道歉〉記者郭岱軒、潘彥瑞／台北報導。

168 王曉玟，《衝破黨禁1986》二〇二一，圓神，台北。p.113。

險的時代施明德回憶說：「依照姚嘉文的解釋，那個階段我們是『只怕別人不知道我們在做什麼，不怕別人知道我們在做什麼』。」[169]

169《珍藏美麗島II：沒有黨名的黨》新台灣研究文教基金會（現改名為施明德文化基金會）美麗島事件口述歷史編輯小組，一九九九，時報出版，台北。p.80。

洩密

針對這個經常在回顧歷史時被混淆的問題我覺得非常有必要申論兩個概念：革命與組黨。它們在台灣的歷史脈絡裡，經常被說話者胡亂使用，這明明是兩個完全不同的概念，論述者卻經常混淆，不知是故意或是無知。首先得釐清他們最根本的差異，革命是走體制外路線，組黨是循體制內路線。比如一九七〇年泰源監獄起義是革命行動，是一群被監禁的政治犯所計畫的自殺式革命行動，目的是向台灣人民以及國際社會表達台灣人的心聲，台灣人民是獨裁者的禁臠，但我們有不同的心聲——台灣是一個獨立的國家已經二十年，不管用一中一台，或兩個中國，台灣人要留在聯合國[170]。

根據起義政治犯的計畫，外役政治犯制伏警衛連後，開門讓牢房裡的政治犯出來，然後開卡車下山，爭取在國民黨派軍隊到達之前，佔領台東電台，向全世界廣播擬定好的台灣獨立宣言和台灣人的心聲，然後從容就義。唯一他們想留的活口，是事前不知情的柯旗化，他個性敏感容易緊張所以不事先告訴他，但他是正直善良又精通外語，當初計畫抵達台東成功

170《無法送達的遺書》二〇一五，衛城出版，台北。

時先劫漁船送走柯旗化，讓他偷渡到沖繩島，然後才去佔領電台。這是一場計畫好以全軍覆沒為代價的革命行動，也正是他們這一場革命最令人動容之處。

革命事敗在起義的六個外役當中一人沒能即刻殺死一名獄卒，導致事跡敗露，沒能照計畫打開牢房放出其他政治犯，他們隨即攜械逃亡。在官方眼裡，他們被宣傳成監獄暴動，而對其他涉入行動計畫的泰源政治犯來說，這一件事從此成為他們之間的「禁忌話題」，因為叛亂的追訴期長達三十年。連一九九七年的時候，基金會給施明德先生做口述歷史，問到泰源革命他只願意點到為止，直截了當說追訴期還沒有過，他不願多談細節。後來，我在陳儀深作的口述歷史裡，聽到許多無稽之談，比如有人懷疑施明德「洩密」？說施明德在「爭領導權」？這些無恥的栽贓和惡意的歪曲。當年的政治犯們後來是否都腦袋不清楚了，還是心術不正，或是被洗腦？我不知道。誠然把一樁自己曾參與卻來不及行動的偉大行動當作八卦來聊，是受訪者經常犯的歷史認知錯誤，可是作為一個專業的歷史研究者，最起碼的判斷力還是應該把持住，不應該犯這種概念上的基本錯誤，任受訪者牽著走。

一個歷史研究者對時代背景、歷史事件以及人物，要先有基本的認識，才能辨明受訪者口述的意義、錯誤與疏漏。關於「泰源起義」，第一、這個起義行動若有人「洩密」在先，則行動根本沒有「發生」的可能，讀者必須明白泰源是一座政治監獄，只有政治犯關在其中，起義的行動者是非常容易控管的囚犯，只要有人事先「洩密」，監獄能做的措施太多，根本沒有可能有起義的空隙。當初他們選擇大年初三（一九七〇年二月八日）起義，考慮的就是過年期間警衛連的人最少也最鬆懈。想像一下我們看過的納粹集中營電影，泰源監獄就是那樣的情景。泰源起義行動一展開即告失敗，五烈士依約定展現偉大的情操慷慨赴義，沒有洩露任何一名其他的參與者。第二、施明德爭領導權？這些政治犯老了之後就忘了初衷，改變了說法，中傷沒有在人生裡妥協的人。我之前提起過，這是一樁「自殺式」的革命行動，他們行動的主旨在於「宣傳台灣人獨立的心聲，留在聯合國的決心」，並不是如國民黨所言是越獄暴動。

所有的政治犯都明瞭，泰源是一座監獄，可是台灣島嶼也只是一座更大密不通風的古拉格群島，這事他們比所有其他在監獄外醉生夢死的台灣人都更心知肚明。他們一旦越過泰源監獄的鐵幕之後，實際上是以光速燃燒自己的生命，抵達死亡的終點站，請問哪裡來的領導權好爭取呢？況且，在人的歷史上，革命行動的領導權不是也不可能是靠爭取的，這是一樁殺頭的事業又不是平時謀求一官半職的選舉。人類社會有各式各樣的爭領導權的規則，但革命行動領袖的形成，與人類其他組織類型截然不同，革命行動勢必面臨的高度危險與巨大壓力，它所要求的不是社會在一般時刻的領袖特質，而必須是一種超凡的魅力與特質，關於這一點社會學家韋伯曾用領袖魅力Charisma這個字來說明。

在人類的歷史裡這種極特殊時刻，沒有人認為革命領袖是一種爭取來的領導權，革命領袖靠的是一種渾然天成的領袖魅力。起義當天施明德特意穿上軍服的舉動，多年後被其他目睹這一幕的政治犯形容成「爭領導權」，其實這也多少顯現了實情，施明德是有備而來的，當年他被捕時是一名少尉軍官，而軍服是他唯一像樣的衣服，可是，不要忘記，他準備的是去「赴死」，怎麼會是爭什麼領導權呢。事實證明，十年之後，他又「依約」再一次以「赴死」之姿站上美麗島軍法大審，站在全世界面前，演說了一篇「致死」的宣言。然而在他「活下來」之後的今天，難道我們可以評論歷史說：「施明德當初是在爭領導權？」這未免太荒唐，持這樣說法的政治犯真是壞心腸的敗類。

台灣歷史學者作口述歷史這樣做，實在讓歷史學界太丟臉，此人還步步高升，現官拜國史館館長。台灣人缺乏歷史意識的嚴重程度，已經病入膏肓到認不得什麼是歷史裡人類在死亡邊緣高貴的表現了嗎？而其中一個認為施明德在泰源革命爭領導權的叛亂犯之一高金郎，正是後來告密施明德領取獎金者，也是後來對控告施明德毀謗的同一個人！

雷震海光

組黨與祕密結社革命團體不同，則完全是另一套邏輯。組黨是在體制內提出改革要求，要與執政黨在體制內從事合法的競爭，是一種公開的倡議，目的是要更多更多的不知名大眾參與把他們組織在一起，而要組黨的人怕的是別人不知道，而不是怕「有人洩密」。**組黨基本上是公開向統治者討回被回收的政治權利的活動，而且是公開地討回，因為「參政權」是無法秘密行使的**。組黨不是一樁革命行動或恐怖行動，需要秘密地進行，出奇不意地攻擊或者佔領。組黨，就是要光明正大地爭取公開政治活動的權利而已，何來秘密？人類歷史上的革命行動因為往往牽涉「不合法」的手段，而需要保密進行，但組黨是完全合情合理合法地在向掌權者討回被扣留（例外狀態：戒嚴法）的權利，這權利不是要推翻政府，而是要爭取「參與」政治的權利，根本不能也沒有秘密的必要，也沒有辦法秘密，因為秘密就不是在組黨，也不可能有任何進展了。一九六〇年，雷震主張「反對黨是解決一切問題關鍵之所在」，五月十八日非國民黨籍人士舉行選舉改進檢討會，決議組織「地方選舉改進座談會」，隨即籌備組織中國民主黨，他因此坐牢十年。當年國民黨才不願意以「組黨」之名逮捕他，而是給他羅織了一個「知匪不報」的罪名。蔣介石心裡的盤算是用「匪諜」案抓雷震，既可以收「震懾」其他組黨人士之效，他們摸摸鼻子就不會在搞下去了，又可以避免讓媒體和社會認為「反對的聲浪」被打壓了。沒有喔，是抓「匪諜」，不是抓「反對派」喔。這就是殷海光說的職業的「指鹿為馬」。

施明德出獄後和陳菊一起拜訪前輩雷震，雷震除了告訴施明德自己出獄後還是被監視得厲害，日記也被沒收，但不忘叮嚀：「施先生，黨外最重要的事情還是要組黨，大家才能團結起來，雖然是有一點危險，但還是要去做，否則民主沒有希望。」[171]施明德回覆：「我會去做。」

後來施明德在口述歷史訪問時表示：「**辦雜誌哪裡需要設各地服務處？國民黨當然也知道，反而是內部的人比較搞不清楚。我知道用雜誌社名義來辦，比黨外總部設立各地服務處還好。雜誌社成立後，總部就趕快收了。一個大的目標在那裡，就是『沒有黨名的黨』。**」[172]雷震與美麗島政團都付諸行動去組黨了，組黨沒有失敗與否，行動本身就帶來人心的改變，只是勇於犧牲奉獻的領導人受難入獄了。國民黨搬出「監獄」就是要群眾害怕，要跟隨者退出，但這些付出代價的受難者，一步一腳印，啟迪人心與匯聚思想，組織民眾，這種事只要走出去做了就算數了，倡議者雖被抓，但被組織者被啟迪者卻已經成為不一樣的人。懷抱理想付諸行動者的每一步都改變一點點一點點，有人犧牲，就有人因此被改變。是這些一代又一代的歷史承傳者，成就了一股綿延不斷的所謂黨外勢力。這些播種者，有一種氣魄，他們付諸行動，他們勇於犧牲，他們甚至沒有在乎過成就必須在自己身上，否則雷震為何交代施明德繼續努力組黨，否則施明德為何一個人在監牢裡以無限期絕食賭上性命，要求監獄外行動自由

171 施明德口述。

172 《珍藏美麗島Ⅱ：沒有黨名的黨》新台灣研究文教基金會（現改名為施明德文化基金會）美麗島事件口述歷史編輯小組，一九九九，時報出版，台北。p.280。

的黨外人士組黨？

艾琳達回憶起她和施明德的婚禮，她說：「我們的證婚人是雷震。他第一個講話，大概講了十分多鐘。我記得那一次看雷震的臉，好像發光一樣，非常愉快。他講出了心中的話，得到非常大的掌聲，真的很感人，這是他坐了十年的監獄，出來後，第一次在社會露面。最後我也講了一些話，然後施明德再講話。他講的很長，最後他說，我們不要忘記還在綠島的朋友，然後他還是流淚。」[173]那一次是雷震先生第一次公開露面，也是最後一次。恐怖統治下台灣社會的無情和特務們的嚴密監視，許多政治良心犯都終身沒有出獄，他們只是從一間很小很小的牢房換到一個很大很大的牢房而已。雷震的兒子雷德寧先生接受國史館訪問時說：「父親出獄後，一直受到監視，當時我們住在木柵，對面有一間小房子，情治人員要那裡住戶搬家，還在我家附近裝了三個大型的照明燈，可以就近清楚地監視所有人員的進出。這對我家也有好處，小偷就絕不不敢來了。此外，父親常去外面散步，有時不小心掉了帽子、圍巾之類的小東西，那些跟監的情治人員還會幫忙撿回來，放在門口。施明德和艾琳達結婚是由我父親證婚的，當時父親和情治人員大玩捉迷藏遊戲，才得以趕到會場。」[174]

人常在不同的時代裡或遙遠的地方遇到知己，讀一本古人寫的書常常讓人有這種感受，或是在別的國度裡發覺經歷相仿的人比生活在身邊自己的同胞更能了解你。多年後，我發現，雷震先生與殷海光先生和施明德先生在想法與理念上很合得來。他們對他們所生活的世界都

173 《珍藏美麗島II：沒有黨名的黨》新台灣研究文教基金會（現改名為施明德文化基金會）美麗島事件口述歷史編輯小組，一九九九，時報出版，台北。p.61。

174 國史館，《雷震案史料彙編：雷震回憶錄焚毀案》二〇〇三，國史館張炎憲，台北。p.399。

有敏銳的觀察的深刻的思考，並且他們付諸行動的道德義務感都很強烈。基於不同的命運安排，他們都被關在這個恐怖的蕞爾小島，殷海光先生是這樣描述的：

「近十幾年來，國民黨核心人物，使出渾身力量，實行『加緊控制』，他們是否收到什麼效果呢？從一方面看，他們確實收到一時效果。在這個小島上，他們確實曾收買了一些無思想無原則唯利是圖之徒。他們正在同大陸掌握政權時代一樣，在台灣把有人格有氣節有抱負的人很有效率地消滅殆盡了。他們控制了一群以說謊造謠為專業者。他們控制著一群藉著幫同作惡以自肥的人。他們控制著藉唱萬歲而飛黃騰達的人『聰明人』。他們製造了成千成萬當面喊擁護口號的政治演員。他們還控制著台灣一千萬人的身體。然而，除此之外，他們還控制著什麼能？」[175]

在這樣的一個完全被控制住的島上，殷海光沒有封筆或住嘴，就連窮得付不出醫藥費時也沒有屈服。雷震先生跟著國民黨來台灣，官拜國策顧問卻不肯繼續乖乖作官，跑出來辦《自由中國》雜誌，他的夫人宋英說：「他們是房子越住越小，車子越坐越大。」雷震先生得從木柵坐公車到自由中國雜誌社上班。我想雷震先生與本省人李萬居和高玉樹能溝通的很好，也許因為是他也是留學日本，是京都帝國大學畢業的關係，他們可能能用日語溝通。總之，他在他的時代，做了他覺得應該做事：與台籍地方菁英共組「中國民主黨」，他因此被抓起來。蔣介石政權對全民表演了他最拿手的那一套「指鹿為馬」的戲，「是什麼」就說「不是什麼」，「不是什麼」就說「是什麼」，「略過」雷震組黨一事，雷震被判刑是以「知匪不報」和「以文

175 殷海光，《殷海光全集10：政治與社會（下）》二〇一五，台大，台北。p.1204。

字為匪徒做宣傳」被判十年。這個「匪諜」叫做劉子英，是自由中國的編輯。奇怪的是，跟他組黨的李萬居和高玉樹都沒事，繼續做一那種飛黃騰達的「聰明人」，他們是永遠的幸運兒，無論身邊發生什麼大事，二二八也好，蘇東啟案[176]也好，他們都照樣閃得過。國民黨這種玩弄「匪諜把戲」玩過很多次，像余登發之於自稱「我是真匪諜」的吳泰安「知匪不報」，還有想要咬住黃信介的「匪諜」洪誌良。蔣氏政權把政治上的反對者抓起來關，是不會明講的，他們喜歡用「匪諜案」來辦反對者，目的在於讓社會看不到有反對者，只看到「匪諜」，一方面讓人民以為一片祥和沒人唱反調，一方面製造自己是共產黨的受害者形象，以鞏固「反攻復國」的政治謊言。

雷震一九七〇年出獄，聯合國支持中華人民共和國的國家越來越多，蔣介石政權在聯合國的地位岌岌可危，雷震很清楚地表達，「兩個中國」的立場，甚至建議將國號改為「中華台灣民主國」。這跟還在泰源監獄裡蹲苦牢的一文不名的無期徒刑政治犯施明德的想法不謀而合，他認為「一中一台」或「兩個中國」都可以接受，台灣人一定要留在聯合國，為此他和一群政治犯在泰源監獄發動自殺式的監獄革命，計畫佔領台東電台，只為表達這樣的政治訴求。現在，當「台獨」變成一股時髦的風潮之後，硬要把這件革命講成一樁「台獨革命」，未免離歷史真相太遠，戴上一把台獨眼鏡，在歷史裡想「刪除」什麼嗎？這一場革命有他的歷史背景與偉大之處，現在的人不能理解「一中一台」或「兩個中國」都是時代裡某種合宜的現實的「台

176 曾熱心支援雷震籌組反對黨的雲林縣議員蘇東啟，於雲林縣議會提議要求蔣介石釋放雷震並獲得全數通過，而成為國民黨眼中釘。一九六一年蘇東啟因計畫以武力號召台灣獨立，而遭警總軍法處判處無期徒刑。高玉樹也被調查，但都沒事。就像美麗島事件時的康寧祥。

獨」主張嗎？一種幼稚的、沒有內涵沒有論述的台獨口號，才是國民黨最歡迎的。依照我現在看到的國民黨臥底美國台獨社團的檔案，這種空洞的「口號台獨」說是國民黨特務的置入，也不無可能，否則怎麼會如此無腦。長久以來這種口號派台獨連論述和分析「現實」都無能，問他們台灣現在的政治處境，是不是一個國家，沒有母國要如何獨立出去？他們的回答都在鬼打牆。然後，他們就用這樣幼稚的口號，反過頭來幫助國民黨「抹黑」、「羞辱」一個一輩子都在思考這個政治課題的施明德。

台灣人要搞清楚，台獨不需要理論大師好嗎，回想起來，黨外時期一推人在辯論這個「假」的政治議題，然後放著牢裡一堆「政治犯」不管，社會上都沒人打算真的營救，黨外只在有選舉時再講一講，因為對選票有幫助。黨外和海外台獨，越是把人與熱情都拿來倒進這個「虛假的議題」，國民黨就越開心，因為沒有人認真盯著當時真正切身的「政治課題」：政治迫害、戒嚴令、萬年國會……。不是說，他們沒有談這個，而是只要他們之中，每次談到真正的「政治課題」時，就要喊一下空洞的口號，讓內部出現矛盾；不然就是引來國民黨的反擊，剛好讓國民黨可以不用馬上面對他心中不想面對的真正的「政治課題」，那些逼迫國民黨釋放出權力的政治課題。我年少輕狂時也犯下不少類似的錯誤。

一個剛剛出獄的政治犯依舊心心念念國家的危急處境和政治課題，雷震先生〈救亡圖存獻議〉十章的內容是一個真正思考台灣一九七〇年「當下政治課題」並提出解決辦法的典範：

第一、從速宣布成立「中華台灣民主國」，以求自保自全，並安撫台灣人，開創一個新局面。按我的總意見，是「變法以圖存，改制以自保」也。

第二、請蔣總統任滿引退。

第三、國民黨應**放棄事實上的「一黨專政」**，實行真正的民主政治。

第四、減少軍費支出，健全軍事制度。

第五、徹底實行法治，保障人民自由權利。

第六、**治安機關應徹底改變作風**，並嚴加整飭工作人員，以免擾民、誣民、害民，而損害國家的聲譽。

第七、政府應**廢止創辦新報的禁令**，以求證明我們是真正民主自由國家，並以促成政治的全面革新。

第八、政府應簡化機構，實行全面節約，杜絕一切人力、物力、財力的浪費，全部用於經濟建設。

第九、**廢除「省級」制度**，以求行政組織能配合目前的現實環境。

第十、大赦政治犯，以冀收攬人心，增強團結。[177]

殷海光先生在雷震案之後，幾乎被取消了講學、出版和投稿以及所有一個知識份子能發光發亮和求生存的途徑。雷震先生出獄後的〈救亡圖存獻議〉台灣社會也無緣拜讀與討論，只留存在蔣介石一人的抽屜裡。施明德先生一九七七年出獄，他依舊繼續思考「當下的政治課題」，他寫了一本小冊子《增設第四國會芻議》，為這一本小書他又面臨被逮捕的危險，當然這本書也沒能流傳出去。在這本小書裡，施明德提出對他的時代最強有力的批判：「萬年國會」。我們來看看他當年自序中的一段文字：

177 薛化元，《民主的浪漫之路：雷震傳》二〇二〇，遠流，台北。

「我所以特別提到《台灣日報》的社論，不是由於她在基本立論上和我的看法一致，也不是由於她提及我的『第四國會』的新構想，而是由於她說明了至少已有一家大報正式加入要求解決『萬年國會』的行列！

作為一名真理與法治的信仰者，我不會在乎我的新構想是否能夠實現，我重視的是這項國是瓶頸是否能獲得實質意義的突破和解決。只要能達到此目的，任何方案與途徑我個人都熱烈擁護，竭力鼓掌！因為我確信此項問題的實質突破，對國家當前的處境與對國族的未來，都具有起死回生的作用。我心嚮往與繫念者，在此！

基于盼望獲得『實質意義的突破與解決』，我不得不再強調一點：近十年來決策當局所採取的以『增補選』或『元首遴選』方式增加名額的辦法，只是一種掩耳盜鈴、欺世瞞眾的手法！為什麼如此，本書第一、二、三、六章中已有詳述。謹懇求最高決策當局不要再依循這條惡名昭彰的所謂『增加名額』的醜陋『辦法』！否則，我們仍將陷於『在死巷的盡頭再加一節死巷』的絕境中！[178]

許一文[179]　一九七八年五月二十六日清晨」

言歸正傳，在沒有人相信國民黨特務不知道黨外要組黨的背景之下，為什麼謝長廷們要一直「強調」創黨過程國民黨情治單位都不知道？「強調」那些像小朋友捉迷藏的過程？彷

178 施明德，《囚室之春》〈增設第四國會芻議〉一九九〇，敦理，台北。p.176。
179 「許一文」是施明德在一九七七～一九八〇年間為了閃避特務追蹤時所使用的「化名」。問他為什麼？他說，他就是一個痛苦且一文不名的人。許的台語發音為「苦」。

彿台灣人建黨是一件躲貓貓遊戲的大成功？是一個抱著橄欖球第一個快速衝出達陣的比賽？是第一個秘密地衝破鐵蒺藜的遊行隊伍嗎？若不是他想要掩飾自己的「特異功能——特務身分」，怎麼也令人想不透到底為哪樁？謝長廷面對台灣歷史，必須對歷史交代的事，起碼有兩項。在那個特務無處不在的時代，最應該充斥特務的地方：第一、是能夠接近被告，操弄或影響被告的美麗島辯護律師，第二、是一九八六年黨外組黨過程，如果這兩個地方沒有特務，不是太詭異了嗎，難道是我們全誤會了國民黨的恐怖統治了！新潮流裡有一個黃國書，台大校園裡有一個黃偉哲，上述這兩個時間點的這兩個地方卻清潔溜溜，簡直不可思議！至於，特務謝長廷還有些什麼要對歷史交代的事，只有他自己才清楚。就連前調查局副局長高明輝一九八二年見證阮成章局長拿二十萬給謝長廷，高明輝說他也不知道「詳情」為何，**只知道阮成章說蔣經國對謝長廷的表現很滿意。**[180]

在我看來，這一整件民進黨如何組黨的「衝破黨禁的刺激故事」才真正是最典型的「爭領導權」作為。誰在背後爭領導權呢？當然是國民黨和他所運用的特務，別忘了，江鵬堅死前自陳是調查局的人，並且說謝長廷也是。他們用什麼手法呢？當然是最典型的而且早就佈建完成的「打入」內線（辯護律師）。台灣社會普遍不知道，但國民黨早知道施明德為了組黨一事在牢裡已經絕食了一年（一九八五～一九八六），施明德不但沒有停止的跡象，還愈發意志堅定，並且已經成功地透過他的妹妹施明珠將訊息傳遞給流亡在美國的許信良先生，許信良

180 TVBS平面媒體報導。

因此在美國組成「台灣民主黨」計畫遷黨回台[181]（一九八六年五月一日）。此時，國民黨當然得盤算好，做出一個對自己最有利的決定，也就是趕快在迅雷不及掩耳的情況下，動用打入黨外的特務謝長廷與江鵬堅等，演一齣「驚險、英勇且機智」的「秘密」宣布組黨大戲。[182]如一九八七年李筱峰的分析：「**海外這一組黨行動，對台灣島內外政局的關係，是一項變數。以國民黨的立場看，島內的黨外運動與海外的建黨行動相較，兩者取其輕，當然寧可取島內的黨外運動而不願海外的激烈行動。執政黨於一九八六年下半年所採取的開放態度，或許是受到海外這一變數的影響。**」[183]在牢裡為組黨進行無限期絕食的施明德，他當時的行動與主張完全被國民黨封鎖在台灣社會之外，連關注黨外的李筱峰也不甚清楚，或故意迴避，這點我不能確定，事過境遷，台灣社會今天回顧民進黨組黨史時，彷彿也想要承襲國民黨當年的作法：忘了施明德吧！

秘密宣布，兩個詞擺在一起，實在太怪，不過也太神奇了，在被昏了頭的激情裡，組黨這件怪事就這麼騙過了台灣人憨厚、悲情所導致的盲目。生米煮成熟飯後，沒人再提起這一樁怪事。倒是，謝長廷等經常喜歡把組黨行動驚險到必須寫遺書這事掛在嘴邊。沒錯，現在回頭看，不得不說民進黨的成立真是一場得來全不費功夫的「國民黨特務竊取反對派領導權」的重大成功，調查局體系的「打入內線」（江鵬堅與謝長廷）大獲全勝。

181 國家檔案：0069=00H00-1537=34=35=38=0010。一九八五年六月二十六日施明德接見施明珠談話紀錄：請施明珠聯絡海外成立台灣民主黨。（見本書p.381-384）
182 白瑄，《全民公敵調查局》〈民進黨組黨的經過〉一九九九，台灣之聲，台北。p.141-172。
183 李筱峰，《台灣民主運動四十年》一九八七，自立晚報，台北。p.231。

其實，我們可以觀察到，在民進黨建黨後，美麗島受難者陸陸續續出獄後都感到尷尬，如說出「我的公司被霸佔去了」的黃信介先生，和後來出獄的其他「五人小組」成員，後來也都得依照民進黨的內規，參與不合情理的黨內廝殺大賽，然後再又一一被鬥爭出民進黨之外。這一段腥風血雨的戲碼讓我們暫時跳過。整個律師世代掌權後，若是能揭露歷史真相恢復正義，秉持一個人該有的基本道德，帶領國家在轉型時期做出應有的改革與興利，也能撫慰受難者的心，大家都沒話說。但是他們都沒有。貪污不過是人性的弱點，但對一個經不起誘惑的三級貧戶出身的律師陳水扁卻成了躲不掉的命運詛咒。不管如何，第一個代表民進黨掌握大權的一群美麗島辯護律師，卻不願揭露當時特務統治的歷史真相，也不恢復正義，這在台灣剛剛結束恐怖統治邁向民主改革的情況下，顯然是一件極端「怪異」的事，一直到今天，這怎麼說都說不通呀。

所幸，在時代交替之時，江鵬堅臨終前對施明德真情告白，在當時是一種感動，這麼多年後，成了一劑真相的強心針，為所有不明的人與事解惑。

絕食

謝長廷又說，組黨「詳情」施明德不知，因為他還在坐牢。施明德人是在牢裡沒有錯，所以謝長廷如何把黨名從「台灣民主黨」改成「民主進步黨」的「詳情」施明德當然不知道，但他一個人自一九八五年四月一日在監獄發動無限期絕食，要求國民黨的事情就是讓黨外組黨，與國民黨代表梁肅戎[184]在獄中談判的也是組黨，在台灣的黨外一直不願理會這名蹲在苦牢裡的政治犯，又遲遲不願去登記組黨之後，施明德最後只好轉而對許信良要求，請他在美國成立「台灣民主黨」並遷黨回台，許信良於是在一九八六年五月一日於紐約宣布成立「台灣民主黨」[185]，此舉想必刺激了國民黨趕快要自己能掌控的特務在台灣成立政黨並改名。回想一九八〇年他回到綠島後，他在牢裡多麼痛心「牢外的黨外」一天到晚只知道選舉，不喜歡也不思考「營救政治犯」，來對抗國民黨的政治高壓，凸顯國民黨的不義統治（南非就是以「釋放曼德拉」作為他響亮的政治訴求），也不去好好組織反對勢力團結起來。直到一九八五年美國特務偵破

184 梁肅戎，一九六〇年被蔣介石派去為雷震辯護，一九八五～一九八六年被蔣經國派去獄中與施明德談判，一九八六年是蔣經國派去黨外的公開的協調者。

185 台灣民主黨。

江南命案，逮到的層級高到情報局局長汪希苓，憑藉著這一件驚天動地終於破案的恐怖暗殺，施明德在牢裡宣布無限期絕食，再一次展開他一個人對抗國民黨的戰爭，長達四年七個月不斷地向國民黨直接提出政治要求：一、釋放除了他以外的美麗島受難者。二、承認黨外的合法地位，也就是組黨。三、結束恐怖統治。四、戒除戒嚴。

從一九八五年四月一日施明德開始無限期絕食，總共四年七個月，被強制灌食三千零四次，在這絕食期間施明德與國民黨特務針對他所提出的政治要求展開數次談判，就在這些年當中，台灣組黨了、美麗島受難者一一出獄了，最後也解嚴了。解嚴後，特務問他：「施先生你的要求都達到了，你的同志都出獄了，你為什麼還在絕食？」他回：「我是無罪的，沒有罪何來刑？沒有刑何來減刑與假釋？只要我一天在牢裡，我就堅持絕食到底。」最後逼得國民黨政權宣布：「美麗島事件判決無效」。這影響的不是施明德一人出不出獄，這影響的是所有美麗島受難者能不能參選（白色恐怖時期政治犯出獄後，都還有十年五年不等的褫奪公權），能不能打破黨外稀少的「選舉權」自大審後被律師團長期壟斷的局面。

謝長廷常常說施明德在坐牢不清楚外面的情形，那麼就讓我們看看施明德當年的絕食聲明，看看是誰不清楚台灣的「政治狀況」，看看那些自由的「黨外新貴」——也就是如江鵬堅、謝長廷等這些大審之後才滲透進入黨外的人——是如何想要忽視牢裡不自由的人（畢竟他們最不願見的就是受難者被釋放後，獲得群眾支持，那對他們而言是萬分尷尬的局面），再看看那個在大審視死如歸的人，是否在那同時依舊在沒人聞問的牢裡為台灣人民戰鬥著。

曾有一個老黨外跟我說：「嘉君啊，你不懂，美麗島事件之後黨外怎麼弄都沒用，我看國民黨真正的改變就是美國ＣＩＡ破了江南命案開始，我們才開始感受到國民黨態度的轉變……」我沉默以對，不想辯解。但我心裡想，別那麼瞧不起台灣人，那是因為牢外的人不知道牢裡的施明德是如何用命去搏來的。

我剛剛提起過，當年我得知施明德絕食，是透過大約幾張郵票那麼大的報紙報導，裡頭根本塞不下幾行字，當然不會也不能告訴你，施明德無限期絕食抗議的政治主張是什麼？如今三十七年過去了，我難予判斷當初的大人們還會記得嗎，或他們其實從來不清楚，那麼一九九〇年以後出生的人呢？他們曾聽過嗎？如過不曾聽聞，當然也不會明瞭，更不會在乎，施明德當初為何絕食？

雷震是個大人物，坐牢十年後將出獄時，他在獄中所有書寫的回憶錄、日記、文稿等，被扣住，要不回來，他和家屬鬧得沸沸揚揚幾十年。施明德坐牢二十五年半，家破人亡，兄弟姊妹各奔東西，我們認識時，他孤家寡人一個，一開始租屋在新生南路紫藤廬旁的巷子裡，後來搬到臨沂街巷弄裡租來的破舊公寓三樓。一個傳奇人物住的房子，看起來卻像一個沒有人生的人住的地方，裡頭沒有他人生的痕跡，連景仰者送來的一對雕刻象牙，也被當時的女友說，這太貴重放在這裡不安全，搬去我那兒我幫你保管，此物從此消失在他的人生之外。我認識他之後，才領悟了什麼叫做「一無所有」的淒慘。對一個生來一無所有者，他們對一無所有是無感的，那原本是他們的生存狀態，他們很少需要反思何謂一無所有，是旁人看他們才以旁人的主觀說：「那人一無所有」。可是，施明德出身是一個應有盡有的人，他父親是高雄最有名的接骨、全科中醫師，日本時代的漢醫考試官，家族裡至今還擁有許多施闊嘴研究出來的草藥方，有膏藥、湯藥等，非常棒的傳統療法。從他祖父開始，他家就是台灣社會最早期的天主教徒，所有家族成員出生就受洗，施明德的教名若望，高雄玫瑰聖母堂蓋的時候，他的家族是捐贈者之一，西班牙神父、主教經常與父親在家裡晚餐、禱告。施闊嘴在高雄有許多地產，施明德出生在鹽埕區大仁路一棟臨街的房子，我們剛談戀愛時，他特別帶我去看，站在馬路上抬頭仰望，我看見房子正面牌樓上有巴洛克式的裝飾，正中間刻有「施」字。幾年之後，我又到高雄，它已經完全被鐵皮包覆起來，不成樣子了。二戰後他們家曾搬進一棟有日式庭園和池塘的日式房子，他後來喜歡給小板、笳笳講一則他編的「兩隻嘴的魚」故事，說是源自童年時與他父親一起在池塘邊餵鯉魚的回憶。不久他們又搬到高雄火車站正對面，那一排房子從路口數來五間都是他家的，就是在那棟日式牌樓的木頭門縫看出去，他看見二二八大屠殺。父親死時他十歲，他總愛說他喜歡像他父親那樣在家裡告別人世，停棺客廳，大家圍著父親說話，他要我立誓不會讓他死在冰冷的醫院裡，我答應他我絕不會。十七歲時他離家唸軍校，二十一歲在小金門被捕，囚禁了十五年出獄後，媽媽過世了，房子都沒了，兄弟姐妹都各奔前程，女友早幾年已拿走他一切的財產並帶走女兒跟別人一起生活做生意。他出獄時，他在獄中所寫過的小說、電影劇本、書信與日記，都到哪兒去了？沒有人能告訴他，坐牢十五年，只留下一本已出版的日文翻譯的小書《真善美》。他從此變得一無所有。沒有能留下童年的任何物品，沒來得及記得許多事情就被摧毀了。餘生裡，他非常迷戀看照片，親友的照片、歷史的照片、旅行的照片，從前他若獨自出國時，總要我給他準備一小本家族的照片帶在身上。剛剛，我又瞄到他正在看手機裡我們全家去土耳其旅行的照片，他超喜愛蘋果手機裡時不時跳出來的照片回憶，還幫他編輯成動態瀏覽配上音樂，他萬分驚奇，感激。

軍法大審結束後，他感覺一切都被掏空。「無期徒刑」宣判後，他再度孑然一身「一無所有」。別人有妻子在外代夫出征，他的妻子被驅除出境，連通信都被禁止。別人在台北，他一人被送回火燒島獨囚，繼續「零丁洋裡嘆零丁」的日子。那兩年在外頭的生活積累的點點滴滴，又到哪兒去了？逮捕時，他逃走了，連拖鞋都掉了，只剩腳上的襪子，妻子艾琳達沒多久即被驅除出境，她只能帶走了一些重要的紀念品：衣服、印章、總指揮背帶等等，她是一個富歷史感的人。若曾有一些屬於他的東西能奇蹟式地回到他身邊，靠的是一個特務死前的覺醒，江鵬堅差他的司機送回幾箱東西。

第二次出獄，在公眾生活裡他是一個家喻戶曉的歷史人物，但在私人生活上他一樣是孑然一身，一無所有。四十九歲又六個月時他出獄，人生卻有二十五年半在牢裡，四年七個月在絕食，兩次無期徒刑，從十六歲決定去唸軍校以「武力推翻蔣家政權」開始，我們可以說他始終不眠不休地認真工作從不抱怨，他沒有美酒佳餚，沒有假期，沒有朋友談心，沒有愛人擁抱，在他身邊的永遠是獄卒與抓耙子無止盡的監視與報告。如果我們都多少還記得一些我們自己年輕歲月時的美好回憶，那麼我們怎忍心以「愛喝酒」和「女友多」來苛責與鬥爭一個過著這樣人生的人。他一輩子高壓的工作從沒有停止過，也沒有機會與時間為自己「成家立業」的私人生活著想過，誰最想他「成家」，國民黨最想，可是他沒有接受國民黨送來的特務美女，也敷衍了國民黨金援他出國唸書的提議，他的政治工作只會為他帶來牢獄之災，他知道他不能成家害了別人。美麗島政團時代有許多女友陪伴過他，這一段美好時光是他人生唯一擁有過的稀有「假期」，但他可沒有一絲僥倖心，當他心裡總惦記著組黨工作時，死神或者監牢是不會放過他的，他只能珍惜每一段情感和每一次溫存，真正地活在當下。你們可知道他跟朋友吃飯喝酒時都談些什麼呢？除了自己的過去和當前的政治課題，他不曾涉入輕浮的話題。不喝酒時，他實在是一個太害羞到不知如何打開話匣子的人。但是，面對國家重大政治事務，他是一個無論在什麼時候，一直到今天，總是最熱情與嚴肅討論當前政治問題的人。

五十年來，他提出過多少次引領時代的政治主張，推動時代的進步，史跡斑斑。國民黨人也好民進黨人也好，他們都心知肚明，黨人都耽於選舉術，精於弄權，只想從他身上偷走部分他的想法，運用他散發的影響力，然後用「浪漫」、「喝酒」、「戀情」等負面概念套在他身上，讓大眾對他形成「非專業」的刻板印象，鬥爭他。我想請問，在白色恐怖時代裡，什麼樣的人才稱的上是一個專業政治該有的表現呢？到底有沒有人去好好辨明這一件重要的事。

情書

電影或小說裡經常出現一種可憐的情節，一個女人一輩子以為自己被心愛的男人拋棄，直到母親過世時，才在隱蔽的抽屜裡發現上百封那男人寄給他的情書，全數被攔截，落入了母親的保險櫃裡，有些母親更狠，攔截信之後，就隨手把信扔進了火爐裡。我希望讀者用這樣的心情，來讀以下施明德先生在牢裡寫的文字，不管是宣言、信、日記，其實在某個意義上都是寫給當時代和未來所有台灣人的「情書」。這些文字當年被警總攔截，而後又被國家藏在某處。我們再次看到這些文字，已經是二〇〇三年我們對研考會提告之後才得以陸陸續續帶回家閱讀。

〈施明德絕食聲明〉[186]

自從六年多前，美麗島政團為爭取人權及促進民主化而崛起於台灣政壇之後，「軍、特」的暴力也相對的提高，不僅凌駕於全國人民的公意之上，也有扭曲執政黨黨意的趨勢。從「高

186 施明德絕食聲明：（檔號0069=00H00-1537=34=33=026）。

雄事件」、「林家慘案」、「陳文成命案」到「劉宜良命案」的相繼發生，事實已證實了「軍、特」的暴力已蔚成執政當局的一種恐怖政策，倘若這種恐怖政策不能即時遏阻，國家的團結與祥和勢必蕩然無存，屆時舉國上下終將玉石俱焚。

為了表示對恐怖政策的誓死反對，為了祈求國族的祥和，我決定自四月一日起，無限期絕食，向朝野人士做悲慟的死諫。

在絕食展開之時，謹向國人及世人提出三點呼籲：

第一、我懇求國內外從事人權及民主運動的人士，務必冷靜，絕不可因「劉宜良命案」而採取以暴抗暴的行動。我們的國家是禁不起劇烈的衝擊的。我們仍然應該繼續以非暴力的方式，促進台灣的人權與民主。

第二、我盼望執政當局徹底放棄恐怖政策，並停止一切鎮壓、報復反對者的行為，以促成國家真正的團結與祥和。

第三、我以最無奈的心情，懇請雷根總統及全世界的人權機構，關切台灣當局的恐怖政策。

公元一九八五年三月三十日

施明德於火燒島牢中

這個公開的聲明，主要訴諸終結「恐怖政策」，然而在給蔣經國的信裡，他談到了組黨。

〈致蔣經國總統的信〉187

總統先生：

三十幾年來，我們的國家所以能屹立於世，主要的因素之一，便是內部的團結。但是，自從「高雄事件」、「林家慘案」、「陳文成命案」、「十信事件」和「劉宜良命案」相繼發生以來，政府的形象已益加醜化，國家的團結更暴露了致命性的危機。

總統先生，您繫國家安危於一身，當此國族的絕續存亡正處於關鍵的時刻，只有仰賴您以大智、大仁、大勇的胸襟，斷然採取某些必要的措施，才能使國家的生存與發展獲致樂觀的展望。

五年多來，本人雖然遠囚火燒島的小囚房之中，但對國家的前途及全體人民的公益，時時不敢或忘。唯本人深信：要求國家的團結，必須先行伸張國家的正義。本人乃不得不於此時此地以最誠懇的心志，向　總統先生表達兩點評議：

第一、請　總統先生特赦「高雄事件」（本人不包括在內）及近年來在國內外反對政府的人與事，以促成國家真正的團結與祥和。

第二、請　總統先生依據憲法使民主政治正常化、制度化，並尊重在野團體的合法權益與地位。

倘若　總統先生能夠採取上述睿智的法律行動，本人確信海內外在野團體必會遵循下列的原則，共同為國事戳力：

187　施明德給蔣經國的信（檔號0069=00H00-1537=34=33=026）。

第一、承認現行的憲政體系。
第二、維護國家元首的尊嚴。
第三、支持反共國策。
第四、堅守以非暴力的方式，促進台灣的人權與民主化。
本人掬誠書成本函，請 總統先生撥冗參酌。
順祝
政躬康泰

公元一九八五年四月一日
施明德敬書於大牢中

一九八五年四月十九日蔣經國的溝通者中央政策委員會副秘書長梁肅戎，在軍法局第一處吳處長陪同下，前往綠島監獄會見施明德，公文載「進行疏導」。四月十九日《自立晚報》報導，「關懷中心政治犯關懷小組」安排周清玉、張俊雄申請會見施明德，也將申請施明德女兒施雪蕙會見，勸阻其絕食。如果對照國家檔案來看，我們會發現，這一切都是國民黨的運作，包含動員幾乎不願意探監的女兒施雪蕙，「勸阻其絕食」就是國民黨想盡辦法要達成的事。四月二十日，張俊雄立委、周清玉立委到綠島探監。[188]施明德被送往三軍總醫院之後，四月三

188 國家檔案：0069=00H00-1537=34=33=25。

十日張俊雄立委、周清玉立委又探監。[189]真不知當時的黨外在「想」些什麼？到底還有誰是真正自由的黨外？

去年有兩本關於民進黨創黨神話的書出版，我翻了翻，懷疑他們是否是一個患「失智症」的政黨，他們完全「記不得」那一段「絕食」與「組黨」的關係，更不記得自己是誰了。

沒有關係，孤獨的戰士活在敵人環伺下，在戰鬥中他懂得留下紀錄：

〈施明德獄中絕食日記〉[190]

八十五年五月十二日晴

今天是母親節。媽媽，願您在天堂愉快！

昨夜，被護士丁小姐進飲二五〇CC的果汁，心中很是不安。本來每天只飲五〇〇CC多飲二五〇CC便有種犯罪感。在她緊迫盯人下，我實在沒有辦法，只好在她承諾下不為例下，飲了。

自妹妹告訴我，「黨外」封殺我的訊息，以及有人狂妄地說：「餓死算了，送個花圈了事。」以來，對目下「黨外」的主旨，心態，我實在很懷疑。尤清怎麼會如此軟弱而把不住舵？

「黨外」如果這樣狂熱，這樣走火入魔，不僅對台灣不利，對「黨外」也不會有好處。

所以，我已決定，此次絕食，不要「黨外」介入。明天，妹妹來，如果「黨外」已成立「緊

189 國家檔案：0069=00H00-1537=34=33=25。

190 《施明德獄中絕食日記》。

急委員會」，我要叫他們解散，改由高牧師等非政界及人格高尚的人士，成立「關切委員會」。否則，什麼都不要。我單刀赴會較輕鬆。

八十五年五月十三日晴

昨天從下午到晚上十二點，替妹妹趕寫一份「施明珠書面聲明」。為了不讓「黨外」扭曲我心志，我只得替妹妹寫。本來，預計下午便抄好一份，結果下午蔡大夫、妹妹、阿珊來了。原來昨天文輝也和他們一起來，但找不到處長，所以沒有接見。文輝表示，若我不中止絕食，他將到三總前絕食，我拜託妹妹叫他不要對我施壓力。

妹妹說，已把我的「聲明」及「至CCK函」公開了，便算了。「黨外」成立「七人小組」[191]仍在「議而不決」狀態中。激進份子竟主張修改我的聲明。真是笑話。到底誰在絕食？誰在表達訊息？我是以生命做注在堅持原則與立場，豈能淪為他們的工具？

妹妹仍全力對我施壓，要我中止，要我不要做傻人、傻事。

我說「妳們知不知道」我為什麼選四月一日展開絕食？我絕食念頭起於今年生日，為什麼不在三月一日、三月十五日開始？因為四月是愚人節！我要自己做愚人、做愚事，明知其不可為而為之。

世界上就是聰明人太多，才會如此可怕。我早已做慣了愚人、愚事，但我相信歷史法庭

191 黨外七人小組？施明德和我也不知道是誰。

一定會還我公道！

今天我傳達的訊息，一定不會被接受。但十年之後，或二十年之後，或百年之後，一定會被肯定。

同一時間，我們可以看到國家檔案局的資料記載：

國家檔案[192]

綠監受刑人施明德之妹施明珠與其外甥女洪玉珊、醫師蔡龍居等三人，於五月十三日下午二時前來本局，請求接見施犯，因施明珠、洪玉珊為依法所稱之「最近親屬」，前已至醫院接見過施犯，而蔡龍居醫師亦於三月間奉准至綠監為施犯診治，其以私人醫師立場勸導進食，或許有效，乃同意其三人前往三軍總醫院接見。

施明珠等三人於下午二時廿五分接見施犯，至六時二十分結束，談話約三小時，施明珠勸其進食，並告以黨外人士在利用其絕食為年底選舉而大作文章，且對其絕食聲明，有很多不同意見，蔡醫師告以如長期絕食，腦部缺氧，考慮將不周全，黨外會認為其聲明是胡言亂語，施犯仍堅持絕食並要求接見尤清，如獲准許，將增加飲用牛奶、果汁至一〇〇〇CC，復持絕食補充說明交洪玉珊抄寫（詳如附件），五時廿分施犯並接受蔡龍居醫師為其量血壓，

192 國家檔案 0069=00H00-1537=34=35=11。

為一九〇～一一〇，心跳八四／分，健康尚屬正常，同時三軍總醫院醫師亦在場瞭解。當日經施明珠等三人勸解，仍無結果，施犯最後並表示，其絕食聲明。（一）、釋放美麗島事件受刑人，（二）、尊重黨外人士的合法性，如到七月一日仍未得到結果，將不再飲用牛奶、果汁，而僅飲用白開水，直至「殉道」而死。

查施犯請求接見尤清一事，因其迄未正常進食，而尤清係黨外人士，對施犯絕食尚且發表聲明支援，如准其接見，不但對施犯絕食事件無所助益，反可能使黨外其他人（如許榮淑、江鵬堅等）亦紛紛要求前往探視，增加捏造事實之機會，應不予理會。

本（十四）日上午九時，三軍總醫院院長、副院長來本局，表示：施明德自四月廿七日移送醫院迄今，堅拒一切醫療檢查，致一直無法瞭解施犯之體能與狀況，如一旦其發生意外情形或特殊變化，醫院失去立場且易遭致外界批評，因此，對此一問題至感困擾，研討可否於必要時，實施強制檢查治療，以維受刑人身體健康，並不失醫院本身立場。

警備總部軍法處對「施犯」的往來信件一概拷貝存檔或謄打上報，對他的接見紀錄皆錄音再謄打成逐字稿：

〈受刑人施明德接見施明珠等談話摘要〉[193]

接見時間：一九八五年五月十三日下午十五時二十五分～十八時二十分（共二小時五十五分）

193 國家檔案：受刑人施明德接見施明珠等談話摘要0069=00H00-1537=34=35=11。

接見對象：施犯之妹施明珠，外甥女洪玉珊，蔡龍居醫師

德：我的絕食事情，不希望黨外介入，我將要寫絕食四十天之經過，這與黨外也無關，我另外寫了一份絕食補充說明。（即交給洪玉珊抄寫，如附件）

蔡：黨外人士想利用你的絕食事情，在選舉時大作文章，目前黨外是一片混亂。

德：要施明珠去問尤清，黨外公政會、編聯會，成立宗旨為何？是否為了民權、民主、法治？還是在謀求私人權位或不當利益？是為促進台灣一千八百萬人民幸福、祥和？或是為中共解放台灣而鋪路？

珠：我對尤清不滿，以前很多次要尤清去看你（綠島），他都一直在迴避。現在，對你的絕食事情，黨外成立了七人小組，但對你的絕食聲明，他們有三種看法：（一）、照原聲明發表。（二）、認聲明不夠成熟，不發表。（三）、予以修正後發表。

德：這是我個人之聲明，與他們無關，不可修改。

珠：為了年底的選舉，他們正怕找不到理由。

德：我的聲明，被他們封殺，至為不滿，比國民黨查禁書刊還要過分。

珠：我先生有來台北，要全家一起陪你絕食到死。希望你能停止絕食。黨外有些人不尊敬你，認為你不夠資格在裡面指揮黨外（要求在場人員不要使外界知曉）。

珠：黨外利用你的名，在背後又罵你，他們利用你，達到選舉的目的，你如絕食而死，得利的是那些人。

蔡：人在營養狀態不好時，腦部缺氧，考慮將會不周全，你在迷糊中還是會進食，外面的人對你的聲明，會認為是胡言亂語，你身體上有何意外，將使國民黨揹了黑鍋。

德：我要求接見尤清，不管接見後結果如何，我將每日增加飲用牛奶、果汁至一〇〇〇CC，並配合醫生的要求。

德：費希平為何退出黨外？

蔡：因為黨外太亂了。

德：希望愛琳達能來台，見一面，如不能獲准入境，要她在白宮國會門口絕食，陪同至死。

（施犯同意蔡龍居醫師為其量血壓一九〇～一一〇，心跳八四，尚正常）

德：綠島很多人，當時要陪我一起絕食，我都拒絕了，我要單刀赴會。我仍然強調，我的事情，不希望黨外人員介入。

德：我的絕食聲明：（一）、釋放美麗島事件受刑人，（二）、尊重黨外人士的合法性，如到七月一日未得到反應，我決定從七月一日起，不進飲牛奶、果汁，而只飲白開水，直到殉道。

孤獨是他的命運，他一生在牢裡作戰都只能打一個人的戰爭，沒有幫手。他在牢裡獨囚太久，二十五年半的監獄生涯裡它被獨囚了十三年。他一個人擔任將軍、文膽、幕僚、小兵、信使、文宣、前線、狙擊手、砲手……運用自如。以下是他以施明珠之名寫的聲明。

〈施明珠書面聲明〉194

——為四哥施明德絕食來做補充說明——

四哥於四月一日採取無限期絕食時，即已擬好一份「施明德絕食聲明」，宣示他絕食的主

194 國家檔案：施明珠書面聲明。

旨。同時，還有一封致「蔣總統經國先生」的信函，陳述他對國家前途及人民公益的建議與看法。「絕食聲明」我決定於今天正式公諸於世。至於四哥給總統先生的信函，因係私人性質，除非得到總統先生的許諾，四哥和我都認為不便擅自公開。

自獲悉四哥採取無限期絕食，以向「朝野雙方做悲慟的死諫」以來，海內外親友在震驚、關切下，紛紛全力勸阻。但四哥殉道的意志和決心極為堅定，所有勸阻也均告無效。如今四哥絕食已進入第四十三天，體況已在不可預估的狀況之中。身為施明德的胞妹，我覺得已到應該公開發表書面聲明，讓關切四哥的海內外人士得到正確訊息的時候了。以後，如果有必要，我將會陸續發表實情。

——四哥絕食的階段與模式

絕食自古以來一向是靈修者及奉獻者作為靈修、自省或傳達訊息的一種極神聖方式。它是一種絕對非暴力的、和平的方式。卻常常最能激發人性深處的良知。我對四哥終於採取無限期絕食，儘管百般不忍，心急如焚，但，對四哥的決定，內心充滿敬畏。

絕食的模式，古今東西已有多種。大致可以分為三大類：（一）、「激烈模式」或「自殺模式」，即：不食不飲。（二）、「半自殺模式」，即：絕食者只飲白開水或礦泉水。（三）、「甘地模式」，即：絕食有飲牛奶（或羊奶）及果汁各一〇〇〇CC左右。由於絕食不等於自殺，除非絕食者已抱殉道的決心，否則都會接受醫療服務。

四哥自四月一日至十九日，每天只飲白開水約四五〇〇CC。在有關方面及親友力勸下，才於四月二十日起加飲果汁五〇〇CC。五月一日迄今，則每天飲牛奶及果汁各五〇〇CC，及三〇〇〇CC左右的白開水。親友及「三軍總院」的大夫們仍不斷在努力要求四哥再提高牛奶及果汁的數量。

不管在未來的日子中，四哥是否會增加牛奶及果汁的數量，四哥已堅決表示，除非他所傳達的訊息受到朝野雙方有意義的反應，四哥已決定從七月一日起（倘若四哥能存活到該日期），完全中止進飲牛奶及果汁，恢復只飲白開水的方式，直到殉道為止。

——四哥絕食前的體況及目前的體況

據日前我到「三軍總院」探視四哥，他表示這次絕食的意念起於元月中旬。三月二十六日，在我替四哥申請，「自費延醫」下，由自聘的大夫蔡龍居先生及「三軍總院」兩位主任級大夫前往綠島共同為四哥會診。證實四哥當時已罹患僵直性脊椎炎、心臟病及高血壓症（詳情見附件：「診斷書」）。當時參與會診的蔡大夫就警告四哥隨時可能中風倒下，應小心注意飲食及醫療。四哥明知在那種體況下根本不適於採取絕食行動，但四哥仍於四月一日為期展開。而且自絕食迄今，堅拒一切醫療檢查及服務，並中止服藥（四哥已持續服用高血壓藥及心臟病藥兩年餘）。四哥殉道的堅定，由此可知概略。

四哥於四月二十七日被移囚「三軍總院」後，大夫及護士一直努力試圖說服四哥接受檢查及服藥，均遭四哥婉拒。以下是四哥於五月五日給我的信函，謹原文抄錄於後：

——（抄下該信全文）

大夫及護士們盡心照料四哥，我謹代表全體家族敬致謝忱。

由於四哥堅拒檢查，目前四哥的身體狀況究竟如何，連大夫也無法評估。唯五月八日，四哥在其兩名女兒的哭求下，接受一次測量血壓，當時血壓竟高達二三〇／一五〇！此外，於五月十日量體重，其體重已從原來的六十三公斤下降到四十八公斤。可以預料的，四哥的體況必定會日趨惡化。但，四哥仍置之不理，殉道的決心絲毫不變。

——四哥絕食的原因及最終主旨

導致四哥決心採取無限期絕食的原因，四哥曾先後向行訪的張溫鷹醫師、周清玉代表、張俊雄委員和我本人詳細陳述，綜合其原因，大致可歸納為五點（照四哥口述記錄）：

第一、「劉宜良命案」終於將國民黨政權中「軍．特」的暴力已蔚成一股邪惡的恐怖政策的事實，顯示於世人之前，四哥覺得只要這種政策繼續存在，再活在這個國度之中，已是一種恥辱。四哥寧可饑死也不願苟存於這種恐怖報復政策之下。

第二、「蔡辰洲事件」，又一次赤裸裸地暴露了金權勢力在國民黨政權中無所不在的本質。這種官僚資本相互勾結，戕害社會正義，鯨吞蠶食人民利益的長久狀況，使廉能政治的出現遙遙無期。四哥對之絕望已極。四哥含淚目睹受害者孤立無助的請願行動，始終得不到執政當局有效的援手，四哥對「蔡辰洲事件」及類似事件下受害者的處境深深同情，只有以絕食來表示他對受害大眾的聲援赤誠。

第三、四哥認為「高雄事件」、「林家慘案」及「陳文成命案」眾多犧牲者所支付的代價，確已使台灣的言論自由有相當的推進，但，五年多來，國民黨政權壟斷政權，永保特權的野心依然未變。「權力使人腐化，絕對的權力使人絕對腐化」。四哥堅信只有容忍制衡力量的有效出現，才能減少國家在政治、經濟、社會等領域中的不當措施與弊端。四哥決心以長期絕食的行動，籲請政府當局促使民主政治正常化、制度化。

第四、「高雄事件」是台灣四十年來，最轟動、最具深遠影響的政治事件。它一方面喚醒了沉睡的台灣民心，一方面也加強了國民黨政權的自保意識。倘若「高雄事件」不能儘速徹底地採取止痛療傷的政治解決，台灣內部的團結將永難出現。四哥深信要求國家的團結，必須先行伸張國家的正義。四哥深知自己在「美麗島政團」及「高雄事件」中扮演了關鍵性的角色，已使執政當局視為當今在野勢力中最危險、最具破壞力的一人。四哥決心犧牲一己的性命，使執政當局減少恐懼感，而敢于對「高雄事件」及其他政治事件採取政治解決。從而促使台灣內部的團結。

第五、四哥目睹近年來，有極少數「黨外人士」假借「人權運動」及「民主運動」之名，大肆牟取私利，四哥在牢中痛心疾首，常常為之老淚縱橫。四哥也對極少數黨外「新生代」在「高雄事件」的餘蔭下得以放言高論，卻不知自制，竟連黨外前輩也恣意羞侮，置政治倫理於不顧，使四哥深感遺憾。四哥希望藉絕食自苦的行動，喚醒上述極少數人士的良知，並期待黨外政團儘速建立「黨外共識」及「黨外倫理」；尤盼黨外工作者堅守原則與立場，重道義、講人格，心懷歷史使命感，時時以國家與人民的公益為行為取捨的準則。四哥深信只有一個自愛、自重的「黨外政團」的有力存在，才能獲得執政當局的尊重，才能贏得人民的信賴，亦才能形成一股有意義、有份量的制衡力量。

雖然促使四哥決心殉道的原因有如上五點，但，四哥殉道的最終主旨卻只有一項。這項主旨，四哥已在其「絕食聲明」中表白：

「祈上天引領我全國同胞邁向真正人權、民主、法治與團結的大道。祈祥和永在。祈公益普行於大地。」

——我的呼籲，感謝及感想

日前匆匆自美國趕返台灣，面對已瘦弱不堪但神智仍極清晰，精神與意志力亦極旺盛的四哥，我自然感慨萬千。尤其聽到四哥口中不斷強調，「我很好，我很好，我一定要挺立著！」倍感心酸。事到如今，我想說的話，只有兩點：

第一、我請求政府當局認真考慮四哥以殉道的決心所傳達的訊息。並儘速從法律、政治及人道的立場採取有意義的行動。

第二、自四哥絕食消息傳到海外，海外人士無私、無慾的關懷，及國際人權機構，特別是「國際特赦組織」的熱心關切，使四哥及我們全體親族深深感謝。謹代表四哥及全體家族面上述海外人士及國際組織重申永恆的謝忱與敬意。

四哥自幼承受庭訓，恪遵先父「敬神愛人」的遺訓，從弱冠之前開始，即立志成為一個「人權工作者」及堅定的「反戰份子」。二十餘年來，四哥先後以「叛亂罪多」被判兩次「無期徒刑」（當年耶穌基督也是以「叛亂罪多」被釘於十字架上），總共也被囚二十餘年（第一次囚禁十五年；第二次因「高雄事件」又已被囚五年餘）。在這二十餘年中，四哥曾經飽嚐人生的種種悽慘際遇。苦刑、疾病、妻離女散、朋友不義，漫長的苦牢，無休無止。四哥的一生確是受苦受難，流血流淚的一生。我們兄妹常戲稱四哥是「歷盡滄桑一男人」。但是，四哥從不因為自己的命運如此悽慘而喪氣餒志。他一直堅守其「人權工作者」及「民主運動小兵」的原則與立場，不怨天不尤人，並且百折不回地獻身於其所信仰的理想與真理。五年多前，在「高雄事件軍法大審」中，四哥曾在一份書面答辯狀「一個奉獻者的最後剖白」中，對他一生的志節與遭遇做了一番剖析。在那份答辯狀中，最末他曾如此寫道：

「每個時代都有奉獻者。奉獻者總是扮演著悲劇的角色。奉獻者深知自己的旅程必定孤單、坎坷、悽慘和充滿血淚的。奉獻者總是不為他的時代所接受，反遭排斥、欺凌、羞侮、監禁和殺戮。但是，奉獻者所爬過的羊腸小徑，必定會被後繼者踩成康莊大道。奉獻者的肉體也會腐朽，但是，他的道德勇氣和擇善固執的奉獻精神，必定會增進人類文明，與世長存。奉獻者不屬於今天，但是，他必會活在明天！」

如今，四哥的生命正進入讀日的階段，我和所有真心熱愛與關切四哥的親友一樣心情也正日趨沉重。從親情上，我當然不願四哥就此殉道。但是，每當我想到四哥一生看似無窮無盡的苦難，一介不取的操節，獻身國家與人民公益的心志，以及敬畏公義與真理的虔敬態度，我亦只能準備好含淚忍痛地飲下四哥為我及所有熱愛他的親友們所已備妥的苦汁。不管四哥是生是死，我都會永遠已擁有這樣一為四哥為榮為傲！

最後；我還是想引用四哥在「一個奉獻者的最後剖白」中的最後一句話來結束我這份書面聲明。當時，四哥說：

「我並不奢望在這個世俗『法庭』中，求得一項公正的判決，但是，我毫不懷疑地深信：總有一天，歷史法庭一定會還我公道！」

今天，我也如此深信：歷史法庭一定會還我四哥公道!!

施明珠于高雄

公元一九八五年五月十三日

每一次在最艱苦的戰鬥中，施明德總是這樣鼓舞著自己，他吶喊著「歷史法庭一定會還我公道」！一次又一次。今天我們又來到法庭，只是不知道是否是那個我們等待的歷史法庭。

八月一日梁肅戎又來溝通，隔日八月二日施明珠來會見，以下是當時的接見監聽紀錄，以及施明德寫了一封致「公政會」、「編聯會」的信函。[195]

受刑人施明德八月二日接見施明珠等談話摘要

施明珠：台灣像一條船，大家要團結，家人都希望你儘快恢復進食，黨外也希望你及早結束。

施犯：我把絕食當作工作，我要有一個圓滿的結束，我已在準備寫信給黃華、江漢英、做個交待，前天梁肅戎委員來，談得很愉快，他是我信賴的人，我們很誠懇的討論很多問題，有突破性的結果，我表明放人不是目的，是在促進政治祥和、團結，他恭維我功勞很大，我已考慮寫信上　總統，當然政府放人，要有一套法律程序，或者特赦，或者保外就醫。我絕食一百二十餘天，有了成果，當初，大家都認為我不會達成什麼目的，只有一個人一直相信我，支持我，就是艾琳達，天下沒有白吃的午餐我已給付出了代價，至於何時停止，我仍在考慮，因為執政黨已重視我的聲明，並全力維護我的健康，黨外反而不相信我，不配合我還認為我頭腦不清醒，判斷不正確，現在我的工作，有了結果。至於有些敏感的事，不要公開，以免給執政黨造成壓力，反而不好，不過，如執政黨至明年二月廿八日仍未放人，我會再來一次歷史性國內外集體大絕食，聯合所有高雄事件人士、家屬，及支持者、共同參與，當然，我是和平工作者，不希望似許信良自命為台灣革命軍總書記，也不要像海外台灣獨立聯盟，你要在外面召集一籌備會，而國外艾琳達的配合行動，亦應持續。另外有幾點意見，你要轉

195 國家檔案檔號：0069=00H00-1537=34=35=15。

達給黨外，要尤清、許榮淑、江鵬堅、周清玉等人，一起研究，希望對我當初絕食的兩項建議四點原則，提出意見，我絕食一百二十四天，已有籌碼，此外，你要告訴黨外人士，第一：我是人權工作者，不是黨外首腦，以前不是，以後也不是，第二：民主的潮流一定會促使成立一溫和之政黨，未成立以前公政會應正常運作，並適時與執政黨對話，不要太尖銳，第三：黨外應建立黨外倫理，尊重前輩，提拔新生代，第四：我的絕食聲明，即二項建議、四項原則是一體不可分割的。你把這些意見，告訴黨外，並且把他們的正反面看法告訴我。

施明珠：黨外現在各自為政，各說各話，有的說你是牢裡指揮牢外，我會把你的意見，轉告他們。

施明德致「公政會」及「編聯會」信函

「公政會」及「編聯會」諸女士、先生：

今天是我絕食進入第一百二十四天，被強制灌食已持續一個月之久的日子，鑒於情勢已有相當變化，我覺得應給諸位寫這封信，來表達我心中的某些感想與期盼：

第一：自四月一日，我發表「絕食聲明」抱著殉道的決心，展開無限期絕食以來，承海外鄉親及同鄉會的無私支持、響應，國際人權機構及國際知名人士的持續關愛，並蒙諸位的關切，我由衷感激。在孤零的病房中，我真正體會到「我孤單、卻不寂寞」的諺語深意。一生修生奉獻於公義，人權及民主化的人，確實永不寂寞！

第二：我們的國家確實有許多問題存在，諸如：外交困危、國防安全、人權狀況、民主化的僵局，經濟犯罪，生態污染、公義不彰，功利主義與物質主義橫行、制衡勢力缺乏，社會犯罪率上升、景氣低迷……等，這些問題，有些是屬於世界性的，尤其是「政治正常化」、「黨內外的尖銳對立」和「國情日趨兩極化」等問題。都可能嚴重地扼殺了我們國家的生機，徹底粉碎我們國家賴於生存的最基本要素，團結與祥和。

但是，任何政府或主政者，都無權以霸道主義要求「國家團結」；即使她如何要求再三，也不會產生預期的目的。多少年來，我堅信的信念之一，便是「要求國家的團結、必須先行伸張國家的正義」！這項信念也是我此次絕食的基本動力之一。所以，在絕食之日，我便給了 總統先生一封私函，向 總統先生提出「兩項建議」與「四項原則」。

第三：在該函中「兩項建議」與「四項原則」本是一體而不容分離的。它們應是朝野雙方在現階段中，應予尊重的。「黨外諸君」，基于國民黨政府多年來的「實績」，很自然地判斷國民黨絕不可能接受該「兩項建議」，所以，對本人的「四項原則」便不予重視，甚至認為施某人已神智不清，竟幻想與虎謀皮！事實上，展開絕食之前，我和各位一樣，也不存任何幻想，但，身為一個人權工作者，民主運動奉獻者，我認為此時、此刻，我如不抱殉道的死志，全力以赴，我會愧對良知，於是我明知不可為仍為之！

第四：一百二十幾天的絕食生涯中，我嚐盡了肉體的、心靈的及疾病的種種苦難與折磨，我的意志仍未絲毫動搖，尤其面對勢如排山倒海而來的親情、恩情、愛情及友情的呼喊和壓力，我也只有悄悄落淚來抗拒它，個中滋味，絕非局外人所能領會。

一個不惜為某些有益於人類、國家與人民的信念，要絕食、殉道，不僅在台灣歷史，即使全中國歷史中，也未曾有過！感謝主的庇佑，使我已度過了一百二十四天了；尤應感謝主的是執政當局已透過幾次、幾條適當的「管道」，傳來她的具體又有意義的「訊息」196！顯示在可以預見的將來，她將會採取有作用的反應，以伸張國家正義，改善人權狀況及促進民主化。

這些「訊息」不是我一百二十四天前所敢期盼的，更不是諸位始終聲稱「應釋放美麗島人士」及政治犯的黨外人士所敢事先評估的。今天，我不敢自稱這些「訊息」是我一個人努力、奉獻的結果，它是主的神奇力量、國際人士，海內外同胞一致工作的成果，充其量，我扮演了一個堅毅的「酵母菌」而已。

第五：鑒於情勢已有如是變遷（我仍未完全確信該「訊息」，所以，我仍不決定中止絕食），我要懇切地請求諸位重新以另一種較開朗的心境來檢視我的「四項原則」。然後率直地通過舍妹仔細地告訴我，諸位的反應。到底，我又被囚禁五年半了，對某些新情勢，不如諸位敏銳。我想用最冷靜的頭腦，聽聽大家的正、反主張。然後，希望為我們日趨兩極化的國勢，做些有益於全民的工作。

第六：自「高雄事件」以來，是諸位接下了「美麗島政團」的棒子，繼續為台灣的人權、自由、民主化而獻身。各位的辛勞與功績，在歷史自會有所公斷。在結束這封信時，我有兩點聲明：

各位對「四項原則」的反應，會關係我是否中止絕食，正如執政黨對「兩項建議」的答覆會影響我的殉道意志一樣。

196 信函的作者施明德透露：「『訊息』指的是梁肅戎代表蔣經國到牢裡（三軍總醫院）跟我傳達：陳菊已經釋放，我們當然不會對外說是因為你絕食我們才釋放她，不久其他人也會陸續釋放，開放組黨和解除戒嚴，經國先生也都要做了，會在適當時間處理。」

我只是要傾聽各位對「四項建議」的反應而已，不是強迫諸位非接受不可，更不是「坐在獄中還想指揮我們！」以前我不是「黨外」領袖，今天不是，未來更不是！了解「美麗島時代」的人士，一定都知道，我只是一個穿牛仔褲的工作者而已！我哀求諸位不要對一個已絕食一百二十四天的工作者，指責「他竟想坐在牢中指揮我們！」我不敢。我只是在扮好我一個奉獻者的角色而已。「春蠶到死絲方盡，蠟炬成灰淚始乾」，是一個人權工作者和民主運動奉獻者的信條，我只是在恪遵本信條而已。

餘言，舍妹將會向　諸位做口頭報告。

祝好！

施明德　于三總　八、二、八五、中午

這不是一場活生生能出現在世人面前全盤托出的大審判，施明德絕食四年七個月的孤單與折磨，沒有人知道，只有統治者知道。而蔣經國想要的正是：「沒有人知道」。蔣經國畢竟是掌握了台灣半個世紀以來的情治特務大權的統治者，年輕人該如何理解這是個什麼樣的概念呢，你可以想像蔣經國在這個蕞爾小島上，就像祖克柏統治著他的臉書世界，每一個臉書的使用者腦袋裡的每一個想法、心底蠢蠢欲動欲望，你的家人是誰，你的朋友在哪裡，你的能耐，你的行動，你的愛情，你的仇恨，你的口味，你的秘密，你的詭計……祖克柏都看得見。祖克柏想知道該給你下什麼樣的廣告，關於你的一切訊息就是他的搖錢樹。但是，我們邪惡的統治者，他想知道我們的一切，為的是在我們之間發覺那一些特別有道德品格的「異類」，那種人會妨害他的「政權」，他要做的事，是在大家都沒發現的前提之下「除害」，他們在國家安全會議裡再三重中的「防犯未然」；當然，他也要發覺那些在我們之中特別「處心積慮要飛黃騰達者」，這些人就是他潛在的特務盟友。如果那個「異類」是個大人物，那麼手段與方法就得格外講究與考據。比如孫立人、吳國楨和雷震。誣陷「匪諜」這一招在他的黑歷史裡無往不利。為何？因為作為擁有全視角的特務頭子，沒有人比他更了解他統治著是怎樣一群「十分恭順」的綿羊，是怎樣一群唯利是圖的小人，是怎樣一群唯唯諾諾的逃難者，是怎樣一群嚇破膽的遺族，是怎樣一群遺忘了歷史的蠢蛋，是怎樣一群自私自利的文人，是怎樣一群沒品的地痞流氓……，在這樣的「被統治者」面前，抓了他們的「頭」，孤立、隔絕、讓他們消音，沒有「追隨者」，沒有人知道他們的存在，親民的統治者又可以牽起恭順的被統治者的手，大家一起「快快樂樂」地過日子了。

絕食中的施明德就這樣，被遺忘在綠島，被遺忘在三軍總醫院，明明還在絕食中卻被報導「開始正常飲食」，統治者下令「以不讓施犯死亡為最高原則」，同樣是基於不能製造「烈士」的邏輯。就在「沒有人知道」的大原則下，這個欺世盜名的統治者蔣經國就連施明德的「名」都盜取了。他從一個特務頭子、大獨裁者，搖身一變成為「民主改革開放者」！這些年來，台灣人對歷史做了太多這樣可怕的事，正在發生。這一股篡改歷史的動力，到底是哪來的？特務謝長廷變成創黨元老，出賣台獨運動的辜寬敏變成台獨大老……請問是否還有人在乎真相？請問這是正義嗎？

「當台灣民主黨建黨委員會掀起組黨熱潮之際，有一個最該被記起的人，卻似乎被黨外群眾遺忘了。這個人，極有可能在數十年、百年之後被尊稱為台灣民主黨之父。他就是今年四十六歲，為台灣民主運動坐牢二十二年的施明德。不但一般人忽略了台灣民主黨和施明德可能有的關係，連最親近施明德的親人、朋友、同志，也都不知道施明德如今在何處？是生？是死？在綠島嗎？在三總嗎？在景美軍法處看守所嗎？在太平間嗎？他的同志、親友沒有一個人能夠回答！」[197]這是一九八六年六月三十日《自由台灣》的封面故事。好殘酷的歷史事實啊！一個在牢裡「死諫」為了營救其他政治犯，為了爭取黨外組黨之權利的死士，就這麼刻意地被所謂「黨外」遺忘在地獄裡。國民黨封鎖施明德，我們可以理解，尤清、江鵬堅和周清玉他們都去牢裡探監過，不僅不敢對外發表談話，傳達一個「死士」的心志，還自己偷偷決定「秘密宣布」組另一個黨，難道不是國民黨授意的嗎？歷史是一場玩笑嗎？這些辯護律師到底是誰？難道這些不才是合理的懷疑與推論嗎。民進黨組黨的神話有一個這麼大的破洞，大家都視而不見，是組黨神話是一件國王的新衣嗎？

施明德以致命的無限期絕食，終於迫使獨裁者答應「放人」和「組黨」，比謝長廷等工具人早很多。謝長廷卻說「施明德在服刑中」所以一無所知。檔案的時間序證實了，謝長廷只是工具人，替蔣經國完成「組黨」的工作。調查局長阮成章奉命犒賞謝長廷二十萬獎金果然有效。所以，國家檔案的全面開放是何等重要！

劫後餘生的施明德，就像惹人厭卻不可或缺的蘇格拉底那樣，蘇格拉底受審判時說：「神把我指派給這座城市，就是讓我發揮一隻虻子的作用，我整天飛來飛去，到處叮人，喚醒、勸導、指責你們中的每一個人，先生們，你們不容易找到另一個像我這樣的人，如果你們接

197 吳祥輝，《自由台灣》週刊，一九八六年六月三十第三期，封面故事。

受我的建議，就不要把我處死。」[198]現在，就連歷史也想要把施明德忘得一乾二淨，在歷史裡，遺忘就是處死。

198《柏拉圖全集：卷一》柏拉圖，左岸，二〇〇六，台北。p.18。

真話

「近十幾年來，台灣有一個奇特而又令人憂憤的現象，就是越有權勢的人士越愛說假話，在態度上，比普通人說真話時表現得還要真；在語氣上，比普通人說根本無法肯定的話時還要肯定。十幾年來，這類人士在說假話的競賽上，實在可得『最佳勇氣獎』。這類人士所說的假話形態，不外乎『空』，『泛』，『矯飾』，和自吹自擂。他們動輒以『遠大』，以『未來』教人。然而，他們自己卻是最現實的現實主義者。這些人士為什麼忙於說假話呢？因為，他們可以藉著說假話換取一時的統治利益。」[199] 我知道喜愛讀歷史的人，一定常常與我一樣，溫暖又驚奇地發現古人常常已經為我們描述出「此刻」我們的苦惱。假話總是如此地盛行與不加思索地受到歡迎，真話卻得寫上一本厚厚的書解釋自己，還可能乏人問津。這是一段殷海光寫於一九六〇年的《自由中國》的肺腑之言，也道出了本件訴訟的「核心課題」：

「誰在說真話？」

199 殷海光，《殷海光全集10：政治與社會（下）》〈我們要有說真話的自由〉原載自由中國卷二十二期十二（一九六〇年六月十六日），二〇一五，台大，台北。p.1171。

「說真話」，這還真不是一件容易的事，我得寫上一本十萬言書附帶百多條註釋來說明，是哪些資料，哪些人的見證，哪些訊息的來源，哪種人生經驗，哪些偶然的巧遇，全部綜合起來與我的腦汁一起被絞盡，才能闡述明白，為何在白色恐怖時代裡，美麗島的辯護律師謝長廷是國民黨安插進黨外勢力的特務，這樣一個簡單的想法。

而我判斷我的想法是「事實」，乃因為我仔細思考過它絕對不可能不是。

倘若這樣的一個想法不是事實，那麼我們得推翻太多太多「真真確確」的人、事、物，也就是說，我們得推翻，一整個支撐我們台灣人活到此時此刻認為合理存在的歷史與世界。我們必定要推翻國民黨運用特務體系進行「白色恐怖」統治的事實，我們必定要推翻美麗島軍法大審的真正的歷史事實，我們必定要推翻「人之將死其言也真」的江鵬堅的臨終告白，我們必定要推翻一個在台灣社會以「說真話」被判處兩次無期徒刑的「施明德的真話」，我們必定要推翻一個頂著七年偽證罪的證人高明輝在法庭上的證詞，我們必定要推翻好幾本嘔心瀝血的著作，我們必定要推翻一個身為謝長廷少年玩伴的市井小民的回憶，我們必定要推翻人類普遍的常識判斷與道德情感，我們必定要推翻任何識字的人從字裡行間讀出的真理與真相的興趣，我們也終將推翻一個人表達出他的想法與結論的權利。然而我知道這個權利明白寫在我國憲法第十一條：「人民有言論、講學、著作及出版之自由。」卑微地懇請諸位法官多多注意一下這一條曾經被凍結了三十八年的憲法的真義。此條內容乃是保障所謂的表現意見自由（freedom of expression）。這些自由所表現的方式或有不同，然均屬人民能將自己內心的「意見」形諸於外的權利。

資訊自由於此時此刻在我國對一個受難者來說仍是處於被剝奪的狀態，因為當我們去國家檔案局申請檔案時，很多關鍵的「資訊」依舊是被遮掩掉的[200]，希望諸位法官也能了解若國家剝奪了你取得「資訊」的自由時，其實也等於某個程度取消了你的言論自由，因為資訊也是言論重要的一部分。雖然身處在這樣的劣勢之中，我也不氣餒，「追求真相」這四個字的重點畢竟是在於「追求」。我得多嘴一下，常常有很多人會混淆「事實」與「真相」，事實是發生了什麼人事物，真相涉及的是這一整件事情的來龍去脈前因後果，包含了涉及其中的行動者的想法與動機，人的心靈活動和情感。比如，事實是一九八〇年二月二十八日那一天林義雄的母親與三個幼女在家裡被殺，那麼真相呢？那個被民進黨政府列為「永久保密」的真相呢？當然，沒有兇手並不代表，真相不明，只是「國家」羞於承認或不願意承認。又比如，陳逸松律師是二二八事件處理委員，主持會議，負責擬定「三十二條處理大綱」，這些都是事實；但王添灯被殺時，他為何能躲在保密局局長林頂立的官邸裡呢？這個疑問，不禁要讓人去「追求

200 立法委員范雲在二〇二二年三月十五日召開轉型正義公聽會，多位民間學者、專家對於政治檔案開放程度提出質疑；三月十五日時，與會者幾段關於政治檔案開放的發言如下：

林佳和（政治大學法律系副教授）：「用民主法制保障威權時期情報人員，真的是笑話！我們是在處理轉型正義，不是在處理民主時代的情報人員保護！沒有國家會用保護情報人員隱私的理由，阻止威權時期檔案公開。」

林國明（臺灣大學社會系教授）：「在不同政黨傾向都有的公民審議結論中，有『追求真相』優先於『社會和解』的共識。轉型正義推動不應該為了避免對立，就遮掩真相；對於真相的原則應該是「最大開放、最小遮蔽。」

吳俊瑩（歷史學博士、台灣民間真相與和解促進會理事）：

「目前調查局徵集的第六波檔案中，竟有四六%的檔案因為五十年限制而看不到，那到底徵來要幹什麼？」

周婉窈（臺大歷史系教授）：「明明《政治檔案條例》是優於一般法的特殊法，但過去國安局一年來卻都沒有釋出任何政治檔案，以後到底要怎麼辦？甚至政治檔案還要五十年後才能看，我有二十年我就很感激了。是要我活到兩百歲嗎？這真的胡扯！」

真相」。人不會沒事無聊到成天去幹一些「追求真相」的苦差事，要不是總是有一堆「不禁要問」的疑問，我大可以讀小說做菜，看電影聽音樂，和我的狗講話，和我的貓捉迷藏，逗我的愛人開心，作這些真正令我感覺愉快的事。

自古以來的獨裁統治者在運用其統治術時，最慣用的就是「壟斷資訊」、「掩蓋證據」、「扭曲事實」、「散播謠言」，這種種手法，現在解釋起來剛好很容易理解，天天發生在我們眼前的「俄羅斯侵略烏克蘭的戰爭」裡，俄羅斯就全都運用得淋漓盡致。才會發生一個烏克蘭人打電話給住在俄羅斯的父親，他的父親不敢接電話，因為他說烏克蘭全是納粹。很小的時候，我也真的以為苦難的大陸同胞都水深火熱餓到啃樹皮，我也真的在育仁小學的操場上掃那掃也掃不完的落葉時，好奇地啃過一小口鳳凰花樹的樹皮。

我們必須了解，對我提起侵害名譽賠償告訴的謝長廷先生，自從擔任美麗島大審辯護律師以來，政治事業曾一路攀登到貴為行政院長的最高統治者，相對的施明德先生僅僅是一個舉世聞名的受難者，而且他並不是今天才「耳聞」謝長廷是特務，早在二〇〇〇年時臨死前江鵬堅就親口對他證實，十多年前高明輝又再度親口向施明德先生與我證實，後來有人出書，後來電視媒體也用一段時間認真討論過，這麼多年來施明德先生與我從來沒有一次以一個「爆料者」的姿態，來談論這件事，每一次都是被動。去年（二〇二二年）因為政壇發生令一般人驚訝的「黃國書抓耙子」事件，媒體又來向施明德先生詢問江鵬堅的事，我們萬萬沒想到謝長廷會自己跳出來為江鵬堅「辯護」，我實在不知道要怎麼詮釋這種「辯護」，只能藉用殷海光先生的說法：「一個職業的趙高出來指鹿為馬」。原告想漂白一個特務嗎？乾脆仿效民進黨政府給叛亂犯發一張「回復名譽證書」的作法，也給所有白色恐怖時期的特務都發一張「回復清白證明書」。讓台灣真正成為一個鳥語花香的寶島，在醜惡的過去裡沒有醜惡，全都是有榮譽感的人和清清白白的人，就當一切的恐怖都不曾發生，生時請當一個失智者忘記所有的事，死後也省下了還得向神明告解的苦差。就像掌權了之後某個位居要津的民進黨人對施主席說的話：「Nori啊，你為什麼不跟我們一樣快快樂樂地過生活呀。」

可是，施明德不能忘記那些被你們刻意遺忘的犧牲者，又如何能作一個快樂的忘恩負義者……

我們相信江鵬堅證實謝長廷是特務是「真話」，因為他自己坦承他是特務，而且出示證據以取信施明德。謝長廷拿什麼為江鵬堅「辯護」呢？從江鵬堅告訴施明德謝長廷是特務之後？二十多年來，是謝長廷先生自己的所作所為和言論不停地在向世界「自證己罪」，他面對白瑄、許榮棋、高明輝、鄒紓予、謝育男，乃至江鵬堅以文字、證詞和話語對他的一生的事實陳述，他完全沒有辦法提出有力的駁斥，除此之外，他也常常說出「怪異」的話語，像是一個「說謊慣犯」經常因為心慌所做的此地無銀三百兩式的辯白。

「想不到，美麗島公開審判之後，我們律師這樣搞一搞，報紙天天報導，死刑就判不下去了，就判更輕。」[201]這是謝長廷「怪異」的言論之一，也許美麗島大審過去四十二年了，他仗著老人都成了既得利益而不在意了，年輕人反正不懂，所以他敢如此說。在同一本民進黨的建黨炫耀書裡，我想也沒有人這樣問他，他又自己「自問自答」說：「**施明德對外公開有講說，我**

201 王曉玟，《衝破黨禁1986》二〇二一，圓神，台北。p.267。

們有人跟國民黨勾結，才可能組黨成功，他說蔣經國默許我。」[202]首先施明德絕對沒有這樣說過，其次，「勾結」這個詞很難使用在跟一個「極權統治者」與人建立關係的用語，極權之意就是沒有人可以與其「勾結」的政體，所有的政治關係都是統治者發動的，而勾結指是兩個基本上平等的主體之間，其中一方的「叛徒」與另一方的主體密謀。白色恐怖時期，不管是吳三連、李萬居、高玉樹、黃玉嬌、康寧祥、張德銘等等，散落在國民黨之外的黨外人士，我們怎麼也不會說，他們與國民黨「勾結」，他們是屈服了之後「被迫」聽命於國民黨，平時都無所謂，做生意選舉都正常來，但有事時，特別是關鍵的時候，你不能不照國民黨的意行事。黃杰的警總日記裡記載得很清楚，蔣介石決定要抓雷震之後，叫吳三連帶著太太出國半年（一九六〇年八月十三日），保安處監聽雷震等在中壢的集會中，夏濤聲說：「**國民黨目前無民主政治可言，完全是一黨專政，而其控制的手段與方法與共產黨無分別，我們為了民主，必須要有公平的選舉，我們要促進公平的選舉，勢必要組織反對黨，國民黨對反對黨籌組工作組饒手段非常卑鄙，例如吳三連要參加反對黨，他們派十餘人士去包圍吳三連，又利用許金德出面，以公司大股東作威脅，謂其若參加反對黨，不但公司無法貸款，而將有很多麻煩可能發生，最後促吳三連以兒子完婚而去美國。**」[203]吳三連不能說「勾結」了國民黨，他只是不得不聽話，二十三天後，一九六〇年九月五日雷震就因「匪諜案」被捕。你想想，吳三連往後餘生能不繼續聽話嗎？在那個時代，極權統治者喜歡這種「德性」的台灣人的「頭人」，也放著他們盡量憑自

202 王曉玟，《衝破黨禁1986》二〇二一，圓神，台北。p.268。

203 國史館，《雷震案史料彙編：黃杰警總日記選輯》二〇〇三，國史館張炎憲，台北。p.86。

己的本事繼續在台灣人裡面做「頭人」。

活在這般苦悶裡的當然不只吳三連，我剛剛提過的康寧祥、張德銘都是。江春男（八十年代總編輯）回憶：

有一次印象很深刻，老康就跟他們在電話裡面罵起來，用三字經罵他們。那個人就說：「老康，你在幹什麼啊，你朋友被抓去關，你還在這邊做什麼？」他說：「我在研究，在想辦法。」對方要他趕快去救他們。老康說：「怎麼救啊？你要幫我，你有沒有機關槍啊？我上街頭，你要不要上街頭？你要不要跟我來？我要包圍總統府，我要到中央黨部衝，你要不要跟我衝啊？」對方說：「不要，你就想辦法啦。」他說：「我有什麼辦法？你只要叫人死就好了？我帶頭你要不要來嗎？」對方說：「我們再投你一票，你不要生氣呀。」他說：「你投我一票，叫我去死就好了！我要去做，你為什麼不跟我做呢？那我有什麼辦法呢？」老康一直罵他：「我才不要你這種爛票，只知道說而已。你是誰？有人出錢出力，你有沒有做過什麼事情？我有什麼力量？我有美國人的力量？我有錢嗎？什麼都沒有啊。」真是氣得要死，老康說：「你要叫我做什麼？做領導者？」[204]施明德先生說張德銘在抓人之前，是蠻核心的幹部，有人曾建議把他拉進「核心小組」裡。余登發被捕當天，施明德召集大家來開救援會議，地點就在張德銘的律師事務所。可是，大逮捕之後，自由的他過的日子就跟吳三連和康寧祥一樣苦悶了。許信良在美國組了「台灣民主黨」之後，國民黨要張德銘用一個無聊的罪名控告鄭南榕的雜誌「違反選罷法」，藉此在

204《珍藏美麗島III：暴力與詩歌　高雄事件與美麗島大審》新台灣研究文教基金會（現改名為施明德文化基金會）美麗島事件口述歷史編輯小組，一九九九，時報，台北。p. 276。

民進黨建黨的過程中，把鄭南榕這位真正不可馴服的行動者關起來。像這樣的人，我們不會稱他們為特務，他們不過是被特務們掐著脖子過活的人。他們本來都是黨外的人。反過來說，江鵬堅與謝長廷原來不是黨外，他們本來是特務，後來才被派來黨外工作，從黨外崛起。

漢娜．鄂蘭在討論責任與判斷時提醒世人，她說：「**在希臘或羅馬，所有的德性絕對都是與政治有關的德性。問題從來不在於一個個體是否是善的，而是他的行為對於其所生活其中的世界是不是善的。中心旨趣在於世界，不是自我。**」[205]我想，這是我們台灣人在面對我們共同殘破的過去，以及我們此刻唯一的祖國時，必須要保有的堅持。恐怖時代曾迫使我們像那壓迫我們的特務那樣，孤立地，懦弱地，屈服在絕對的自我裡面，唯利是圖唯我獨尊，以至於我們失去了道德判斷，我們不在乎我們在那個我們生活世界裡的所作所為「對那個世界」是否是善的？然而經過很多人對他所活著的世界做出善的作為，如今我們生活的世界改變了，那些迫使我們拋下責任與道德的恐怖已不存在，該是我們檢視我們自己的行為之於我們生活的世界，以及我們所繼承的歷史遺產，到底我們該如何做才是善的？

殷海光先生因為雷震案而想起：「**許多人以為『法律是公正的』，其實，法律本身無所謂公正或不公正，祉有公正的人才會把法律用的公正。**」[206]這是提醒法官，也是提醒所有台灣人：許多人以為『歷史真相』是不言自明的，其實，真相不是一顆太陽，不會自己發光，只有勇敢的人才能舉起火炬照亮它。

205 漢娜．鄂蘭，《責任與判斷》二〇〇八，左岸，台北。p.210。

206 殷海光，《殷海光全集10：政治與社會（下）》〈法律不會說話——因雷案而想起的〉二〇一五，台大，台北。p.1217。

蘇格拉底在廣場上這樣對法官們說：「**關於法庭的表現，我不認為向法官求情，或通過這樣做而被判無罪是正當的，除此之外，受審者必須把事實告訴法官，並提供證據使他們信服。法官並不是坐在那裡把公正當作一種恩惠來分發，而是要決定公正在哪裡，他們發誓不按個人好惡來定案，而是依法作出公正的判決。**」[207]在某個種意義上，我的原告謝長廷把一件不該上法庭的歷史「真相」逼上法庭，還妄想借諸位法官們之手來殺死真相，這是何等滔天大罪，所以「**我實際上不是在為自己辯護，而是在為你們辯護。**」[208]以上申辯。

謝謝您們的聆聽。敬請卓裁。

207《柏拉圖全集：卷一》柏拉圖，左岸，二〇〇六，台北。p.22。

208《柏拉圖全集：卷一》柏拉圖，左岸，二〇〇六，台北。p.17。

辯論狀

本件源起

本件係肇因於二〇二一年十月民進黨立委黃國書經新潮流派系友人「比對」檔案紀錄證實後，坦承自己過去為抓耙子身分的風波，因而引發民進黨內臥底特務疑雲說，施明德先生才「被動」回應記者提問，陳述自己的親身經歷，也就是二〇〇〇年江鵬堅過世之前向他告白自己的特務身分，並派司機送來一批珍貴的史料佐證，不料原告謝長廷卻自己跳出來為「特務江鵬堅辯護」指摘施明德說法不實，然對施明德而言謝長廷此舉剛好是特務謝長廷終於「對號入座」了，因為江鵬堅死前即向施明德告白，同時也指出「謝長廷也是調查局的人」，萬萬沒想到二十一年後謝長廷是以這樣的方式自己「對號入座」，彷彿這一切完全在江鵬堅的「預料之內」。就在這一個回復歷史真相與恢復受難者正義的關鍵時刻，被告作為施明德之妻與一名歷史研究者，義不容辭為其夫及所有受難者辯護，為揭露真相恢復正義盡一份力。被告於個人臉書所發表的六篇文章總共一九二〇六字，是相當長又完整的論述，不應該被原告、鈞院和社會大眾斷章取義，分割來看待，文章本身即包含相當證據的引述、真實當事人的口述查證，有思想深度與歷史見解的立論基礎，還有親身見聞的陳述，雖然因此揭露了原告「不欲人知」的過往，使其個人身心不悅，但真相確實如是，受難理當有言說的權利，大眾也有知的權利，被告亦負有「不得不」論述的道德義務，被告之言論乃為體現思想與言論自由，實現人類之道德，理應受憲法保障。當出現以良善立論為基礎討論國家歷史真相的時刻時（言論自由），一個可受公評的政治人物不欲人知的過往，理當退讓。

本件被告乃美麗島事件受難者施明德之妻，基此身分得以親近白色恐怖時期諸多重要反對派人士，亦得以取得一些檔案資料，綜合數十年來自身對白色恐怖的歷史研究、親身之見聞、媒體之報導、檔案之細細查證等等，才能於二〇二一年台灣社會爆發「黃國書抓耙子」事件時，施明德先生「被動」回應記者詢問時說明江鵬堅死前之告白，遭到謝長廷「莫名其妙」跳出來「攻擊」施明德先生的話語時，以長達一九二〇六字的論述說明歷史真相與事情原委，發表於臉書。

細究白色恐怖歷史，則可知，無論當時或事過境遷，任何人皆很難為他人之「臥底特務」身分「辯護」，這是歷史的特徵，也是時代的「恐怖之所在」。你明知特務就在你身邊，而你無奈無法辨認。

然原告謝長廷「不僅」為江鵬堅先生自己告白的特務身分「辯護」，還欲「否認」施明德先生之「親身經歷」——江鵬堅約施明德於「菊之鄉」酌飲一事，還有江鵬堅遣司機送來一批「調查局」才能擁有之資料一事。憑空口白話否認他人之經歷，這實在太荒謬，荒謬得「欲蓋彌彰」。

原告聲請調查九九年度訴字一七〇一號卷宗即無可採

原告企圖以自身過往之訴訟（台灣台北地方法院九九年度訴字第一七〇一號卷宗）為理由和證據，繼續嚇阻他人談論自己不願人知的過往，惟鈞院須審酌，謝長廷不願人知的過往非但不是他個人的「隱私」，反而正是他今天成為一公眾人物、掌握國家資源分配之黨政要員的「源起」——本國政治史從恐怖統治轉型為民主自由的歷程中最重要的里程碑「美麗島軍法大審」。這段血淚的歷程既然都已經載入中學歷史教科書，當然是人人都能夠「探究」與「深論」的歷史真相。回顧這一段歷史，人們常常討論施明德為什麼面對死刑時卻能微笑以對，當庭論述台獨理念和政治理想？人們當然也應該要問，當年的所謂義務辯護律師怎麼來的？他們是否為特務統治的當權者所安排？這種種提問不得謂非正當的「歷史問題」，更是任何一個有正常思考能力與好奇心從事歷史研究的人，應該要問的基礎問題，畢竟那個時代真正是一個「特務就在你身邊」的恐怖時代，實際上也已經不知道有多少人因此被槍決了。

原告的訴訟策略與司法手段（後續將詳細分析），在一九九八年白瑄毀謗案可行，謝長廷告李義雄毀謗因高明輝到檢察署作證，李義雄獲不起訴處分，後來李義雄反告謝長廷侵權案時還有效，都順利使其贏得訴訟。致使原告謝長廷援引「判例」對外界持續掩蓋其特務身分，表示他有「證據」與「公文書」證明其「非特務」。然此種種，被告將在本件訴訟過程經一一剖析並揭露，其舉證之證據力付之闕如，其援引之判決失之附麗。國家從白色恐怖邁向民主化是多少先人的血淚，多少家庭破碎，多少條犧牲的生命，才鑄成的自由生活型態，今日所謂令人質疑的「辯護律師世代」逐漸離開權力核心，檔案雖迄今未能完整開放，但也漸漸持續披露中，歷史學界、知識份子、社會大眾與法院亦逐漸對於神秘、可怕的「特務統治」面貌開始有概念，多一分理解，此一時彼一時也。人類探究歷史真相本來就是持續不斷發掘的過程，新的發現推翻舊的結論，乃是常態。故這些在「檔案出土」以及「轉型正義」之前時代的這類型訴訟與判決書，不僅禁不起「法理」之檢驗，更與真相、正義和時代之精神背離，不當為斟酌本件之基礎。

無論告人「妨害選舉」或「毀謗」都抹煞不掉自己的過去

原告與前調查員白瑄之間的毀謗訴訟，或與民進黨籍調查員李義雄之間的侵權訴訟，乍看之下關於「原告特務身分」之言論與本件雖有相通之處，但該判決書和證據根本不能作為原告在本件中之「舉證」欲「證明」自己「非」曾為「特務」之「證據」。

按原告控告白瑄首先是「妨害選舉」案，接著由檢察官起訴刑事「毀謗罪」，前者不起訴，後者判決白瑄毀謗罪成立，然無論二者判決結果為何，實際上與原告之特務身分真相不存在邏輯因果關係，原告無從以「判決書」或「公文書」直接舉證自己「非」特務，就像調查局從根本上和法理上來說，都毫無「正當性」能「證明」任何人不是特務，因此對於本件系爭言論是否侵權之審理，無參酌之價值，茲詳論理由如下：

該訴訟起因僅是一九九八年白瑄在電時節目的發言，訴訟所涉之系爭言論僅限於節目中的口頭發言。相對的，本件被告乃「被動」的完整文章發表，是為歷史真相與家族榮譽而行之「不得不」的辯護。

白瑄發言時機值選舉熱潮，而原告為候選人。本件被告於國人熱衷於討論黃國書抓耙子案和轉型正義之時，被動在原告「說謊」之後發表臉書駁斥，乃為澄清歷史真相。

許榮棋與白瑄是「主動作節目」發言，其動機有商業、收視率和為影響選舉的政治考量。本件純粹為被動回應新聞，澄清與自身相關之歷史真相。

白瑄作為發言者的身分是調查局前調查員，本件被告乃施明德之妻，為其夫辯護，且為受難者彰顯正義。

白瑄的道歉函，僅就在電視節目上「討論謝長廷是否為調查局線民一事時誤信傳言」部分道歉，無涉白瑄之後出版之著作。白瑄的道歉，也僅止於道歉，不能「證得」或「反證」謝長廷的特務身分。「道歉」可能是「屈從」於權勢之下的權宜作為而已，一如白色恐怖時期被關押之政治犯在刑求逼供之下的「自白書」。所謂「屈打成招」連「偷扛古井」都會承認。因此，白瑄的道歉函，對斟酌本件並非無疑。反過來說白瑄的著作《全民公敵調查局》[209]則應該在當時或本件審理中被仔細推敲審酌，當時的法官沒有如此做，就是一個謬誤。

關於該訴訟所涉一九九八年發表於真相電視台節目的言論，被告完全不知情，對於其衍生的訴訟亦不知悉。被告研究白色恐怖時代歷史的過程，參酌的是隔一年一九九九年出版的白瑄著作《全民公敵調查局》，考諸卷內所附節目發言逐字稿，對比該書完整敘述與周延論證，似無不可憑。

基上，原告提出台灣高等法院九二年上更（一）字第八四七號（謝長廷控告白瑄毀謗）刑事判決書似無可採。蓋此一時彼一時，一九九八年時尚未政黨輪替，也無國家檔案開放，更

209 白瑄，《全民公敵調查局》一九九九，台灣之聲，台北。

無「轉型正義」概念，法院和法官們對於「白色恐怖之歷史本質」毫無了解，僅以一般毀謗案件或政治攻防之言論來看待，誤信缺乏「證據力」之公文書（後續將分析），致判決書對於本件和歷史真相毫無審酌之價值。

當年法官認定侵權行為在前，書籍出版時間在後之因素，認為該書為不足採之「證據資料」，然法官實際上忽略作者著書決不是一天兩天的功夫，一個人需要長時間的思考與搜集資料，而寫作又需要漫長的時間；白瑄對其著作主題的掌握，顯見是長時間的觀察、紀錄、研究與思考，也許在著書的期間，先在電視發表言論，而後才完成文字書寫，然後編輯出版。法官認定作者本人於寫作期間所發表的言論，與其所出版的書無關，是非常謬誤的判斷，何止不食人間煙火。如果今天白瑄提呈的是他人在其發表言論之後出版的書，法官才能依邏輯判定不足採。有多少學者、研究院、博士班學生在寫論文期間，會不斷公開發表看法，而後才出版成書，他們自己書寫的書，當然是他們立論的最詳盡的基礎。這不是太複雜的邏輯，為何被當年的法官「故意」扭曲呢？

在白瑄一九九八年發表系爭言論之後，旋於一九九九年出版《全民公敵調查局》，李承龍也出版《看謝長廷的爪耙子這一條路》，惟皆被法官認定不足採，理由為二本書都是白瑄發表電視言論「之後」出版，不能作為其形成立論之證據資料。然對於任何歷史研究者來說，對於發生於二〇二一年本件來說，此二書則另有一番豐富意義。此二書對研究白色恐怖歷史的研究者與受難者是重要的參考書，也是本件眾多立論的基礎，況且白瑄是前調查員，李承龍則與許多特務頭子與工作者有第一手的接觸，這些都讓研究者有相當理由更確信謝長廷的特務身分，足以幫助被告綜合判斷形成立論。

關於此點，被告已於二〇二二年三月二十八日提呈的答辯狀論述過，被告引用原告自述傳記《謝長廷人生這條路》，詳實對照分析《全民公敵調查局》之相關部分，加上該書中所指出的臥底特務江鵬堅本人也對施明德先生坦露的真相，謝長廷根本「不可能不是」，其實「就是」與江鵬堅一樣的臥底特務。

指證特務之艱難

李承龍的《看謝長廷的爪耙子這一條路》一書，並非如判決書所示，僅為「作者採訪被告對告訴人謝長廷之相關評論，而著成該書」，該書涵蓋整個白色恐怖特務統治之分析，並列舉諸多歷史回顧，包含吳國禎貪瀆事件、孫立人兵變事件、五二四劉自然事件、自由中國雷震事件。關於謝長廷部分是在第四章線民抓耙子這條路，以謝長廷自述傳記《謝長廷人生這條路》為軸線，訪談諸多不願透露真實身分的當事人，以歷史架構和事理邏輯加以剖析，揭露謝長廷自述所謂「人生傳奇轉折」的荒誕之處。

例如：「筆者為此事曾走訪過關係人，白瑄、許榮棋、某調查員、數位民進黨籍大老、遷居美國的『情治單位』耆老們（他們希望不要具名？）」[210]

又如：「調查局某調查員說：『當年（一九九三）陳唐山選上台南縣長，王幸男擔任秘書，因王幸男無公務人員任用資格，調查局遂運用謝長廷之計，同時交代謝長廷就近監控，搜集情報。某日，陳唐山預備有「動作」，出發前，謝長廷打電話向調查局報告，這通電話就是我

210 李承龍，《看謝長廷的爪耙子這一條路》，一九九九年三月。p.178。

親自接到的。』」[211]

又如：「民進黨大老甲（黃）說：『你是怎麼知道的？我一直覺得黨內有些人怪怪的，有沒有資料給我瞧一瞧？』」

「民進黨大老乙（張）說：『你打聽民進黨內有無抓耙子的事，我倒想向你打聽謝長廷是不是？』」

「民進黨大老丙（周）說：『在重要關鍵的時候，例如要舉手表決法案，他們就不見了。唉！有時候不知怎麼搞得，硬是被他們扯成統獨議題，大家吵成一團，然後不了了之。也不知道這些人是無心還是有意，只是人民都不曉得法案拖延真正的原因。』」[212]

又如：「情治單位胡老說：『這故事說來話長，你得慢慢聽下去。』」

「情治單位楊老說：『調查局沒有什麼做不到的，栽贓、抹黑、刑求、設局，這點算什麼！』」

「情治單位李老說：『當年政府這麼做也是不得已的，小老弟，打不過人家（中共）就要動腦筋嘛！你說對不對？』」[213]

211 李承龍，《看謝長廷的爪耙子這一條路》，一九九九年三月。p.178。
212 李承龍，《看謝長廷的爪耙子這一條路》，一九九九年三月。p.178-179。
213 李承龍，《看謝長廷的爪耙子這一條路》，一九九九年三月。p.179。

李承龍又寫：

「台灣社會就是如此，人人有抱怨，但又不敢出頭。（難道還有白色恐怖嗎？）走訪過程中，有些人提供了一些資料，但當我問他是否可以讓我當作證據，他們就推說『不方便』；當我問及能否在書中登出他們的大名，他們更緊張地說『千萬不可』。當然，最後每位大老還是都給我加油打氣。

也有朋友勸我就此住手，理由是抓『抓耙子』有四難：

第一、沒有直接證據。……雖然直接證據沒有，間接證據卻是不少：藉過去的歷史故事的證明，是證據之一。廖正豪、程泉洩漏之『特約諮詢』、『ＡＢ檔案』，是證據之二。民進黨籍立委謝聰敏說『有抓耙子立委』，是證據之三。『祥安專案』，政治偵防動員『特約諮詢』，是證據之四。白瑄先生提供的調查局『線民工作名冊』，是證據之五。劉展華（調查局副局長）、胡國學（調查局耆老、現居美國）、葉肇祥（國民黨高雄市黨部副主委）、張振東（調查局主任秘書）、周書羽（已退休，前市調處處長）等皆是『謝長廷』之領導人物，是證據之六。鮑慰元、張序安（調查局人員）奉命彙整謝長廷提供的資料，是證據七。前調查員楊清海（曾被調查局線民鄭余鎮出賣的調查員）、李義雄（調查局唯一民進黨籍調查員）的指控，是證據之八。文化大學許坤成教授的控訴，是證據之九。調查局至今採默默然的態度，是證據之十。這還不包括不便出面說明者，但上述的證據還不夠嗎？

第二、同學、同事、親友情誼：親情、友誼使人不便說出真相。

第三、怕利害受損：怕說出真相會影響自己權益，或早已遭收買。

第四、怕被報復：忌諱對方權勢，擔心受到報復迫害。」[214]

最後李承龍結論道：「社會瀰漫殺伐之氣，充斥權謀詐術，讓人們不知何話為『真』，何話為『假』。為了自身的『面子』和『利益』，這種人往往『言不由衷』，縱使知道真相也不敢說。難道個人面子會比國家尊嚴更重？什麼樣的利益會比官商勾結的利益更多？如果我們不能『客觀』經由過去的歷史來了解政治的層面，反而被『主觀』情緒影響對真實歷史的判斷，『台灣民主化』豈不是另一種『愚民形式』？」[215]

214 李承龍，《看謝長廷的爪耙子這一條路》，一九九九年三月。p.178-181。

215 李承龍，《看謝長廷的爪耙子這一條路》，一九九九年三月。p.181-182。

謝長廷一路走來的傳奇運氣

然後，李承龍在這樣的基礎上，才展開對謝長廷抓耙子一生的回顧：「民主政治追求的是『知』的權力與『真實』的感受，才能因此得到自由，而不被『愚弄』。就讓我們藉著《謝長廷人生這條路》這本書一起來『回顧』謝長廷的歷史。為方便回憶起過去發生的事，我們採用『編年紀』的方式，讓讀者了解當時的大事，比對兩岸政府的行為、政治人物所說過的話，就更能體會政治人物的心機。當讀者研究謝長廷成長的過程時，請同時比較當時的社會狀況、年代的演變、，如此方能避免時空脫序，以主觀評價忽略客觀分析。」[216]

是以，該書從第一八三始至三〇一頁止，李承龍鉅細靡遺的剖析謝長廷一生種種「反常」的人生經歷，例如：

「謝長廷用很長的篇幅說明青年『自覺運動』過程，也解釋他們這群經歷過『自覺會』的朋友（雖然有人進入調查局工作，謝長廷成為民進黨公職人員，其他的人散進各行各業）由於參加得比較晚，所以在當局展開大肆逮捕行動時，才能倖免於難，未受波及。不過，大家別

216 李承龍，《看謝長廷的爪耙子這一條路》，一九九九年三月。p.182。

忘了謝長廷也說過，『國民黨寧可錯殺一百，不會放過一個，監獄裡怨氣沖天，四分之三被關的人是冤枉的，只因他們屬於鐵齒、歹命的、沒錢送紅包的、不夠力、沒背景的人居多。』

筆者除了慶賀謝長廷『好命』外，也只能像當年鐵齒、歹命、沒錢、不夠力偏又參與青年『自覺運動』被政府當局以叛亂株連入獄、處死的學生們致意。民國七十五年謝長廷出來組黨時，不斷強調國民黨當時可以無緣無故把人暗殺掉，而他可能隨時被『政治車禍』給幹掉，無人會曉得他是怎麼死的，就像發生在民國六十九年的『林宅血案』、七十年的台大『陳文成命案』一樣。然而，早在民國五十八年的青年『自覺運動』中，深受大陸學生運動之害，對校園學生活動控制滴水不漏的國民黨，還有『寧可錯殺一百，不會放過一個』的特務單位，竟會讓謝長廷這群朋友倖免於難？更驚訝的是，竟然還有人可以進入調查局工作？在台灣白色恐怖時期，運氣這麼好的人好像還沒聽說過。」217

綜上所述，鈞院審理本件系爭言論是否涉侵權，斟酌被告發言動機是否具惡意毀謗，或是探究被告是否基於「不得不為的責任感」必須挺身而出，才能捍衛真相恢復正義，該二書實為關係重大的證據資料，而該訴訟之函文證據（調查局函）與判決結果，實不足採。

217 李承龍，《看謝長廷的爪耙子這一條路》，一九九九年三月。p.220。

一九八二、謝長廷、阮成章與二十萬

關於證人前調查局副局長「高明輝」的數次證詞：被告與高明輝曾見面兩次，一次在二〇〇六年，一次在二〇一〇年。兩次會面談話，高明輝先生皆詳實口述他擔任調查局副局長時的親身見聞，他親身見證謝長廷到調查局仁愛招待所與調查局局長阮成章見面。阮成章告訴高明輝說謝長廷是我們的人，蔣經國很滿意謝長廷的作為，要獎賞他二十萬新台幣，囑咐高明輝準備二十萬。

後來，高明輝又於二〇一〇年二月二十五日於檢察署具結作證一次。（台北地檢九八年度續偵一字第一七九號），其揭露之內容，與高明輝前於二〇〇六年親口告知被告之內容一致，有卷宗可稽。

當年施明德與被告聽聞高明輝在檢察署之證詞後，被告曾發表臉書（二〇一〇年三月二日）：「最近謝長廷的『舊』新聞經高明輝在法庭上作證，Nori（即為施明德）當場看到新聞，甚為激動！」我們都很激動，也很感動，我們了解作為過去白色恐怖時期的公開的特務，能公開說出實話是非常艱難的，這一點全世界相關傷痕歷史研究都可證，上述李承龍的著作也描述了這種艱難，接受他訪問的調查局相關人都不願具名。另一方面，因為美麗島事件而在黨外民主運動裡收割的辯護律師們，掌握國家機器後，封鎖檔案資料，致使受難者心中的疑惑始終得不到解答，埋沒了真相，隱藏了正義，而高明輝的證詞，彷彿一道曙光，怎教受難者能不激動。

按鈞院依原告之請調閱台灣台北地方法院九九年度訴字第一七〇一號卷宗，高明輝於法院兩次作證，時間為二〇一一年六月十六日和二〇一一年七月十四日。證明謝長廷於一九八二年確實到調查局招待所與調查局局長阮成章見面，阮成章確實告知高明輝準備二十萬獎賞。也與被告之前親耳聽高明輝之敘述完全一致。

次按高明輝兩次法院作證筆錄，可得知：

一、謝長廷未對高明輝於檢察署之證詞提出偽證罪告訴。【九九年度訴字第一七〇一號二〇一一年六月十六日開庭筆錄，頁八】

二、證人高明輝對謝長廷的特務身分和二十萬元一事的理解，他回答：「是調查局的局長告訴我的，不是我自己想的。」「我接到調查局局長的電話之後，我將此事告訴證人謝育男，一塊錢都沒有經過我的手，錢是下面的會計準備的。」「有沒有紀錄我不知道。現在的標準不能拿來衡量二十年前的情形，當時有很多錢用來支付當時的局長權力也很大。縱然有紀錄，也已經不存在。」

法官問：「錢後來有無繳回局裡？」高明輝答：「沒有。」【九十九年度訴字第一七〇一號二〇一一年七月十四日開庭筆錄，頁三～五】

證人謝育男說：「我記得是調查局長有拿錢要給謝長廷，應該是二十萬元。」【九九年度訴字第一七〇一號二〇一一年七月十四開庭筆錄，頁七】

縱然調查局副局長高明輝說：「我沒有看過被告謝長廷參加工作的任何證件或資料」【九九年度訴字第一七〇一號二〇一一年六月十六日開庭筆錄，頁六】惟此乃屬正常，蓋高明輝在法院與謝長廷進行詰問時表示：「我這輩子只見過被告二次，一次在招待所，一次是今日。」【九九年度訴字第一七〇一號二〇一一年六月十六日開庭筆錄，頁五】顯然與謝長廷有工作關係的應該是阮成章局長，不是高明輝。而高明輝為時任副局長，剛好成為準備金錢者與交付金錢的見證者。

從上開二次開庭筆錄發現，一九八二年阮成章請高明輝準備二十萬，謝育男同謝長廷一起到調查局招待所與阮成章會面一事已臻明確。原告僅能圍繞「二十萬」之歸屬問題打轉，質問證人高明輝與謝育男是否「看見」？洵屬畏罪飾卸之手法。試想，四人之會面，三人為調查局公開正職人員，另一方為反對派議員謝長廷，見面之因素為「交付二十萬」，這種「密室政治」的真實狀態如何進行？難道錢會露白？難道會如一般商人之交易，公開數錢簽署收據完成交易嗎？依常理論，一定是居高位者阮成章先離席，後為高明輝，留下謝育男陪同謝長廷。二十萬始終安安靜靜地躺在桌上，最後走的人自然拿走，難道無聲無息地留在桌上嗎？這是不可能的事。退萬步言，縱然謝長廷要拒絕，也要當阮成章的面拒絕，拒絕後就先走人，才合乎「拒絕」的常理。原告在與高明輝和謝育男的對質過程，言詞閃爍強詞奪理，顯不足採。

綜上，高明輝證詞中關於阮成章與謝長廷會面，並請高明輝準備二十萬獎金要獎賞謝一事，尚非虛妄，且另有證人謝育男佐證，高明輝無論私下或面對檢察官和法官，皆坦承不諱，原告謝長廷亦自知之甚稔。

然本件被告並非只有一個消息來源高明輝，與謝長廷一起從事特務工作的江鵬堅，早在二〇〇〇年臨死前，即向美麗島事件當事人施明德坦承自己和謝長廷的特務身分。高明輝之後的證詞僅更加佐證了江鵬堅死前的遺言為真。

另原告面對高明輝的證詞，狡辯自己為調查局爭取之對象，謊稱調查局欲收買被他拒絕，完全不合時代之真實，也不合邏輯。試問，打著「義務辯護律師」的招牌，在黨外陣營崛起的政治人物，在那個與國民黨特務統治對抗的年代，若是曾在一九八二年被調查局欲以二十萬要收買，為何從不見謝長廷「挺身」出來「指控」這不義的調查局特務統治?!這之於時代特質或之於黨外陣營道義，是不合常理，不可思議的事。何況，證人之證詞皆顯示，謝長廷收了這二十萬。

按鈞院調閱台灣台北地方法院九九年度訴字第一七〇一號卷宗，謝長廷先告李義雄和邱毅違反選罷法，檢察官傳高明輝作證後，調查局於二〇一〇年九月七日以調廉參字第0990041392０號函覆台灣台北地方法院檢察署，說明該局一九八二年間並無支付二十萬與被告謝長廷之紀錄，最終檢察署不起訴李義雄和邱毅，然該審法院竟以該「調查局函」直接否證高明輝與謝育男之證詞，毫不審酌「歷史情境」、「調查局在過去的實際作為情形」、「檔案資料之保存期限」等等關鍵因素，僅憑調查局一只含混不清的公文書，難道是懼怕「前行政院長」嗎？或袒護老特務嗎？調查局如此輕率地毫不考慮一九八二年特務猖獗的政治情境？不審慎評估當時特務頭子與「反對派議員」會面交付二十萬之「特殊性」，不思若存有紀錄，應會紀錄成什麼說法之可能？按特務工作之秘密特質，依常情不會出現文字紀錄，縱有紀錄也可能為「代號」，因此也才需要請高明輝在場「為見證」，這也是高明輝曾說明讓被告清楚「為何他在現場的理由」，因為這不是他的情報業務，他當天（一九八二）才第一次見到謝長廷？在這些前提都釐清清楚之後，調查局才有「能力」據實「函覆」檢察署提出之疑問。否則隨便函覆司法機關，讓法官引用來駁斥證人之詞，致司法不公，實在罪過。何況，一般而論，「查無」紀錄，並不等於該事「不存在」，這是邏輯問題，法官依舊必須考量一九八二年的獨裁戒嚴之時代背景，證人的證詞和這種大額現金交付的場景，難道可能有這二十萬放在桌上沒人拿走的情形之可能嗎？過去法官審理之草率太不可取，今日之司法應引以為戒。

既然與阮成章會面一事有人證高明輝、謝育男，謝長廷便難以否認，但關於這二十萬，謝長廷還有狡辯空間，他辯解「調查局欲收買被他拒絕！」倘若調查局「函覆」檢察署之公文為真，那麼查無紀錄就只有兩個意思：其一，符合歷史真實，特務賞金不會留下紀錄（見高明輝證詞，筆錄第五頁）。國民黨真是黑機構，做事不按章法，金錢不乾不淨（謝陣營的政治說詞一向如此）。其二，謝長廷完全符合一個精於說謊的臥底特務特質。說不清自己作為黨外反對陣營之一員，為何在陳文成命案發生沒有多久，跑去見特務頭子阮成章。為什麼？談了些什麼？若是調查局要爭取你？談話內容又是什麼？拒絕了二十萬之後呢？對方如何反應？果真是「調查局欲收買被他拒絕」，依謝長廷之個性，以他善於言說的能力，怎麼可能不在往後每一回選戰拿出來「電」一下國民黨，「標榜」一下自己呢？

可見得，關於與阮成章見面與交付給謝長廷二十萬之事，謝長廷一方的狡辯之詞即屬無據。法官誤信無「證據力」之公文書所為之判決，亦不足採。

這次阮成章召見謝長廷，犒賞二十萬的法庭證詞有兩點不爭的事實：（一）人、地、時、事、物俱全！足證謝長廷與調查局關係匪淺，已不必旁證！有沒有收下二十萬已不是重點。

（二）法庭偽證事涉七年徒刑，一向好訟的謝長廷對高明輝等人在法庭指證歷歷，卻一直沒有提告高明輝等人做偽證⁉是因為被抓到人、地、時、事、物俱全的證據了！這樣的證據，連法庭都沒有自由心證的空間。

製造能讓人「誤信」的公文證據

仔細觀察謝長廷自一九九八年被白瑄和許榮棋揭露了他身為調查局特務之真實身分之後，迄今二十四年，他一貫應付方法乃是矢口否認、詛咒：「我若是，就下跪道歉」。不然就「喝斥」，因為知道很難有直接證據，就對人叫囂：「含血噴人」，要人拿出證據來。再不然就是「狡辯」：「我若是，為何組黨時都沒洩密。」還有一招「揶揄調侃」：「選輸我，心生不滿啦。」最後只好「以訟掩蓋真相」，透過訴訟製造似是而非的公文證據：調查局公文、詰問筆錄、道歉函、國史館函。以上確實是訓練有素之特務手法，無怪乎謝長廷在特務身分被揭露之後仍能在民進黨內混過這二十四年。不過，無論如何，這二十四年來風風雨雨，社會從來沒有停止過質疑，越來越多的人，越來越多的檔案，越來越多的政治秘辛，越來越多的臥底特務真相浮現，每一次都讓人更加確信、確認謝長廷一生的「傳奇運氣」正是因為他實際上是個「臥底特務」。

「函查」公文的詐術

國史館函（二〇二二年十二月二日）正是原告一貫「製造能讓人誤信的公文證據」的最佳範例之二。二十四年來，謝長廷經常地運用「製造似是而非的公文證據」遮掩自己的臥底特務身分，歷來的法院都閉著眼睛輕鬆採納。這一次有機會仔細檢查鈞院調閱台灣台北地方法院九九年度訴字第一七〇一號卷宗和本件卷宗，終於得以仔細剖析拆解謝長廷所使用的訴訟「詐術」手段，詐欺法院，勾結政府機關，蒙蔽法官，使其作出不義的判決。

自謝長廷於一九九八年控告白瑄、許榮棋違反選罷法以來，其訴訟策略就是「以訟掩蓋真相」、「製造公文證據」、「以案防案」。透過訴訟取得「公函」，仗著司法體系的官僚作風，仗著特務系統的神秘與官官相護的傳統，仗著自己的官威和在法律體系裡的人脈，取得「似是而非」的「公文證據」易如反掌。原告真以為掌握這些所謂「白紙黑字」的證據，彷彿給自己的特務身分的真面目穿上一件「防彈衣」，誰也再射不穿了。

請鬼開藥單

按鈞院調閱台灣台北地方法院九九年度訴字第一七〇一號卷宗，其中可見檢察署二〇〇〇年向法務部調查局提出的問題是：「請速查明謝長廷、王兆釧、史英、楊維哲是否曾經在貴局服務？或曾經協助貴局搜集資料？或曾擔任貴局線民？」【發文字號北檢銘洪八九偵一二七四五字第三八九一號】此刻回頭檢視，簡直「荒唐至極」，玩弄「司法」、「人民」、「真相」到無以復加的地步。蓋調查局原是白色恐怖特務統治體系裡五大特務機構之一，專司監控、監聽、佈建、分化、收買、威脅、利誘、刑求、逼供等特務運作手段的機構。又，線民或臥底的本質就是「秘密」，是必須埋伏著、暗地裡、悄悄地，才能進行的工作與安排。這種佈建的機密事業，不僅對被監視者必須是「不知情的」，對調查局內部本身也必須是「機密」才能運作。是以，情資報告都必須用代號與化名，又所謂佈建線民都必須採單線領導。退萬步言，設若謝長廷先生不是特務，僅憑他自一九八〇年從美麗島義務辯護律師進入黨外陣營從政，批評對抗國民黨威權獨裁霸道，原告當然不會不懂得「調查局的本質」，既然他懂這個道理，又怎麼會「認為」能請法院「函查」調查局誰是線民呢？除非他是特務？因為只有「過去的特務成為當時的權勢者」才懂得又故意，也才能夠並有把握這麼去「函查」特務身分，而獲致他所欲知「答案」。

試想，即便是今日，在國家檔案局成立（二〇〇一）之後，在推動轉型正義（二〇一八）之後，想以一紙公文「函查」一個人的臥底身分絕非可能？更何況是二十二年前！任何一個公務人員收到這一張「設計好」的公文，皆「無能回覆」也「無法回覆」，只能以制式的、安全的、便宜行事的方式回覆來，以應付公文往來的義務，然而這樣無疑就妨礙並壓制了事實真相之呈現，卻也正中下懷滿足了謝長廷打官司的需求，所以官僚產生了一張謝長廷要的「防身符」，上頭有法務部調查局給他的假面目「背書」，完成他此生最大的願望：從此神不知鬼不覺地埋葬了自己的真面目。當年的法官不加思索也好，聽命行事也好，採用一張明顯邏輯有問題的不適格證據，完全缺乏「證據力」的函文，恐怕是「助紂為虐」了。是以，鈞院審酌本件時，前案所涉之公文詐術皆不足採，不然本件恐亦將隨之淪為為枉法不義之裁判。

透過訴訟製造出公文書證據，謝長廷自認從此可以逢人就說，遇到訴訟就使出來：「調查局已在其公文書上證明被告（謝長廷）並未擔任調查局諮詢委員（及原告所稱之線民）」【台灣台北地方法院九九年度訴字第一七〇一號卷宗，卷二第八十七頁】謝長廷前案的訴狀中，就是這麼狡辯的，在本件訴訟過程也「正在」使出這一招。試問，難道函查法務部調查局看看「李秋遠」、「江鵬堅」或者「黃國書」是否為特務，能查到什麼「真的」結果嗎！歷史就是這樣被背德者和官僚玩弄著，真相才會離受難者如此遙遠。

李秋遠是因為兩個特務體系相衝突，一個要起訴他，一個要運用他，導致在特務之間的公文往來之中，暴露出李秋遠的化名和臥底身分。江鵬堅是臨死前向受難者懺悔與告白，並透露謝長廷也是。黃國書是經友人比對檔案才被指認出，無處可逃才坦承。高金郎是領獎金的告密者，到現在國家依然不公布，僅由受難者們仔細比對檔案「證實」。依照人類真實歷史經驗，任何一個想要運用特務情報的政治體系，無論是獨裁或民主制度，都會建立起嚴密的方法防範身分的暴露，秘密行事乃是搜集情報的本質，臥底特務怎麼會是一紙公文所能函查之事！又不是公開的「前科紀錄」。

而且，調查局出產這種「不實」公文是有其悠久歷史傳承的，白色恐怖時代美麗島軍法大審（一九八〇）時，被告們在偵訊期間被刑求、羞辱、逼供、脅迫，在違反自由意志的形況下寫下「自白書」，開庭時被告推翻自白，說出被刑求的經過，法官如何處理呢？調查局如何函覆呢？我們重新檢視當年的判決書怎麼寫：「有關被告及辯護人，主張自白出於非任意性及內容不符一節，說明如下：（一）查被告等之犯罪事實，依被告等在軍事檢察官訊問時，及本庭審判行準備程序調查時之供述，已足認定。而各該供述，既核與被告等在調查局之供述相符，被告等且在軍事檢察官及本庭調查時，供承其在調查局之自白，係出於自由意志，且內容實在，各載明筆錄，可以覆按。至自白之任意性，復經調查局證實，被告等在該局調查期間之供述，完全出於自由意志，絕無不正之方法取供情事，此有該局六十九年三月十八日（六九）溫（二）字第三三〇二〇九號及六十九年三月二十日（六九）溫（二）字第三三〇二一九、三三〇、三三〇二二一號函在卷可按。」[218]這一段可不正是曾為辯護律師的原告謝長廷親身經歷過的事嘛。唉！歷史血跡斑斑，特務手法歷歷在目。只有特務，才膽敢請調查局函覆他自己

218 台灣警備總司令部判決六十九年障判字第〇一四號，一九八〇年美麗島軍法大審警備總部判決書，國家檔案編號：0069=檔偵字=20658=1-1=1=03#0164～193。

是否為特務。只有特務才能確認「鬼會開什麼藥單」。只有特務才敢請鬼開藥單來唬人。然而，最可怕的，莫過於法官居然買單了！

抓耙子何時了？

特務對人民及異議份子的佈建與監控，只存在戒嚴時代嗎？不，依據促轉會公布的資訊，時至一九九八年，台灣社會仍遍佈政治偵防與監控。

以立法委員委員范雲為例，范雲於二〇二〇年七月看過自己在學生時期的監控檔案後接受鏡週刊專訪「身邊同學竟是間諜，范雲遭情治單位監控檔案曝光」[219]表示：「范雲指出，當時監控系統遍布全台各個校園與學運社團，情治單位為了蒐集她違法的證據，決定專案監控她，以便將她起訴，因此在一九九〇年一月以專卷批示，指范雲『具強烈抗爭意識……已無轉化可能』、『妨害校園安寧與社會安全甚巨』、『擬積極註偵其推動學運，與分離團體關係，具體勾聯不法事證，俾憑法證』。

根據監控檔案，同一時間有超過七、八個線民或稱「細胞學生」在監控她，每一個線民在檔案裡都有一個假名與代號，其中兩位細胞學生的月薪一萬八千元，負責與他們接頭的情治人員，則有四千元的獎金，檔案中還註明不需收據，范雲表示，當時她當家教打工月薪也才

219 二〇二〇年七月二十五日《鏡週刊》范雲專訪「身邊同學竟是間諜，范雲遭情治單位監控檔案曝光」。

三、四千元，對比之下線民的待遇相當優渥。

范雲還發現，檔案中有一些是當年也不曾公布過的成績資料，是台大主動外洩的。情治單位還提供校方如何對付學生運動的辦法，例如指示用行政體系壓制，若不成則要求國民黨學生組織積極參與，把事件扭轉為有利方向，並有明確紀錄指出，國民黨當年資助了當時的學生會候選人林奕華，也就是現任國民黨大安區立委，一萬元競選經費。

此外，為了瓦解學生運動，在范雲擔任台大學生會長時，情治單位還以策略試圖介入並離間學運份子之間的關係，計畫要讓范雲切割前任會長羅文嘉，只是最後並沒有成功，「當時的我（們）的確不知道這是國民黨與情治系統操作的結果，看了檔案，才了解原來這些都是被多方聯手運作的。」

雖然因為《刑法》一百條廢止、不再處罰台獨思想犯，情治單位在一九九四年解除對范雲的專卷監控，但對她參與的相關活動的監控依然持續，一直到她出國後兩年，即一九九八年才完全終止，全程歷時八年。

由於相關檔案高達千件，范雲僅先列出一部分，她表示，檔案中甚至還有她每一個家人的個資，她將會繼續寫出她對於這些被監控的感想，強調「國家暴力對人民的侵害與殘忍必須被記得！」

范雲在監控檔案中得知「同一時間有超過七、八個線民或稱『細胞學生』在監控她，每一個線民在檔案裡都有一個假名與代號」，僅僅針對一名學子，情治機關就可以佈建七、八名線民，而線民在檔案中的呈現，均為「假名與代號」，范雲只能以當事人的身分透過比對，得知線民均為他周遭的同學。

范雲在檔案中進一步發現：「其中兩位細胞學生的月薪一萬八千元，負責與他們接頭的情治人員，則有四千元的獎金，檔案中還註明不需收據，范雲表示，當時她當家教打工月薪也才三、四千元，對比之下線民的待遇相當優渥。」由范雲親身見證特務佈建檔案中可得知，線民費用的支付不用收據，是情治機關長期以來的作法與習性，是為確保消息來源的安全與恆定。

由范雲上述短短七百多字的專訪，遲至一九九八年，已號稱民主化的台灣，仍然持續特務佈建的恐怖手法，並存在被監控者的生活細節中。恐怖統治的綿密與細緻，除對台灣造成傷痕歷史，亦如當年的被監控者所述：「國家暴力對人民的侵害與殘忍必須被記得！」而發現真相的義務，除了像我們這批台灣白恐時期的政治受難者與家屬對對歷史真相的繼續追求，也是法院對真相的發現義務，亦是對台灣傷痕歷史平反的契機。

特務統治離我們其實並不遙遠，只是台灣社會普遍對特務佈建的手法並不深入瞭解。援「范雲之例」為據，可以確認下列事實：

1、特務與線民的佈建一定是受難者周邊的親近者。

2、「同一時間有超過七、八個線民」，見證特務佈建之綿密與全面，且針對一個受難者，同時間不止一個情治系統的監控。

3、「而線民在檔案中的呈現，均為『假名與代號』，范雲只能以當事人的身分透過比對，得知線民均為他周遭的同學。」換言之，只有受難當事人才能比對出線民是誰？調查局或相關情治機關，恐也無法窺視特務與線民的全貌。

4、「其中兩位細胞學生的月薪一萬八千元，負責與他們接頭的情治人員，則有四千元的獎金，檔案中還註明不需收據。」為了確保消息來源的穩定，「不需收據」已經是情治機關長期餵養線民的慣性與手法。

是以，由當事人范雲見證她的監控檔案到一九九八年出國後，解嚴後的台灣仍持續布滿特務與線民的軌跡，遑論肅殺的一九八〇年代，「美麗島事件」、「林宅血案」、「陳文成命案」，都是亟待歷史研究者去發現與揭開。學術自由與研究自由，是台灣「轉型正義」的基石，本案涉及台灣歷史真相的發現義務，法庭公義的裁決，正是轉型正義的一步。

亂問虛答

本件訴訟當中，被告提呈之被證九十二號[220]，「僅」是為了佐證江鵬堅向施明德先生坦露特務身分之後，還送一批特務才能掌握的資料給施明德辦公室來表明所言屬實，而這一段過程絕非施明德之一面之詞，早在當年即被紀錄在國史館二〇〇一年出版的《戰後台灣民主運動史料彙編（三）：從黨外助選團到黨外總部》的〈編序〉當中。自始被告從未主張其中資料包含「身分資料」，如果當年國史館掌握該批資料中有任何關於謝長廷與江鵬堅特務身分的個人資料文件，這件事當年就不可能無聲無息，館長張炎憲早就召開記者會了。

按原告二〇二二年十一月十日所提呈民事準備二狀暨證據調查聲請狀第四頁所載：「函詢下列事項：（一）前開江鵬堅交還給施明德之施明正持有之相關資料中，是否有涉及訴外人江鵬堅或原告個人之資料？」基此，鈞院依照原告之「提問法」發函國史館，實際上原告「設計好」之提問本身就是斷章取義，是原告欲藉此「製造似是而非公文證據」的又一案例。蓋國史館出版《戰後台灣民主運動史料彙編三：從黨外助選團到黨外總部》的〈編序〉當中，並無「斬

220《戰後台灣民主史料彙編（三）從黨外助選團到黨外總部》二〇〇一，國史館，台北。編序。

釘截鐵」地明示該批江鵬堅派司機送來之資料為「江鵬堅交還給施明德之施明正持有之相關資料」，相反地，編者感嘆地寫下：「由於當時江鵬堅因病住院，無從探詢這箱資料之由來；而不久江鵬堅不幸於十二月十五日溘然病逝，遂留下一團未解之謎與遺憾。」又，當時施明德先生並未告知編者「江鵬堅的特務身分告白一事」也未透露「江鵬堅被派來監視施明正」，因此編者也行文表示以其有限的訊息，自行「揣測推論」：「據悉，施明正晚年與江鵬堅相交甚篤。據此推論，這批當年由情治單位從施明德住處沒收的『罪證』，可能是經施明正或艾琳達等人透過管道所討回。後來，施明正又將之連同自己的創作手稿託付給江鵬堅，江鵬堅在胰臟癌復發之際又交還給施明德，這一批史料中又回到原物主的身邊。史料的命運，一如人世間之曲折滄桑？或冥冥中已註定歷史終需由史料現身說法？」由此可知，當一個人缺乏關鍵訊息時，所可能做出的偏頗判斷。編者不知「江鵬堅的真實身分為特務」也不知「江鵬堅負有監視施明正的任務」，才會作出與事實真相不符之推論。然編者仍有關於「史料本質為特務所掌握」的判斷力。

是以，原告聲請向國史館調查後國史館回函，這一整個事實經過，很難讓人不做出這樣的推論：謝長廷欲「製造」出一只「公文證據」，故意將編序斷章取義，故意忽略編者關於該批史料之由來的「說明」，曲解編者之「揣測推論」為「真實」，以編者自行揣測之詞來向國史館提問，因此當國史館函覆時，該公文就會呈現出一種被扭曲之後的假象，欲讓「不明究裡」者，乍看之下得出錯誤的結論。謝長廷在本件申請證據調查時居心叵測，就如前案訴訟向法務部申請公文一樣。考諸謝長廷前案相關製造公文手法，尚難謂非與陳儀深館長事先串通，國史館公文如何回覆才能對其繼續遮掩特務身分有利。盼鈞院明察秋毫，勿入陷阱。

又，原告為了讓國史館的公文上出現「其中亦無涉及江鵬堅或謝長廷個人資料」這些字眼，於是便提出一個對審理本件而言「莫須有」的提問：「（二）若有，其資料名稱內容為何？是否有提及原告為調查局線民一事。」蓋，被告或施明德先生從未主張「該批資料之中有江鵬堅和謝長廷之個人資料涉及特務身分」，為何原告如此「多此一舉」地如此提問？莫非原告想樣獲得一個他「預想」的答案出現在一張漂亮的公文書裡，對未來的辯解之道才有好處。

陳儀深掌管的國史館，何以出一份自相矛盾、前文不對後語之公文，尚難謂非無純粹配合原告演出。國史館公文書上既表明「並未保管旨揭資料」，則何以有能力查詢或查證「其中亦無涉及江鵬堅或謝長廷個人之資料？」該公文根本睜眼說瞎話？甚至就嚴格之標準來說，已經涉及偽造文書，公務人員登錄不實。

原告謝長廷特別在訴狀裡提出國史館函為證據，就是基於這樣明確地要曲解事實真相的心機。枉費一個用心的編者特意仔細在編序裡「詳實紀錄」獲得史料過程，感嘆未能向江鵬堅本人探詢，但又忍不住自行「揣測」一番，這些珍貴的歷史痕跡，不容居心不良者曲解並加以利用。然也正是編者這樣誠懇的紀錄，留下伏筆，加上施明德先生之後披露的親身經歷，才使真相終能躍出黑暗的地獄，重見光明。祈鈞院明察秋毫，勿入陷阱。

查調查局有「多達二百筆光華專案」

按鈞院調閱台灣台北地方法院九九年度訴字第一七〇一號卷宗，有一份「司法行政部調查局光華專案總報告」【台灣台北地方法院九九年度訴字第一七〇一號卷宗，卷一第二二五～二四五頁】啟人疑竇，這份報告說明調查局當年如何「佈建」與「監控」台灣派去參加一九六四年的東京奧運的代表團，是一份非常有價值的特務史料。但，它何以出現在該案卷裡？要證明什麼？怎麼會出現的呢？

據被告近日上網詢查「國家檔案資訊網」發覺兩項事實：

其一、原告謝長廷二〇一一年三月二十四日陳報之一九六四年「司法行政部調查局光華專案總報告」截至目前為止尚未移轉至國家檔案局，換句話說，國家檔案局目前「查無」該筆檔案，依邏輯和公文判斷，該檔案應該還存在調查局或國安局，因為該專案報告是國安局指示調查局所為，而且該文件已被神通廣大的前行政院長謝長廷牢牢掌握。若非是特務，何以能掌握這樣一份只有特務能掌握的檔案？一如江鵬堅差司機返還的資料，若非特務是不能掌握的。

其二、若以「光華專案」為關鍵字查詢，總共為二二一筆目錄，計有二十案卷二〇一案件。

其中，依檔案產生日期分類：一九五七年有一件，一九六〇年有一件，一九七〇年有一件，一九七一年有十二件，一九七六年有兩件，一九七七年有十八件，一九七八年有二十七件，一九七九年三十七件，特別注意一九八〇年有六十二件，一九九八一年有四十四件，一九八二年有十六件。多數檔案移轉到檔案局的年份為二〇二一年。檔案的全宗名為國家安全局，檔案的產生者為法務部調查局。

調查局想包庇誰？

調查局函覆法院的公文涉及「公務人員登載不實」或「隱匿資訊」，也就是公務人員「說謊作偽證」，如同上開美麗島判決書法官依「調查局函」認定被告們的自白書全數出於自由意志一樣，是當年調查局人員「聽命行事」傷天害理的作為，當年為包庇調查局「刑求逼供政治犯的事實」，難道民主轉型後為「包庇老特務之身分」嗎。

謝長廷先陳報一份關於一九六四年監控東京奧運代表隊名為「光華專案」的國家檔案，企圖駁斥壹週刊關於謝長廷一九八〇年「光華專案」的報導，誘導法官心證，讓法官誤信壹週刊或所謂調查局高層爆料時「張冠李戴」，讓法院「函查」調查局，調查局裡似有人埋伏好配合謝長廷演出，局長張濟平「函覆」法院：「經查本局『光華專案』起迄時間為民國六十四年十二月至六十九年六月，該專案現存案卷查無與謝長廷相關資料。」【台灣台北地方法院九九年度訴字第一七〇一號卷宗，卷二第一四六頁】顯然故意隱匿不說調查局裡到底有多少「光華專案」，法官未察！這麼明顯的謬誤，謝長廷明明之前都已提呈給當時的法院被證12（該卷一，二二五～二四五頁）「一九六四年司法行政部調查局光華專案總報告」，法院「函查」調查局，調查局「函覆」卻「忽略」謝長廷所提的調查局「一九六四光華專案」，彷彿那個光華專案不存在，也不存在壹週刊的「一九八〇光華專案」，倒是提起另一個「民國六四年～六九年光華專案」然而與謝長廷無關！

又，謝長廷在當時（二〇一一年五月四日），恐怕是因為之前（二〇一一年三月二十四日）向法院暴露了「司法行政部調查局光華專案總報告」這份關於「調查局不為人知的一面」之檔案，基於恐懼擔憂，於是又出了一份怪怪的「陳報二狀」（該院卷一，二七〇～二七二頁）陳報：「一、原告誹謗犯行未被起訴，係因調查局掩蓋事實真相。二、調查局以『不作為』方式協助壹週刊、邱毅與原告等……」現在，在本件關於「原告為調查局特務」之爭議中，卻又要說服鈞院「採信」調查局之「函覆」！

馬英九先生作過國民黨在波士頓的職業學生，但他基於「忠黨愛國」立場的行為本無可厚非，後又曾任法務部長，他在壹周刊報導（二〇〇八）謝長廷是臥底特務說之後表示：「我做過法務部長，我都知道，但我都沒說。」[221]施明德先生與被告能體會說者之意，當江鵬堅直接向施明德告白之後，施明德先生亦謹守的做人道理「我都知道，但我都沒有『公開』說」，為什麼？因為「歷史真相」不是個人恩怨，國家處理過去的傷痕歷史，必須嚴肅小心翼翼正正當當地去做「轉型正義」。而不是如民進黨的「辯護律師世代」掌權之際或國民黨的「職業學生」當權之時，都把持著檔案不開放，放任檔案成為政治鬥爭工具，對過去國家之不義「僅會道歉」都「不伸張正義」。美麗島事件已經四十二年過去，輪到蔡政權時，轉型正義的口號喊得更大聲了，卻依舊不見「完整開放檔案」啊！

221 二〇〇八年三月二日自由時報〈週刊爆料謝抓耙子事件　馬稱早就知道但沒講〉。

鈞院務必了解，極權特務統治是一門專業，研究這種歷史也是一門專業。特務機構在任何時代都必須維持隱密性才得以運作，在極權特務時代的特務機構當然更是機密複雜，更加擴權、囂張和跋扈。台灣的轉型正義沒有在政黨輪替的第一時間展開，其中的政治權利考量之因素為何？也不能說不與辯護律師真正身分有關，況且特務掌握之情資到今天仍不願解密也是不爭的事實。鈞院調閱台灣台北地方法院九九年度訴字第一七〇一號卷宗，調查證據之立意良善，但審酌本件與「歷史真相」與「轉型正義」相關，攸關特務機構運作的判決時，更要嚴加注意，因為台灣史尚還如一團迷霧，而法院並沒有關於恐怖統治之歷史專業能處理特務統這個棘手的主題。此有前引用蘇東啟案史料彙編中李秋遠之檔案資料可考。

檢視鈞院調閱台灣台北地方法院九九年度訴字第一七〇一號卷宗，其中的公文書、證據、判決書，究竟隱藏著多少的不法與罪惡？虛偽證據、枉法裁判、唆使偽證、公務人員登錄不實、栽贓、說謊、司法不公、移花接木、草率審理、誣告……相信將使未來的史學者見證，當一個邪惡之徒遇到假面目即將被拆穿的危機時，如何無惡不作。原告謝長廷當時也許騙過了法官，但不可能騙過史家，特務的戰鬥畢竟用的是特務的手法與招數，當他流露出本質時，這時候歷史之眼就逮到他了。

就邏輯推理而言，當有檔案、書證與證人皆提出許多論述與證言，指證歷歷原告謝長廷的特務身分，調查局的公文是無法為原告「證明」其「非特務」之身分，蓋臥底特務工作之特殊性而言，原來就是機密，是雙重身分，何況調查局已然多次露出馬腳，關於白色恐怖統治之種種，調查局之公文根本不具公信力，失之偏頗與袒護。

但所幸本件爭議非涉「斷定」白色恐怖歷史真相，此乃歷史學者之責或有志之士之所好，遠非鈞院之職權，前案審理之謬誤乃是因法院企圖為原告斷定「非特務」而犯下諸多不法錯誤，如前說明。

是以，不管謝長廷本人如何「黑龍轉桌」試圖轉移本件焦點，本件實際上不是在審酌謝長廷到底是不是一名特務，本件真正該做的是審酌：一個人（特別是被告作為受難者與研究者）可不可以懷抱這樣的學術興趣：「白色恐怖研究」與「謝長廷研究」？這是不是憲法保障之學術與言論自由？被告論述白色恐怖歷史與謝長廷這個人時，是否涉及惡意之「謾罵」與「侮辱」，還是基於良善公共利益之「批判」與「評論」？被告所發表之長達二萬字之系爭言論是否有相當之證據資料基礎與可資確信之考據與思考？縱然經被告研究考據所辨認之事實，原告不願承認，亦構不成侵權行為。

當年高金郎誣告施明德先生時，判決書是這樣裁決的：「在指述之事為歷史事件如美麗島事件這類台灣近代的歷史事實時，法院對於誹謗犯意的認定，自應該依循歷史的脈絡，跳脫被告和告（自）訴人個人感受，而從事件內容本身是否具有值得反覆思考討論，引為借鏡的社會及歷史價值來思考，此時，指述者，乃至於親身經歷者本人，如果相信其所陳述之歷史事實為真正時，法律應該給予一定程度表達意見的機會，而且其確信越強，表達意見的容許度也應越高，法院在判定指述歷史事件者具有實質惡意的可能性當然就應該越低，甚或即無惡意；在歷史原貌尚未被重建，史料仍未開放之前，歷史事實究應如何被確認，因史家尚乏史料反覆鑑別考據，此時，如果法院必須對該歷史事實予以法律的判斷，據以認定法律事實之有無，借以判明權利義務之歸屬時，法律（法院）應適當的謙退，將歷史事實的爭點交給史家以更長的時間，本著開放的態度來判斷，當比法院以一刀二斷，非黑即白式的論結妥切；在法院仍必欲確定歷

史事實俾引為法律事實時，也應以較開放的態度來適當解放刑事法上之舉證責任分配，從寬認定歷史事實成為法律事實。」【臺灣高等法院八十八年度上易字第七九三號刑事判決參照】做成這判決時，美麗島辯護律師尚未執政，人民正殷殷期盼著歷史真相。無奈二十多年過去了，蒹葭蒼蒼，白露為霜，所謂正義，猶在水一方，眼看依舊是道阻且長。

綜上，針對系爭歷史事實被告的身分有充分正當性置喙，且被告所書寫之系爭文字均有所本。歷史真相縱難堪，但何來妨害名譽之有？本案更攸關憲法保障學術自由、言論自由之內涵與價值。懇請鈞院駁回原告之訴，以照亮台灣的歷史明鏡，以昭司法之公平正義，為禱！

要知道，自古以來總是如此：

害怕真相的人，常常剛好是曾經侵害了別人的人。

掩蓋真相的人，在努力掩蓋的過程中往往剛好揭露了真相。

而真相何以能侵害任何人呢。

跋

美麗島事件蒙難者證詞

本人施明德於一九六二年六月十六日被捕，一九六四年四月一日被判處無期徒刑。蔣介石過世後，經減刑為十五年，於一九七七年六月十六日出獄。年輕時代反抗強權與切身蒙難的經驗使我對於「白色恐怖」有異於一般人的深刻理解與敏感度。

一九七七年出獄後，我並沒有被打倒、墮落、摧毀，我不像很多出獄的政治犯那樣，淪為乖乖牌的順民或掌權者的眼線，我繼續為反對蔣家獨裁統治，為結束台灣四百年來的外來殖民地命運而奮鬥。那是一個「匪諜就在你身邊」的標語橫行的時代，但是做為一個被囚禁了十五年的政治犯，我深切知道「特務一定在你身邊」才是事實。雖然我找不到一張具體的文字證據，但切身的經驗證實不論牢中牢外，都充斥著特務，否則那個時代就不配叫做白色特務統治時代。近年、近日出土的檔案皆都一一佐證了我當時敏銳的判斷力，證實了我當時的懷疑都為真，檔案將只會證實有更多臥底特務浮現，更令人驚訝的抓耙子出現，遠多於當時人們的懷疑與想像。

我在美麗島時代（一九七八～一九七九）因為擔任美麗島政團的總幹事，即現代慣稱的黨秘書長，我有機會接觸太多特殊人士，包括雷震案的辯護律師梁肅戎。在第一次見面時我讚美他，當時敢于擔任雷震的辯護律師的勇氣。他卻直截了當地說：「我哪裡敢，是蔣介石親自指派我去幹的……」

當我再次被捕時（一九八〇），我立刻意識到，我們的辯護律師也絕對是蔣經國所掌握的人，絕對不可能是所謂「真正」的、正常的辯護律師。基於過去十五年的受難經驗，基於對時代真實的認識，所以我在美麗島軍法大審中，我的作戰策略與所有的被告有很重大的不同。我只想從律師處得知外界「真實」狀況，以利我做判斷，但我絕不透露自己的訴訟策略及辯護內容，也不回答律師的提問。我對美麗島辯護律師是國民黨安排的特務一事，深信不疑。這項認知早在美麗島軍法大審審理之前，我就已形成心證。

美麗島事件我又再一次被判處無期徒刑。往後的人生，無論在獄中（一九八〇～一九九〇），或獄外，我就如看戲一般，觀察著這些辯護律師展開他們的「從政」生涯，看著他們熱衷選舉，看著他們在我無限期絕食時，不敢宣布組黨，又在我說已服海外許信良在海外組成「台灣民主黨」遷黨回台時，在蔣經國授意下快速宣布成立「民主進步黨」，以阻止許信良等人的「台灣民主黨」返台。

二〇〇〇年六月二十五～二十七日我應美國自由之家（Freedom House）及金融家索羅斯所創設的巴特里基金會（Stefan Batory Foundation）之邀，前往波蘭首都華沙參加第一屆「世界民主論壇」（World Forum on Democracy），許信良也在，我們在飯店吃早餐時坐在一起，突然間許主席問我，陳水扁為什麼一當選就提名特務頭子王昇作有給職國策顧問？你不覺得奇怪嗎？我對許信良說：美麗島辯護律師中，不應該問誰是特務？應該問誰不是特務？

我一生從一九六二年就開始與各式各樣的特務周旋至今，特務之所以令人嫌惡，正是因為他們混在我們之中，討論時常常比別人急進，即是米蘭昆德拉說的「贗品總是比真品極端」。而當時你又無法揭發他們；而且他們被揭發之後，他們耍賴、矢口否認、反過來還會吼叫「證據拿出來！」他們栽贓別人的本事與嘴臉，是如此令人難以招架，因為他們不要臉、無恥、下流的程度，是筆墨難以形容的。

但我一生也遇過多次臥底特務本人向我坦承，有些人當下就透露，有些人是等事過境遷之後，在牢中有，牢外也有。牢中特務向我自白，因為他們是社會所陌生的可憐人，我就不談了。我舉最知名的告白者，就是和謝長廷配合演出「民進黨建黨」那一橋段，並被安排為「創黨主席」的江鵬堅。

江鵬堅在二〇〇〇年某日，他罹患胰臟癌知道自己不久於世，特別約我在陳菊開設的「菊之鄉」日本料理小酌。當晚他一直婉拒一些碰見的認識的民進黨人走進我們的包廂，只有我們兩人對飲。江鵬堅是酒量好又豪爽的人，與一般律師的拘謹不太一樣。幾杯下肚，他似乎才有勇氣說出他人生的另一個秘密身分。

他握住我的手，「Nori，從軍法大審看你像條漢子，所以你坐牢我還會常常去探視。尤其，你一生受苦如此深，但是你擔任黨主席卻會為了台灣，提倡大和解。令人尊敬、佩服。所以今天才特別單獨約你一個人，我要向你告白。我覺得我只有這樣，我的一生才會變得心安理得……」

然後，他告訴我，他出身調查局的身分，奉命擔任美麗島大審的律師，然後，負責監視我的藝術家大哥施明正……。但是，他竟然跟我的大哥變成真正的好朋友。他說，他沒有提供任何不利於施明正的報告。

然後，他說，黨外政客雖然也有自私自利的，但是大多數人都在為理想奮鬥，他說，這段人生才是他最快樂的人生。

他告訴我，來日無多了，他手中有調查局命令他監視施明正時，交給他工作用的相關資料。他會叫人送到我的辦公室。那些是你的東西，本來就該還你。這些年來，我曾想過還給你，但不知道該怎麼解釋來由，就擱著，也曾想過神不知鬼不覺地燒掉算了，但覺良心不安。

我告訴他，他的告白，我一點都不意外。因為從大審看到他們這一群我完全陌生的律師，我就想到梁肅戎，我就認定在白色恐怖時代，公開的軍法大審，又是國際媒體關注的大案，律師怎麼會是被告自己選的？怎麼可能不是被安排的？

江鵬堅突然插話：「你在法庭主張人民有合法顛覆政府的權利。你的律師起來反對你，你跟他爭辯，那是法庭上少見的案例。被告和自己的律師對抗，但是你說的好。你說的對……。」

他雖然已經打開心胸，但對其他律師的身分，他並不主動表達。我們談到那個時代，特務機構那麼多，調查局、警總、國安局……都各有安排自己的特務好搜集情報……。江鵬堅才說，陳水扁、蘇貞昌和警備總部比較密切（江鵬堅用「比較密切」的字眼），謝長廷和我屬於調查局。謝長廷不知道自我約束，什麼都要，第一次民選總統，他還透過調查局的力量爭取到副總統候選人的位置。他有什麼資格……？

我告訴他，那個時候我正是民進黨主席，當彭明敏主動先告訴我，他要提名謝長廷當副手，我問彭：你對謝長廷瞭解多少？他說有些有力人士都推薦謝長廷。我曾問彭，為什麼不考慮對民主運動更有貢獻的人做副手？彭支吾其詞。但是依據黨章規定，副總統是由總統提名人推薦的。權力在彭明敏，不在我黨主席，我就不方便再說。

其他的律師還有誰是特務？我不好意思逼問，我不想變成打聽消息的人。這是我的習性。我深信真相總有曝露的一天。

然後，我們又談到建黨和他擔任首屆主席的事。江鵬堅說，他知道我因江南命案無限期絕食，國民黨很怕我死掉會出亂子，所以一方面對我強制灌食，一方面派梁肅戎等人跟我溝通，他知道蔣經國已經讓步，將要開放黨禁、報禁、解除戒嚴……的事。

「組黨和我擔任首屆主席都是事先安排好的。演一場圓山飯店創黨的戲。Nori，你知道，國民黨的特務系統那麼多，如何保密到完全沒有特務系統知道？不可能的嘛。沒有蔣經國事先授意，再怎麼保密都不可能。沒有蔣經國同意，即使組成了，事後還是會捉人的。就像當年捉你們一樣。」

我問：「事先你也知道？」

「當然。地點選在圓山飯店，本來就不可能保密的地點。謝長廷事後把組黨說成像間諜片，這是他的作風。但，蔣經國一個人都沒有抓，不就說明了真相是什麼了？」

「我在牢中絕食，來溝通的人，早已告訴我，我的要求，很快就會變成事實……。」我說。

至於為什麼是江鵬堅當首屆主席？而不是律師群中當時最突出的尤清？也不是老黨外的費希平、康寧祥？江鵬堅承認：「這涉及到情報系統的較量，調查局佔了上風。否則，我哪有本事選贏費希平、康寧祥？」

那是一個交心的夜晚，有點像向神父告解的氣氛，但是也常常點到為止……。

最後，江鵬堅說：「我走了以後，Nori，你看狀況替我向社會表達我今天的誠懇。我真正有朋友都是參加黨外運動以後，Nori，我沒有害過一個黨外人士……。」那一夜，江鵬堅反覆多次陳述他沒有害過人。他似乎很在乎這點。我相信了。

之後不久，他真的叫人送來只有特務機關才能搜集到的幾箱各類我當年寫的或身邊擁有的大小資料給我，小到連康水木議員的停車繳費單都有！此事，我回家後當然告訴妻子陳嘉君。江鵬堅走後，我偶爾會在親友中談到此事，並稱讚江鵬堅懂得在人生最後時刻的誠懇。在那個時代，人常常主動或被動變成特務以求生存。

直到前年（二〇二一）黃國書抓耙子事件發生。知道江鵬堅向我告白的林忠正教授對媒體洩露此事，某天早上我才被動公開承認此事，並稱讚了江鵬堅，有當時的媒體報導為證。最初我並沒有提到謝長延及其他人。但是駐日代表的謝長廷主動跳出來「證明」江鵬堅不是特務！

我才公開反駁：「謝長廷，如果你不是特務，你憑什麼能證明江鵬堅不是特務！何況，江鵬堅在那個告白夜，已經告訴我，你也是特務。」

我不引蛇，蛇自出洞。

這場官司就是從此開啟的。

我的妻子嘉君從法國留學回來就一直熱衷於歷史研究，白色恐怖時代的特務統治脈絡是她的研究主題。所以，當她得知江鵬堅送來幾箱我的資料異常興奮，經常說起這批資料有多珍貴。有一天，我進辦公室看到整理好的成冊的資料檔案，貼著「江鵬堅捐贈史料」，心裡很不是滋味，回家後我再度提醒妻子不要告訴助理們，這批資料的由來，以及江鵬堅生前向我告白的事。我再度囑咐她，暫時都不要對外說。

江鵬堅過世後那幾年，是陳水扁的第一任期，我一直在觀察他到底處不處理白色恐怖時的「真相與和解」。我也曾當面向他請求「紀念為台灣獨立犧牲的泰源革命五烈士」，他當面口頭上都說好好好，卻都不了了之。我對陳水扁政權非常失望，台灣人終於執政，卻是這樣不像樣的態度。這種不滿，我常常私下與媒體朋友餐敘時，會宣洩。

二〇〇六年紅衫軍反貪倒扁，當我正在凱達格蘭大道上靜坐時，我的副總指揮許博允先生告訴我，他圍棋社的棋友是前調查局副局長高明輝，他有一些話想對施太太說，如果你同意的話，我說好，請嘉君去一趟。會面之後，嘉君對我說，高明輝先生主要是要鼓舞她，怕她被陳水扁的爪牙謾罵、譏笑和侮辱擊垮。但他同時陳述了二段親身經歷，對她研究歷史非常有意義，其一是關於一九七五年謝東閔郵包爆炸案王幸男，另外是關於一九八二年蔣經國很滿意他們自己的人謝長廷表現很好，請阮成章局長發獎賞二十萬，阮成章要高明輝準備錢，約謝長廷到招待所吃早餐。因為嘉君和我都已經從江鵬堅那裡，知道了謝長廷也是調查局的人，所以並不驚訝。

二〇〇八年，紅衫軍運動告一段落，我請助理約高明輝先生晚餐，禮貌上謝謝他。晚餐時，他當面又重述了一次他曾對我太太說過的親身經歷。

二〇一〇年，我和妻子從新聞報導上知道高明輝先生在地檢署具結作證，內容就是他對我們所陳述的：調查局長阮成章發給謝長廷二十萬獎金的親身經歷。我是非常激動的。節目上，我看到友人姚立明也在場，還打電話問了他作證的細節，了解到現場還有邱毅、許榮棋和謝育男，而作證內容絲毫不差。

謝長廷是調查局特務，並且接受調查局長二十萬獎金，是眾所皆知的。只有謝長廷自己把當特務一事，當作「醜事」、「惡事」才努力在掩蓋，否認！

這兩年，我的老友陳明通當國安局局長，他請我等吃飯時，我常常會當著其他客人當面說：「阿通，你當特務頭子了！」陳明通都是高高興興的笑納。法庭可以問問陳明通前局長。

說人特務怎麼會有損人格？哪個國家沒有特務？台北迄今還有條「雨農路」，就是紀念國民黨特務頭子戴笠的路。

莫非謝長廷你當特務時真的害了不少人，自己良心不安，才會條件反射地努力要污名化「特務」這個國家官職。

以上是本人為一一一年度第四〇號事件作證，係據實陳述，並無匿、飾、增、減，如有虛偽陳述，願受偽證之處罰，謹此具結。

證人　施明德

（本證詞除呈庭外，並刊登於「鏡週刊」及「風傳媒」）

淹沉於歷史檔案的二十萬

台灣諺語說：「鴨蛋卡密都有縫」。

「美麗島辯護律師團」當年是什麼身分，一直是對歷史清醒的人，心中的大疑問。從千禧年陳水扁律師當選總統，張俊雄律師、謝長廷律師、蘇貞昌律師相繼擔任行政院長之後，我曾盼望他們會全面打開戒嚴時期的檔案，讓台灣有信史，釐清忠與奸之分，奉獻與出賣之別。這本來就是政黨輪替的首要工程之一。凡有文化教養的人都會有此盼望。

只是事與願違，當這群辯護律師們掌權後，卻聯手把全部檔案視為禁臠。只准自己和其御用學者可以接近，掩蓋自己的過往，並選擇性的披露黨內外異己的資料進行政治鬥爭。我曾經和張燦鍙、許信良到檔案局，要求看沒有塗抹、掩遮的完整原件檔案，全遭拒絕。一直到蔡英文的「促轉會」時代，依舊是這種行徑。而且非其御用的研究者根據普世價值與經驗做出的推論，並在言論自由保護下發表，也常會遭到該「律師團」的網軍及其盲目的支持者鋪天蓋地的攻擊、醜化、羞辱。甚而提出訴訟，讓異議者畏懼……。

其中最亮眼的「做賊喊抓賊」實例，就是擔任過行政院長，代表民進黨選過總統的駐日代表謝長廷。因之，我於日前在「鏡週刊」及「風傳媒」發表經法院公證人公證的證詞，向天、向歷史傾訴我這個一生為台灣爭自由，為終結台灣殖民地命運受盡折磨、苦難的奮鬥者的心境……。

五月五日（二〇二三年），謝長廷君控告內人嘉君的訴訟案終於辯論終結，定五月三十日宣判。在長達一年半左右的訴訟中，權高勢壯的謝長廷君聘請兩名律師對付嘉君。同時，他自己在庭外發揮其新黨國體制的影響力，不時攻訐我們夫婦「抹黑他」。我這個經歷舊、新黨國體制摧殘的人，雖經歷無數苦難，仍會不勝唏噓。

我不是鐵人，也不想裝聖人。

在漫長的訴訟過程中，嘉君不聘律師，不出庭，她自己埋首撰述答辯書十多萬字，闡述台灣白色恐怖時代的歷史特徵，剖析特務統治的面貌，旁徵博引提出註釋說明出處，證據共二八一項。當時因為黃國書抓耙子事件所衍生出關於特務的言論，其立論根基原本就是她這二十多年來的研究與查證，乃至是親身經歷。所以訴訟過程中，她「不必也不願」再聲請法院「調查證據」，因為所有合理查證，在漫長的二十年研究過程中她早已完成。

這個訴訟案，最令人沮喪的是，她用相當青春歲月的研究成果，竟然連在這塊我們流血、流淚付出極慘重代價創造出來的言論自由的土地上發表，都還要被這群未曾付出血淚卻一生享受前人奮鬥果實的「辯護律師」剝奪並被控告，索賠八十萬元。

謝長廷委任的許惠峰、房彥輝律師在訴訟中表現克盡職責，可惜他們證據聲請越多，只怕越是圖窮匕見。謝長廷不欲人知的真相，越來越清晰可辨，不必再等待國家檔案開啟。最後在辯論庭前不久，法院表示對造謝長廷前面諸案的卷宗部分調到了，請我方閱卷。我方印回卷宗後，我認為其中一份筆錄值得完整地公開給社會大眾。這份二〇一〇年的證詞與我先前提出的證詞一樣，證人都經「具結」願負七年偽證罪之責。

參臺灣臺北地方法院檢察署保存卷〇〇九檔偵〇一五二三四一，第七七~八二頁

問證人：你與被告有無親戚或雇佣關係？

均答：沒有。

檢察官諭知具結之義務及偽證之處罰，並命證人朗讀結文後具結。

以下訊問被告邱毅

問：之前曾說對謝長廷為上開言論時，是向今日到場之三位證人查證過，是否如此？

答：我有直接向許榮棋先生查證，而高明輝先生部分，是李濤曾跟我說有關高明輝先生跟他陳述當時謝長廷先生與調查局的關係，而謝育男先生我現在已經想不起來我當時是否有與他通電話，不過，這是一件妨害名譽的案件，當初在黃謀信主任檢察官偵查時，我已經說明得很清楚，當初因為壹週刊已經先披露這樣的新聞，新聞內容內也有載明謝育男先生的說法，當時我擔任馬蕭競總部發言人，那時記者拿著壹週刊報導要求我做回應，那時我正好從許榮棋先生那裡拿到調查局八十九年十月十九日八九廉三字第八九〇七二一四二號函文，當時場景就如同我之前在九十七年選他字第三十七號案件時所提供之證物4報紙報導的照片，我當時就是就壹週刊報導做出回應並提出上開調查局公文做證據，記者就去找前檢察總長盧仁發，前總長就做了「諮詢委員是線民」這樣的回應，這些在證物4都可以看的很清楚，謝長廷先生指控我的第二天，我手上拿的就是這張報紙，我當時還說，盧仁發已經說了，諮詢委員就是線民，所以這個案件已經很清楚，我們談的就是可受公評的事，且我所說的也是有

所本，並經盧仁發說明證明為事實，且我的發言也是針對壹週刊已做的報導為新聞反應，所以在原處分書已經說的很清楚了，我不明白為何高檢署要發回再議。就謝育男先生部分，我想當時可能是因為壹週刊的內容有引用謝育男先生的說法，所以我現在雖然想不起來我當時有無直接向謝先生求證，但謝先生對壹週刊的內容並沒有否認。

問：所以你並未直接向高明輝先生求證？

答：是，因為當時我明白高明輝先生身分的敏感度，李濤先生也再三要我保密高先生身分，所以我也沒有貿然去請教高先生，但因我和李濤先生是二十幾年的好友與工作伙伴，我很信任他，他是個謹言慎行的人，我相信他說的話。

問：李濤先生當時是如何向你轉述高明輝先生告訴你的話？

答：在我回答這問題時，我必須說這是謝長廷先生的陰謀，在我針對壹週刊報導作反應及記者會談話內容中，我從未提過高明輝先生名字，也沒有把李濤所轉述高先生的意見做披露，我的發言只是將我從許榮棋先生得到的資訊及公文及向一些調查局退休官員當面查證的結果，經過我自己事先私下與李濤先生向我轉述內容比對後，才公開向外發言，所以謝長廷先生自己是作賊心虛，因為他知道最熟悉內情的人是高明輝先生，他一直希望透過訴訟來得知高明輝先生對外說了多少。

以下訊問證人高明輝

問：是否認識李濤先生？

答：我認識。

問：有無與李濤先生聊過關於謝長廷先生曾擔任調查局諮詢委員的事情？

答：我的確有聊過，但我任職期間內還沒有諮詢委員這個名詞，是我退休後才出現這個名詞，在我任職期間，我們稱這個角色叫通訊員。

問：何時和李濤先生聊到謝長廷先生曾擔任調查局諮詢員的事？

答：首先，我要向檢察官報告，我雖已經八十幾歲，但我是非黑白仍分的一清二楚。在我退休後，我自己經常收看李濤先生節目，有一年謝長廷先生擔任行政院長時，說要把TVBS關台，我當時心中很義憤，我自己當時並沒有跟謝長廷先生有任何私交或恩怨，我是因為看到這個新聞，才主動打電話到TVBS說我想見李濤，並告知李濤，謝長廷先生過去曾和調查局有工作關係，和調查局確實有聯繫，而跟謝長廷先生聯繫的人就是在庭的謝育男先生，我和謝育男先生之前是台北市調處同事，謝育男是黨政組調查員，負責市議會等黨政機構的聯繫，謝長廷先生當時是擔任台北市議員，那時大約是民國七十一年左右的事情。我記得我有告訴李濤，我基於義憤，想上電視揭穿謝長廷先生的格調，所以我有告訴李濤關於謝長廷先生過去確曾跟調查局有過工作關係的事。

問：有何補充？

答：我今日來了，我想說一件最重要的事，我不說我會憋死，就在民國七十一年約七、八月間，詳細時間我已忘記，我接到調查局局長阮成章先生電話說，要我去局長辦公室，局長說，蔣經國總統要召見我，對我們調查局工作很嘉勉，因為謝長廷先生以黨外人士身分，在一個座談會上公開主張，政府的改革應該是在體制內的改革，這正好符合蔣總統及國民黨的政策路線，而蔣總統如何得知調查局與謝長廷先生的關係，這我不清楚，但蔣總統當時說嘉勉阮成章局長，意思就是調查局能讓謝長廷先生這樣的黨外人士在公開場合說出配合國民黨當時改革政策的話，這樣就算是調查局的成功，但至於謝長廷先生說這樣話的背景為何我不清楚，當時阮局長還私下特別交代我要準備新台幣二十萬元現金，局長說準備好錢後，隔日要在調查局大安區的招待所，要我去請謝長廷先生吃早餐見個面，局長這樣交代後，我就請謝育男先生與謝長廷先生聯絡，因為我不認識謝長廷先生，隔天早上，我準時到招待所，我是第一個到，接著阮局長也到，沒過多久，謝育男先生就帶著謝長廷先生到達，然後我們寒暄一下，當時多半是局長和謝長廷先生說話，我是在一旁聽，沒多久，我就拿著其內包著新台幣二十萬元的紙袋，交給謝長廷先生，並對他說，這是我們局長給你的一點犒賞，當時我沒有說裡面有多少錢，當時謝長廷先生婉拒，他說不可以，我就先放在旁邊，聊了一會後，阮局長先離開，我就再次向謝長廷先生說，阮局長是長者，他既然對你表示犒賞，你不要拒絕他好意，當時那包錢還放在餐桌上沒有動，到最後，我們都要離開時，謝長廷先生還是沒有拿那包錢，但謝育男先生有拿起那包錢交給謝長廷先生，而最後謝長廷先生也接受了。這件事雖然事隔將近三十年，但我記的不會錯。至於謝長廷先生跟調查局的關係究竟是什麼，我也說不上，但謝長廷先生和調查局確實有關係，至於平日有無提供情報，我已記不得，而當時若他有提供什麼資訊給謝育男先生，因為這些情報都是用化名的名字來做紀錄，所以我真的記不得了，那些化名也不是謝長廷先生自己取的，而是我們調查局內部作業用的。這就是我這輩子唯一見過謝長廷先生的一次。我向李濤先生說關於謝長廷先生事情時，我是激於義憤且我想說出真相，我還有以書面把詳細經過告訴李濤先生我當時還打算親自上節目，但我考慮到阮局長已經往生，我所說的話可能成為孤證，我就請之前同事去問謝育男先生是否願意把謝長廷先生的事說出來，但同事回報說謝育男先生表示可能有困難，那我考慮到已經答應李濤要上節目，現在又要出爾反爾，我不好意思，我就另外找了范立達先生，請他幫我轉告李濤先生，關於我的考量及為難之處，范先生之後告訴我李濤先生也表示同意及體諒，我就沒有上節目了，這件事就到此了。

問被告邱毅：對證人所言有無意見？

答：沒有意見，高先生今日證詞內容當初李濤先生都已向我轉述過，確實就是如此，當時我有想過要向高先生當面求證，但當時陳水扁對我的行蹤有跟蹤及監控，李濤跟我說高先生不能出面說這件事時，我怕連累到高先生，所以對這一段我一直守口如瓶，但謝長廷先生一直透過各種手段，包括向鈞署提起訴訟，以便得知我到底有無跟高先生見過面，得知這些內情，但我始終沒有說出來，謝長廷先生在黃主任檢察官庭上，還故意譏諷我說我什麼都不知道，還來污衊他，意圖使他不當選，所以這也是他為何在鈞署做出不起訴處分後還一直向高檢署提起再議，我今天才恍然大悟。

以下訊問證人謝育男先生

問：被告邱毅是否有向你求證過關於謝長廷先生與調查局關係的事？

答：應該是沒有，我就謝長廷先生與調查局間關係的事，應該就是如壹週刊記載的內容。

問：當時有任何人跟你求證過謝長廷先生與調查局間關係的事？

答：有一些記者確實有來問過我，而壹週刊記者在刊登前確實有來找過我，而壹週刊記者在來找我時，我也知道他已經瞭解蠻多有關謝長廷先生與調查局間關係的事了，因為我與壹週刊記者談的部分，當時正在總統大選期間，以我在監察院的職務及過去在調查局工作期間工作任務的關係，所以有些話我不方便說，有些事情如果我現在說，律師看到又對外說什麼，由於我過去工作有機密性，所以我說出可能也會涉及職務上洩密的問題，不過我可以確認的是，剛才高先生說的都是正確的，我還記得招待所是在仁愛路上。

問：有無補充？

答：我的意思差不多就是這樣。

問被告：對證人謝育男先生所言有無意見？

答：沒有意見，但我記得我有打電話給謝育男先生詢問過這件事。

問證人謝：有無此事？

答：我不記得了，老實說，那段期間我接到太多電話，包括記者，連2100李濤的節目也打電話希望我去上節目，所以我現在真的想不起來邱委員是否有打電話給我過。

問被告：對整人謝育男先生所言有無意見？

答：我記得我打電話給謝育男先生時，是我跟其他幾位退休的調查員談這件事時打的。

以下訊問證人許榮棋先生

問：被告邱毅是否有向你求證過關於謝長廷先生與調查局關係的事？

答：他不只向我求證，是我直接向他檢舉的，我當時是在一個新書發表會上，把上開調查局八十九年十月十九日的公文給邱毅委員看，但詳細時間我已經忘記，應該是在九十三年以後的事情，之後，第二次在我和邱毅委員一同上2100節目，於下節目休息時，我們又有談到這件事，我記得那時是九十四年間，所以這件事邱毅委員的確是有所本的。我和謝長廷先生的官司從台北打到高雄又打回台北，最後我被判有罪，檢察總長有提起非常上訴，案號是九三非上字第二二號，結果最高法院撤銷判決發回更審後，高雄高分院又以九三上更一字第一五五號判我無罪，檢察官上訴後遭最高法院駁回，所以這個案子是無罪確定。在二〇〇八年三月一日之前我的消息來源是李義雄先生跟白瑄先生，他們兩人都是調查員，之後是馬英九總統也公開說過，在擔任法務部長期間，就知道謝長廷先生與調查局之關係，我到現在也還沒看到謝長廷先生對馬英九總統提起訴訟。為節省司法資源，希望不要惡人先告狀，我希望能傳謝長廷先生到場具結，依九三台上六五七八號判例，告訴人應該到場具結，偽證罪最重可以判七年，我也想告發謝長廷先生誣告。

檢察官諭請證人另提出告發狀。

問被告：對證人許榮棋先生所言有無意見？

答：沒有意見。

問證人高明輝：謝長廷先生在與調查局間有工作關係時，是否有領取任何形式的報酬？

答：我不知道，因為有無領取報酬這件事不是我職權範圍要處理的，我根本不管錢，報銷的事情到付錢處長就可以決定，不會上來到我這裡。

問證人謝育男：謝長廷先生在與調查局間有工作關係時，是否有領取任何形式的報酬？

答：如果要說報酬，剛才那二十萬是否也算報酬，但不會有固定的薪資。

證人高明輝答：我記得一年三節會有禮品。

問被告：有無意見？

答：我沒有意見，但我要補充，就我自其他管道得知，調查局給線民報酬方式有兩種，一種是按件計酬，另一種是論功行賞，剛才高明輝先生提到的二十萬應該就是論功行賞。

問：有沒有其他陳述？

被告答：從許榮棋向我檢舉後，我就開始調查這個案子，有很多資訊來源，也都證明謝長廷先生與調查間有長期工作關係，且有領錢，但基於我的行事風格，我答應別人不說的，我就不會洩漏，謝長廷先生就是想不斷利用與訟方式讓我疲於奔命。

證人高明輝答：我今天是生平第一次來開庭，希望以後不要傳我了。

證人許榮棋答：我希望能傳謝長廷先生到場具結，依九三台上六五七八號判例，告訴人應該到場具結，偽證罪最重可以判七年。

諭知請回。

中華民國九十九年二月二十五日下午四時四十五分

可見得調查局副局長高明輝、調查員謝育男的證詞極其完整，「人、地、時、事、物」五大要件皆俱備。而謝長廷迄今不敢告高明輝、謝育男偽證，這一點也記載於該案後續開庭的筆錄之中，特此聲明。

我也知道，有些台灣人會有長期恐怖統治下被扭曲的仇恨症候群，挺謝陣營定會一貫盲目地拒絕眼前的證言。然而，真相就是正義，豈容閉目拒視，這是亙古不變良人之基本素養。

當然，誰都阻擋不了自由的時代裡謝長廷君照舊發揮他的奸巧本性及狡辯天分，繼續行騙他的信徒。

騙人容易，詐天難。但是，詐騙法庭呢？

真相既出，則不動如山，再不是巧唇訛舌能彈動。

作者後記

那一年，他們被封存在東京的青春

書籍即將付梓之際，我埋首校對工作，禁不住反覆琢磨著是否把謝長廷在官司進行中奉送給我的一份殘缺的檔案也一併付梓？直到一首〈之間〉怦然唱進我心坎裡，它唱：

牽了線的木偶 是誰在控制
明滅恍惚的燭火 在責問我
恐懼像無盡深淵 藏匿著什麼
顛倒了 愛與惡

被遺忘的故事 封塵的日子
時光像是湖泊 在等待我
倒影中的世界 心上的結
愛怎麼會 無解

殘酷的真相 在眨眼之間
誰帶著面具 賣力表演
悲傷的真相 在呼吸之間
放肆的叫囂 嘲笑我
憤怒的真相 在黑白之間
無聲的莊嚴
誰在用靈魂悼念
模糊了 愛與恨的邊緣

前進的航線 是誰在控制
已經模糊的曲直 在追問我
這生鏽的鑰匙 鎖上了什麼
看不清 愛與惡

對與錯的公式 回音無休止
時光像是湖泊 在蕩滌我
倒影中的世界 心上的結
我怎麼能 冷漠

是啊！冷漠終將犯下手刃真相之罪。

我又怎能在此時此刻躲懶呢？

當年這一份文件能現身，是為了幫助鄒紓予和謝長廷這一幫特務們玩弄司法之用，如今輾轉落到了一個歷史研究者手裡，誰冷漠以待，誰對不住這份彌足珍貴的檔案跋涉千山萬水狼狽地到來。

這份特務報告完成於一九六四年十一月十四日，是關於一九六四年十月十日開幕的東京奧運，我國調查局如何組織佈建的總報告。從總報告的目錄看來，特務鄒紓予為了幫一把臥底謝長廷所拿出來的檔案，並不完整，跟檔案局二十多年敷衍受難者的檔案一樣，最引人入勝的關鍵附件都被抽離了。特務從來只關心自己眼前的利益，那管得著別人的人生和感受呢，這些我都明瞭，但心裡還是難受。

如今世人得以見著這份光華專案報告的殘破部分，多虧了二〇〇八年二月十四日出刊的〈壹〉週刊封面報導〈揭謝長廷秘密身份，長期供調查局情資〉爆料了一九八〇年代有一個與謝長廷相關的「光華專案」。我想，也就特務才能有這一身俐落的本領，不出兩天，特務鄒紓予馬上在二月十六日委託一名奇怪的律師陳達成出面，拿出這一份殘破的一九六四年〈司法行政部調查局光華專案總報告〉為謝長廷解圍，還說道當年謝長廷只有十六歲，怎麼當臥底。他擺明了就是吃定無知大眾根本弄不清，統治了台灣半個世紀之久的特務機構到底能創造出多少個監視人民的「光華專案」！

世人都以為我當真愛說真話呢，其實我不傻呀，誰不知道有時說真話得有多吃虧！只是我愛上了這樣一個人，一個因為看見真相，便頭也不回地走上一條佈滿荊棘路的人，進了黑牢吃足了苦頭也不屈服的人，直教敵人都不得不說他是一條硬漢；後來，他繼續說真話不妥協，惹得貪婪的假同志們組織起來鬥垮他，縱然因此受盡凌辱他也不悔。他是無怨無悔，可我捨不得。我傷心流淚時，還總是瀟灑的他抱著愛哭的我說：「沒關係」。

我沒得選，我不說真話，便是背叛。

謊言像一個跛子，需要證據這把拐杖支撐，才能走出去行騙天下。就像謝長廷把這份一九六四年的光華檔案當作證據，想向法官證明是壹週刊弄錯了。

但在這個世界上，往往剛好就是那個缺了點證據的真相，需要有人有勇氣用心用行動用生命去揭露去捍衛，代價不輕鬆啊。

二〇二二年初謝長廷控告不得不說真話的我，多麼悲傷的真相，那個舊日牽了線的木偶，今日高高在上放肆的叫囂嘲笑我。

訴訟過程中，法官問有沒有證據要調查，我答：「該做的，我發言之前都做了，不需要。」謝長廷的律師則堅持要調閱前案卷宗做為證據，如此我們能才知道，在那遙遠的一九六四年，有一群年輕人青春飛揚的戰鬥歲月，被永遠地凍結在一份也叫做「光華」的檔案裡，裡頭可是紀錄了，訴說著，不少人人生裡多麼重要的難忘時刻，誰能說參加一九六四年東京奧運的人生經驗不要緊呢。怎麼形容這樣的偶然或是必然呢，這一切是因為謝長廷臥底特務的身份被揭底時，他的上線鄒紓予拿了一個名字一模一樣的專案來滅火，十多年後謝長廷又還堅持在官司中調出「自以為是的證據」，於是這被埋葬了的陳年舊事才能呈現在眾人眼前。我們國家的檔案就是這樣被特務隨隨便便拿出來私自「運用」的嗎？民主化後檔案局也成立了之後的二

○○八年，一個老特務能這麼自由自在自私地的玩弄「國家檔案」？誰放任的他，誰又追究過他什麼。

獨裁國家的運動選手借出國比賽尋求政治庇護，是經常發生的事，二○二○年的東京奧運就有白俄羅斯的女選手拒絕回國。一九六四年東京奧運，我國選手馬晴山和攝影陳覺「叛逃」（國民黨用語）或「起義來歸」（中國共產黨的說法）。他們倆說到底就是犯「鄉愁」了，一九四九年隨蔣介石離開故鄉來台，十多年來與親人見不著面還通不了音訊，想著一生都可能見不著父母兄弟姊妹都心酸，終於逮到一個天大的好機會，能不趕緊逃回家嗎？

半個多世紀過去了，誰還關心這些別人年輕時受委屈的往事呢，瞧瞧這生鏽的鑰匙，到底鎖上了什麼吧？

附件（一）世運代表團部分，隊職員共一○○人，在日言行紀要
附件（四）體育考察團部分，共計五十三人，在日言行紀要
附件（五）建立生活小組互相制衡之編組情形
附件（六）為要求團員謹肅言行之生活公約內容
附件（七）本專案小組列為保衛與監護之對象名冊
附件（八）馬逆晴山逃亡案
附件（九）陳逆覺逃亡案
附件（十）追緝瞿子雲案
附件（十一）監護楊傳廣及楊妻周黛西案

附件（十二）紀政不願返國案
附件（十三）李健次外出酗酒不願返國案
附件（十四）李建人、陳水生有虧職守激起公憤案
附件（十五）曹清鵬情緒浮動案
附件（十六）楊傳宗不遵守規定要求延期返國案
附件（十七）左派日女佐佐木引誘林鶴鳴案
附件（十八）「台獨」份子余傳清誘惑我隊職員案
附件（十九）「台獨」份子對我考察團之陰謀破壞案
附件（二十）王安順與楊匪萬來交往案
附件（二十一）甘玉紅與偽「台獨青年會」份子接觸案
附件（二十二）林煥榮兄弟與「一貫道」份子接觸案
附件（二十三）何棟材外宿不歸案
附件（二十四）對我籃球隊監護工作簡報（內容「台獨」活動及呂延光不願回國案）

Maysang Kalimud 這個厲害的阿美族人，那一年三十一歲，田徑運動員的巔峰時刻，一九六〇年羅馬奧運十項全能的亞軍，一九六三年剛剛打破室內撐竿跳的世界紀錄，一九六四年東京奧運賽前是十項全能金牌呼聲最高的選手。就是他，他被「光華專案」列為特別監護的對象，他們叫他楊傳廣。最終他只得了第五名之後，特務們流傳說他喝了當年叛逃者馬晴山的一杯果汁？

被遺忘的故事，封塵的日子，可能尋回嗎？

那些被深鎖在二十四個「附件」裡近六十年的都是些什麼樣的往事，除了馬晴山和陳覺的計劃成功了，剩下的可是被澆熄的愛情火花，被阻攔的可能前途，被破壞的特殊情誼，被污衊的美好邂逅，被騷擾的比賽意志，被分散的專注力，被崩解的信心……？哪樣不是值得我們追求的美好人生呢。

我聽說紀政老了以後又再一次碰到東京奧運時說：「我們的名字，我們在乎。」她說的可真好。

如果就是這樣「我們的人生，我們在乎；我們的過去，我們也在乎」愛怎麼會無解。

誰道，在那個恐怖的鐵幕時代，二十歲那般青春飛耀的羚羊曾有那麼一絲絲不甘願回到牢籠般的故鄉，不是人性？

寫於 二〇二三年十月十日 一九六四東京奧運五十九週年紀念日

司法行政部調查

類	
綱	
目	
第	宗
過	宗

李內克華等案總報告

案

本件送請
王主任委員 惠參並請存參備查
孟文 十一月十四

司法行政部調查局光華專案總報告

司法行政部調查局光華專案小組世運安全工作專報目錄

一、專案小組成立經過

二、安全工作之原則與路線

三、出發前之安全部署

㈠計劃要點

㈡工作佈置

甲、世運代表團部份

乙、體育考察團部份

四、出發前之調查與審核

五、抵日後之安全部署

㈠要求支援協調事項

㈡發動本局工作力量

㈢完成專案工作佈建

六、問題之發生與處理

㈠馬逆晴山逃亡案

㈡陳逆覺逃亡案

㈢追緝瞿子雲案

㈣監護楊傳廣及楊妻周黛西案

(五)紀政不願返國案
(六)李建次外出酗酒不願返國案
(七)李建人、陳水生有虧職守激起公憤案
(八)曹清鵬情緒浮動案
(九)楊傳宗不遵規定要求延期返國案
(十)左派日女佐佐木マリコ引誘林鶴鳴案
(十一)台獨份子余傳清誘惑我隊職員案
(十二)台獨份子對我考察團之陰謀破壞案
(十三)王安順與楊匪萬來交往案
(十四)甘玉虹與偽台獨青年會份子接觸案
(十五)林煥榮兄弟與一貫道份子接觸案
(十六)何棟材外宿不歸案
(十七)對我籃球隊監護工作簡報（內含台獨活動及呂廷光不願回國案）

司法行政部調查局光華專案小組世運安全工作專報

一、專案小組成立經過

㈠本（五三）年六月廿九日本局奉　國家安全局六月廿七日(53)磐安字第二五七三號代電略以中央委員會第五組召開世運指導小組第六次會議中，關於世運安全問題，請安全局指派人員負責。茲指定由調查局派員逕洽安全局第二處周副處長念祖辦理等因；

㈡本局奉命後，當即指派本局研究發展委員會簡任一級副主委范子文同志參加此項安全工作。按范同志曾負責東京三屆亞運及在墨爾鉢舉行之第十六屆世運安全工作，富於經驗。復查范同志與體育界各主要人士關係良好，故仍用過去化名劉建勳參加世運。

㈢鑒於日本環境之特殊，我代表團隊人數衆多，成份複雜，及匪我鬥爭形勢之激烈，確有增派人員協助之必要。經洽請國家安全局之同意，增派本局聯絡室荐任三級專員戴華喬同志，化名陳元忠，以聯絡員名義擔任代表團安全工作，增派本局第一處荐任十級調查員周希成以聯絡員名義擔任體育考察團之安全工作，戴、周二同志均係擅長英語日語，富有工作經驗。另派本局人事室王壽昌同志擔任內勤文書工作，成立「光華專案小組」。並電飭本局日本工作組在世運期間接受「專案小組」之指揮，協助安全防護。（該日本工作組此次參加專案工作者，計有王家超、胡明安、[illegible]等。均按其專長由專案小組分配任務。）

光華專案小組人力配備表

- 國家安全局專案指導人周念祖
- 光華專案小組
- 國家安全局東京世運指導小組杜澤生
- 負責人范子文（劉建勳）
  - 日本工作組內外連絡交通設計王宗超
  - 世運代表團聯絡員戴華喬（陳元忠）
  - 世運籃球代表隊安全負責人胡明安
  - 世運體育考察團聯絡員周益成
  - 專案小組與會總聯絡人戴華喬
- 專案小組文書內勤
  - 沈自康
  - 王壽昌
- 專案小組資料調查與審核
  - 本局第一、三處
  - 督導係雲峰
  - 本局各縣市站

註：

(一) ━ 指導綫

(二) …… 協調綫

(三) ─ 指揮綫

二、安全工作之原則與路線：

鑒於此次我世運代表團暨體育考察團之組成，雖一般運動員係按技術成績所選拔，但其他人員，如顧問、會議代表、職員、考察人員等多由人事、派系、地域、及歷史關係所保荐分攤而產生，其中尤以考察團之成員來自社會各階層，更爲複雜。且代表團與考察團之組成，在本質上乃係一種倉促產生之「臨時組合」，因此，本局「光華專案小組」之世運安全工作亦被局限爲一種「臨時性之機動保衛」。開始之時，即已陷入「被動、不深入、而受牽制之狀態，「有責任而無權力」。對於所有人員，事先既無選擇決定之權，執行之時，又無管理約束之權。爲期針對實際困難之情況，設法彌補此種先天具有之弱點，乃決定本專案小組安全工作之原則，應以機動適應，重點部署爲主。深期透過各同志之努力，能予各團隊人員以精神的、情感的、行爲的影響與誘導，藉以透過公開體制，做好團結工作，鞏固團隊安全。其路線如下：

(一)工作的態度：以協助的方式推行團務，而不是代替；

(二)工作的精神：以服務的方式團結感情，而不是對立；

(三)工作的立場：以保衛的方式鞏固組織，而不是監管；

(四)工作的重點：是以預防外來的破壞爲主，協調內部的安定爲輔。

三、出發前之安全部署：

(一)計劃要點：

1.調查與審核：

令飭本局所屬各單位暨呈請　國家安全局轉由有關情報治安單位詳査瞭解全部出國人員之資料，對於涉嫌份子，則呈請大局轉由警總不予放行。

2. 佈建與運用：

(1) 盡一切可能在出國人員中佈建工作力量，秘密掌握；

(2) 爭取團隊中之負責人及資深職員與領隊分別掌握；

(3) 透過黨團掌握原有之組織關係；

(4) 儘量做好與團隊中各人之個別接觸，以增瞭解。

3. 協調與配合：

(1) 指定專案聯絡人分別洽請黨、政、軍、警有關單位之支援；

(2) 呈請　國家安全局轉飭東京督導組予以支援；

(3) 洽請教育部、僑委會、外交部轉飭駐日本單位予以配合；

(4) 呈請「世運政策指導小組」轉請本黨在日負責人李德廉之支持與配合。

以上各計劃要點，均已于出發前分別呈報、洽商、取得同意與支持。

(二) 工作佈置：

甲、世運代表團部份：

查我世運代表團之組成計職員十八人，顧問五人，會議代表十二人，教練九人，國際裁判一人及運動員五十五人，合共隊職員一〇〇人（其在日言行紀要如附件(一)）。在工作部署上首需溝通各隊負責人之諒解與認識，給予充分之支持，並

6.共同生活、建立感情。
指派專人參加集訓，透過生活之接近，加強瞭解各團隊之情況，選定保護與監護之主次要對象，並以服務與交誼之方式，相機影響和爭取。

7.佈建工作力量：
經透過私人關係及生活之接近，完成下列各項之佈樁：

(1)隊職員之爭取：
A、取得楊團長、江副團長、周總幹事之諒解與支持；
B、取得會議代表林鴻坦、鄧傳楷、郝更生、吳文忠等之同情與支持；
C、取得生活總管理楊基榮之支持與協助；
D、取得集訓大隊長牛炳鎰、副大隊長劉北正及職員龔樹森、汪清澄等之合作與協助；

(2)教練之爭取：
A、取得總教練周鶴鳴與總管理楊基榮之支持，得以掌握各教練；
B、建立田徑教練謝天性，籃球教練朱裕厚，柔道教練張國安，射擊教練王慶瑞，自由車教練趙錦程，舉重教練林象賢，體操教練陳景星，拳擊教練林忠孚等為我之臨時工作關係，均經個別接觸指導。

(3)運動員之爭取：
遴選資深而優秀之運動員為我之工作關係如下：

(3) 運動員之爭取：

遴選資深而優秀之運動員為我之工作關係如下：

A、籃球隊：謝恆夫、陳金郎、劉金龍；

B、柔道隊：張聰輝；

C、拳擊隊：姜平章、陳培森；

D、體操隊：江大山、李武智、洪丹桂（女）

E、舉重隊：鍾南飛；

F、射擊隊：戴兆智、吳道援；

G、自由車隊：許明世、鄧春淮；

H、田徑隊：吳阿氏。

以上連同教練、運動員共計建立「臨時」工作關係二十四人。（此項臨時工作關係除總教練周鶴鳴自行車隊教練曾維挺，運動員張聰輝、洪丹桂、吳道援外，其餘各人抵日後自十月十六日起均不發生任何作用，其中尤以吳阿氏、王慶瑞、陳景星、林象賢、謝天性等，表現最壞）。

(4) 建立特別工作小組：

根據情報瞭解，本專案小組在出發前並未接獲任何有關共匪之活動情報資料，僅悉「台獨」青年將利用高逆嘉弘在東京都澀谷區岡崎大樓五〇三室設立連絡中心準備向我進行有計劃之突擊，因此本專案小組之工作重點乃着重於防止外來之破壞。為便利應付爾後可能之特殊情況，乃就拳擊、柔道、舉重三隊分別組成三個特別小組，以建立代表團本身之保衛力量。

以上各項出發前之工作部署均經呈報國家安全局核定，施行在案。

乙、體育考察團部份

查我體育考察團之組成，計職員十四人，顧問四人，學校體育組團員十七人，社會體育組團員十八人，共計五十三人（其在日言行紀要如附件四），因係來自社會各階層，成份複雜，管理極為不易，在工作部署上必須依靠團長、副團長、總幹事之充份支持，乃參照代表團內佈建之方法，完成下列各項重點工作。

1. 建立生活小組：

按學校、社會兩組性質之不同，並根據團方負責人之意志，將學校組團員編為兩組，第一小組由賈連仁負責，第二小組由吳文宗負責，而由副團長焦嘉誥負總管之職，社會體育組分為兩組，第一組由藍家精負責，第二組由曾金榮負責，而由副團長謝國城負總管之職，並按各團員之興趣與專長分配新聞、事務、連絡、會計、攝影等工作，藉收互相制衡，以保組織之穩定（其編組情形如附件五）

2. 制訂公約，建立生活管理辦法：

透過公開組織制訂團員公約，要求團員謹肅言行，尊重團體紀律，並強調生活管理之重要性，以免單獨活動，發生意外（公約內容如附件六）

3.佈建工作力量。

經透過公、私關係完成下列各項之佈置：

(1)取得團長蕭忠國、副團長謝國城、焦嘉誥，顧問李樸生，總幹事劉北正，秘書楊國慶，總務袁徵道等之支持與合作；

(2)爭取學校體育組賈運仁、蔡敏忠、林金鍊等為我之臨時工作關係；

(3)爭取社會體育組諸德仁、林丁山、楊金木、曾金榮，歐陽元燊、程鴻路、蔡深松等為我之臨時工作關係。

以上共計建立職團員之「臨時」工作關係十七人，但在該團抵日後，除職員之關係外，餘多不發生作用。

四、出發前之調查與審核：

本局自本（五三）年六月廿九日奉國家安全局之指示負責世運安全成立「光華專案小組」之後，立即向體育界進行聯絡工作，代表團及考察團出國人員名單確定後，進行資料調查，調查與審核情形如下：

(一)全部出國人員之資料調查，經通令本局各縣市站進行，調查之重點為蒐集各該出國人員之思想、背景、生活言行及有無涉嫌政治叛亂之具體事證。

(二)對於全部出國人員之資料調查，並經按其職業區分，分別持函洽請各有關主管單位提供資料。

(三)本局根據各單位調查所得，為慎密起見，曾於五十三年八月十二日以局人字第三五三九一號代電檢附本屆世運代表團全部名單（包括馬逆晴山在內）函請國家安全局循保防體系核查見示：並蒙轉函有關情報治安單位查註安全資料，其結果如下：

1.奉國家安全局五十三年八月廿八日網固字第三五四六號函復以「所呈世運代表團名單，除楊傳廣等四人在國外不予調查外，其餘朱裕厚等六十二人均無不良紀錄」；

2.台灣省警備總司令部於五十三年九月廿三日以定祭字第七一五三號函復本局亦稱「該朱裕厚等六十六名並無不良紀錄」。

3.台灣省警務處於五十三年八月廿六日以安仁化字第一七八七四號代電通知本局略稱：「本處查無朱裕厚等之政治性涉嫌紀錄」。

(四)查我體育考察團之名單延至九月十七日夜始最後決定（亦即范子文同志啓程赴東京後之三日），本局為謀確保該團之安全，亦曾着手調查審核，其要項如左：

1.通令本局所屬各縣市單位調查各參加人之思想、背景及有無涉嫌資料。

2.將全部考察團團員名單呈報國家安全局核查示覆。

3.指派專案小組聯絡人戴兼喬同志訪洽警總入出境管理處查註安全資料。

(五)重點線索之呈請復核：

據警總入出境管理處指定與「光華專案小組」之協調人李中校永燊面告本局專案小組聯絡人戴兼喬同志稱：「本部保安處存有考察團員丁先盛、陳覺等之涉嫌資料，惟情節輕微」等情，本局鑒於此事關係重大為恐發生意外，於五十三年九月廿三日[illegible]○九號代電呈報國家安全局：「以該陳、丁二人前曾因案被警總保以人字第三八三〇九號代電呈報國家安全局：「以該陳、丁二人前曾因案被警總保安處偵辦，請示應否准其出國」。同年九月廿九日接奉國家安全局函耕宇字第一二七八號致警備總部函副本指復：「已電請警總查案逕復」，本局於十月十一日收到警總於十月九日以(53)定祭字第七五六三號函復本局。該函內容如下：「……前台灣省保安司令部曾於四十年一月檢獲陳覺致匪嫌份子顧樹型乙函，內述『……政府濫捕無罪之民，在技術上犯錯誤，喪失青年人青春，太令人失望膽寒……』等語，查陳某，江蘇人，安徽學院政經系肄業，曾任幹事、股長、教員等職，尚未發現不法言行」。（按：此時陳覺、丁先盛均已於十月三日由考察團代辦一切出國手續，獲得出境許可，向外交部申請護照，而於十月七日搭乘西北航空公司班機前往日本）。

(六)本局「光華專案小組」負責人范子文同志奉命於九月廿四日乘民航公司班機先行赴日（即考察團名單確定前之第三日），至於代表團考察團人員之資料調查，仍由本局繼續辦理。

(七)經綜合全部資料並區分各出國人員之重要性，決定本專案小組應行保衛之主要對象有楊森等十二人及主要之監護對象有世運代表團楊傳廣等十二人，考察團有丁先盛等十二人，附呈本專案小組列為保衛與監護之對象名冊（附件(七)）。

五、抵日後之安全部署：

鑒於日本地區環境之特殊，日本法律之限制，及我方對於共匪陰謀動態之不能完全澈底瞭解，雖能透過內線掌握「台獨」之活動，但究因對匪之情況不明，而我專案小組本身人力、物力又極微薄，因而子文抵日後即全力進行下列各項措施，雖然未必能夠爭取主動，但亦力求鞏固團隊之外圍。

㈠要求支援協調事項：

1.商請國家安全局東京督導組提供有關共匪及「台獨」份子陰謀破壞之情報資料。

2.商請東京督導組透過日本警察提供情報，制壓可疑份子，保衛居住地點及主要人員，並拘捕逃亡份子與防制意外事件。

3.要求本黨東京負責人李德廉作必要之人力、物力支援（十月十二日以後因實際工作之需要，經鄧次長傳楷、梁主委永章之確認，請由唐海澄先生增撥工作費日幣二十萬元，約合美金五百元，此款已另由唐海澄先生通知東京李德廉先生在案）。

4.面請我駐日大使魏道明先生透過大使館對敵鬥爭工作小組取得文化、新聞等參事處之支持與合作，及橫濱領事館之全力配合。

5.商請駐日黨部取得僑會之配合，預籌「公開場合」之安全措施。

6.商請國家安全局東京督導組組織服務隊，由杜澤生同志負責物色劉竹增、李宗楷等，並以「日華協力會」之名義，以日本反共知識青年為主，組成二十五人之「中華民國世運服務隊」，配備汽車七輛，以瞭解、控制各國隊代表之活動（按：此項服務隊之組成曾經國家安全局核准，其預算為每人每日餐宿費日幣二千元，汽車租用費每日每輛日幣五千元，共約需日幣二百五十萬元，約合新台幣二十五
[illegible]生同志統籌辦理與

汽車租用費每日每輛日幣五千元，共約需日幣二百五十萬元，約台新台幣二十五萬元左右，此項人員之選定與經費之申請支付等，均係田杜澤生同志統籌辦理與專案小組僅作工作之聯繫與支援）。

㈡發動本局工作力量：

1. 要求本局日本工作組發動各同志，各內線，各工作關係做好情況瞭解；
2. 指派本局日本工作組負責人王宗超（一化）爲專案對外之聯絡人及情況分析與處理緊急問題之主要幕僚，日以繼夜，辛勤備至，貢獻極大。
3. 指派本局日本工作組胡明安同志爲籃球隊之安全負責人及楊森之監護人，任勞任怨，表現極佳，對於緊急事件之處理，厥功尤偉。
4. 爭取工作關係蔡旭生（台新旅行社負責人）負責楊傳廣夫婦之重點監護，無條件爲國家服務，忠勤可嘉。
5. 爭取友人黃映輝擔任楊森之重點監護，負責認眞。
6. 爭取日人長塚爲專案小組之聯絡、交通及代辦國隊總務，辛勤備至。
7. 爭取世運村翻譯官張太士及日人司機爲我擔任聯絡、通信，表現良好。
8. 指派本局日本工作組洪建東同志負責瞭解掌握「台獨」動態，工作具體而切實。
9. 指派本局學生工作小組黃清林同志負責瞭解蒐集「台獨」青年之陰謀活動，迭有貢獻。
10. 指派本局日本工作組宋書閣同志負責瞭解蒐集共匪孫平化及大阪匪船之動態，反應甚多。
11. 爭取赴日之我新聞記者蘇玉珍等十二人之配合協調，甚爲良好。

12. 爭取友人我中央日報駐日代表黃天才之支援配合。

㈢完成專案工作佈建：

本專案小組自九月十四日子文抵日後，經多日之努力，在各方之支援配合下，完成世運安全工作之佈建，每日往返東京橫濱，及各居駐地之間，日以繼夜，工作從未中輟，即電話一項，每日聯絡接頭即有卅餘次之多，各同志確已盡其全力。其聯絡中心與各方之工作關係如下圖：（附本文最後頁）

六、問題之發生與處理：

世運揭幕後，本專案小組之安全防護，愈見困難。原訂計劃多不能執行。察其原因乃係由於團隊內部組織之不健全，人員成份之複雜與無能，團體榮譽觀念之薄弱，及自私自利之心理作祟。一般職員率先破壞規定，運動員相繼效尤。護照與身份證無法集中，各種會議顯已徒具形式。兼以住地分散，多數人單獨活動，透過原有公開之體制對於隊職員之行動已屬無法管理。

自從「正名」失敗，金牌無望，所有比賽均經淘汰，國內外輿論紛紛批評指責，隊職員之情緒益見散漫消極。迄至十月十六日共匪原子試爆，更使彼等之心理發生偏差。將所有國內社會之弱點，均延伸至海外而暴露無遺，在在均足以產生危險與不安之因素。代表團與考察團遂呈現一片混亂無紀之狀態。使我安全工作完全喪失依憑。原經建立之「臨時」工作關係，均已不發生任何作用。所有之建議，均被拒絕而一切之安全措施皆因前述之因素而無法貫徹。

建立之「臨時」工作關係，此已不[illegible]
全措施皆因前述之因素而無法貫徹。

本專案小組鑒於此種危險之情況，乃不得不在安全工作業務以外，兼辦代表國之業務，藉助穩定人員情緒，支撐國隊組織，以免發生意外，損害國家名譽。諸凡代辦緊急事務，兼理總務一例如ROC的絨質標記，紀政的褲子，楊傳廣的服裝與國旗一擔任翻譯，接電話，燒茶水，調解糾紛，接應外賓，供應車輛，代購物品，充當嚮導，從團長之業務做到工友之工作。不僅如此，且曾先後代付餐費，電話費，公物運輸費，而且代管遺留不顧之我國國旗、領袖肖像，代表團全部收支帳冊單據等，在此世運期間我專案小組工作人員無不忍辱負重，日以繼夜，堅貞奮鬥，原望以職等之虔誠予各國隊人員以感動與影響，無奈力不從心，而竟先後發生來自內部之嚴重問題。雖在馬、陳叛變兩案以外，經我專案小組之努力，設法事前消弭，制壓與疏導，而未使擴大暴露之事件，多達十五起，但究因防範未週，致有疏漏，使國家蒙受嚴重之損害，職等捫心自省，愧疚莫名，雖死亦不足以償過，內心痛苦已極。除懇竭誠呈請賜予最嚴厲之處分外，謹合將世運期間，代表團、考察團所發生之重大與嚴重問題，經過與處理情形，分別呈報如后：

㈠馬逆晴山逃亡案附件㈧
㈡陳逆覺逃亡案附件㈨
㈢追緝瞿子雲案附件㈩
㈣監護楊傳廣及楊妻周黛西案附件⑴
㈤紀政不願返國案附件⑵

(六)李健次外出酗酒不願返國案附件(十三)
(七)李建人、陳水生有虧職守激起公憤案附件(十四)
(八)曹清鵬情緒浮動案附件(十五)
(九)楊傳宗不遵規定要求延期返國案附件(十六)
(十)左派日女佐佐木マリコ引誘林鶴鳴案附件(十七)
(十一)「台獨」份子余傳淸誘惑我隊職員案附件(十八)
(十二)「台獨」份子對我考察團之陰謀破壞案附件(十九)
(十三)王安順與楊菲萬來交往案附件(廿)
(十四)甘玉虹與偽「台獨青年會」份子接觸案附件(廿一)
(十五)林煥榮兄弟與「一貫道」份子接觸案附件(廿二)
(十六)何棟材外宿不歸案附件(廿三)
(十七)對我籃球隊監護工作簡報(內含「台獨」活動及呂廷光不願回國案)附件(廿四)

—待續—

國家檔案

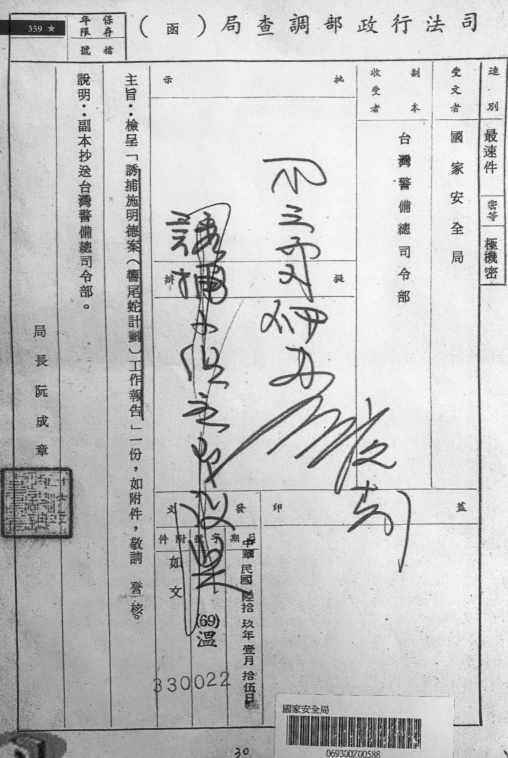

司法行政部調查局（函）

保存年限
檔號

速別	最速件
密等	極機密
受文者	國家安全局
副本收受者	台灣警備總司令部

批示

擬辦

主旨：檢呈「誘捕施明德案（響尾蛇計劃）工作報告」一份，如附件，敬請 詧核。

說明：副本抄送台灣警備總司令部。

局長 阮成章

蓋印

發文	
日期	中華民國陸拾玖年壹月拾伍日
字號	(69)溫
附件	如文

330022

誘捕施明德案（響尾蛇計劃）工作報告

壹、情況分析：

一、「一二一〇」專案首要分子施明德於執行逮捕時脫逃，為彰法紀並防止其製造另一暴力事件，亟應設法緝捕其到案。

二、施明德脫逃後，依其心理狀況研判必先尋覓適當處所暫行藏匿再行伺機偷渡出境，其藏匿之處所，以外籍人士，偏激教會人士，其同伙之暴力分子、新生分子等之住所及教會，山地等處所可能性較大。

三、在逃亡期間，施犯可能整容、易容、喬裝婦女、漁民或其他身分矇混檢查，偷渡出境。

四、施妻艾琳達於十五日驅逐出境後，逗留日本，有伙同在日之叛國分子，協助其偷渡之可能。

五、施有一兄在港經商，亦有可能為其佈置偷渡。

貳、誘捕部署：

施犯脫逃後，本局當即成立誘捕小組，分別在國內外實施有計劃之誘捕

（國外誘捕代名為響尾蛇一號，國內誘捕代名為響尾蛇二號）

一、國外部分：

(一)日本地區部分：派專人馳往東京，運用東京地區之「台獨」內綫，與艾琳達、唐培禮等搭綫，以捐款資助方式，爭取負責在台接應施犯偷渡，以達成誘捕任務。

(二)香港地區部分：電飭本局駐港單位，妥密佈置對施兄之監視，了解其動向，并運用謀略，使香港警方加強封鎖，防止其入境。

二、國內部分：

(一)全面加強有關施犯逃亡藏匿情報之蒐集，以支援緝捕工作。

(二)運用重要內綫（台北地區之黃勝及苗栗地區之小方）懸賞二百五十萬元，及策定計畫，實施誘捕。

參、誘捕經過：

一、國外部分：

內綫情報，顯示施犯並未偷渡出境，亦未與國外叛國分子取得聯絡，叛國集團并擬於春節前後，接應施犯偷渡。

二、國內部分：

苗栗站之誘捕，未發生效果，台北市處之誘捕，經過情形如后：

㈠運用內線僞裝逃亡蒐集施犯逃亡線索情報

六十八年十二月十三日施明德逃脫後，台北市處即就施某逃脫狀況研判其勢必與舊識取聯，乃積極動員與施犯熟稔之關係進行誘捕，並指定內線黃勝以參加高雄事件逃亡爲由，匿居於本局爲其事先佈置之大稻埕大廈套房內，並透過關係透露該處之電話號碼，誘使逃亡中之主要陰謀分子與其接觸，以蒐集施犯逃亡線索情報，廿二日黃勝接獲施某「同學」高金郎通知，施犯已透過教會方面人士與高接頭，要求覓地藏匿，當即採取誘捕行動，惜因高某猶豫，線索致告中斷。

㈡與重要線索人物蔡有全、林弘宣取得接觸

十二月廿六日台南神學院畢業之參與高雄暴力事件逃犯蔡有全投奔黃勝住處，曾引介一自稱黃牧師者見面，十二月卅日復攜參與高雄暴力事件逃犯林弘宣前來投靠，先後由談話中瞭解彼等與藏匿施犯有直接之關連。乃復先後佈置巴黎大廈內之套房及忠孝東路之樓下公寓，令黃勝設法收容藏匿蔡、林二人，相機深入瞭解施犯下落。

㈢協助蔡、林藏匿以透視施犯下落

由黃勝藉機接近蔡、林二人，技巧套取施犯下落，旋在巴黎大廈、忠孝東路公寓佈置之竊聽中證實蔡之女友張溫鷹將爲施犯進行整容以及長老教會方面人士參與藏匿施犯。後因受到大衆傳播懸賞之壓力，教會及藏匿者急欲將施犯安全脫手。

(四)第一次誘捕施犯之失敗，與施犯藏匿地點及聯絡人之發現

針對教會及藏匿者之心理狀態，乃提出攻擊性之謀略作爲，於六十九年元月一日令黃勝向蔡、林二人表示即將偷渡逃亡，蔡、林二人經密商後央求黃勝將施犯帶走，如中途被發現即予暗殺滅口。

黃勝爲取得蔡、林等教會人士之信賴，乃向蔡、林二人稱將邀請混跡高雄黑社會之「同學」李萬章前來保護沿途之安全，元月四日李某逾約未能北來，黃勝遂而表示改由高金郎出面保護。

3. 爲使黃勝之偷渡逃亡逼眞，除向熟諳偷渡之人士瞭解偷渡狀況外，並透過關係向漁船船長洽借海圖，繪成偷渡草圖交黃勝備用。

4. 元月六日晨李萬章突然來北，經與黃勝研判李某此行詭異，乃囑黃勝以謀略方式運用李萬章，安排其與林弘宣見面，以顯示黃勝能力取得其信任後，即予切斷，黃勝依此指示於是日晚間安排李萬章、高金郎等與林弘宣見面，林信心大增，當即找來吳文（即前稱之黃牧師），由吳帶黃勝至漢口街二段九十六號暗示施犯藏匿於該址五樓，並約定元月七日下午三時三十分在南京西路金舫西餐廳見面，交付接人暗號後將施犯運走。

5. 台北市處立即完成接運部署，擬選派通曉台語之同志二人，僞裝將施犯接出至某電子公司裝入預置之木箱中，外堆裝箱之電子零件，作爲掩飾，預定以貨車駛至新店近郊之檢查站，將其扣捕，以避免內線身分之暴露。

6. 元月七日下午三時半，施犯之聯絡人吳文在金舫餐廳與黃勝見面，告以張溫鷹刻正爲施犯整容，施犯堅持須先了解接運者之身分並表示，「同學」及「黑社會」方面人士不予考慮，吳並將聯絡電話及暗語告知黃勝，請接運者約房主許某當面會商，台北市處復與黃勝研討，一時不易覓得足以取得施某信賴之人選，至此以黃勝為主誘捕施犯之計劃遭遇挫折。

(五)誘捕蔡、林並誘捕聯絡人吳文

為求把握逮捕時機，當即決定先行誘捕林、蔡，再誘捕吳文，以證實施犯藏匿處所。

(六)說服吳文完成第二次誘捕計劃

元月八日上午七時三十分，吳文誘捕到案，經開導說服後，肯定施犯確實藏匿在漢口街二段九十六號五樓，並詳述施犯現況及室內狀況，當即商定誘捕計劃，飭其協助誘捕施犯。

(七)協調警總統一指揮，以圍捕掩護本局誘捕任務之達成

1.本案發展至此已屆行動階段，乃將本案資料協調警總統一指揮，由警總以圍捕行動，掩護本局達成誘捕任務。

2.台北市處挑選八名同志、編成誘捕小組，執行任務，誘捕人員於抵達現址後，先控制四樓華寧影業公司，作爲待命前進基地。十三時四十分，吳文由專案人員陪同，以暗號敲擊鐵門，許晴富之妻應門時，立即被誘捕人員誘往四樓，執行同志迅速悄悄進入房內完成必要部署，再由吳文以暗號輕敲施犯之房門，緝捕人員在施犯啓開門閂之一剎那，迅即踢開房門，以警棍及手槍制住猛撲之施犯，將其逮捕歸案，押往偵訊處所。

肆、檢討

施犯於去年十二月十三日拂曉脫逃後，迄元月八日下午捕獲歸案，計在外潛匿廿六日，由於我各情治單位之協調配合，此一元兇巨惡，終告落網

綜合各項因素，胥由於：

一、施犯脫逃後，由於警總立採防制其偷渡措施，對各港口機場加以嚴密防堵，使施犯無法偷渡，同時并運用大衆傳播機構，懸賞緝捕，使施犯不敢蠢動。

二、台北市調查處之誘捕工作之設計進行，前後歷廿五日，幾經頓挫，終於

在警總圍捕工作掩護之下，圓滿達成誘捕任務。

法令類

中央法規命令摘要

戡亂時期檢肅匪諜舉辦聯保辦法

中華民國四十二年八月十八日
行政院臺四十二(內)字第四七九四號令頒發

第一條　本辦法依據戡亂時期檢肅匪諜條例暨有關法令訂定之。

第二條　為防止匪諜潛伏活動，左列人員應取二人以上之聯保切結（樣式一），如無人聯保時，得取具保證切結（式樣二）。

一　機關：各級政府機關各種事業機構及各級自治機構之員工。

二　部隊：國防部所轄陸海空軍及聯勤之各機關部隊學校廠庫站院之官兵伕役。

三　學校：公私立各級學校及各種訓練機構之專任教職員工。

四　工廠：公私營大小工廠礦場之職員及受僱一個月以上之工人。

五　團體：各社團及財團之員工。

各級學校之學生或訓練機構之學員生及各種團體之會員社員股東理監事名譽職員及義勇警察自衛隊員等，均暫不舉辦聯保。

第三條　聯保或保證切結，由各機關部隊學校工廠及團體具有獨立預算之單位主管人員主辦，並由該單位之人事管理人員協助辦理之。

第四條　辦理聯保切結應依左列之規定：

一　聯保人限於在同一單位取具聯保切結。

二　聯保切結應冠以該單位名稱，是項切結由各該單位自行保存。

三　聯保人不分階級，均可互相聯保，但每人以聯保一次為限。

四　每一聯保不得少於二人，如二人聯保中途一人離職或退保時，其餘一人應加入另一聯保，離職人員並應辦理退保手續。

五　具聯保切結人得自由選擇其聯保人，但直系親屬及配偶不得互相聯保。

六　調用之人員聯保手續，由調用機關辦理之。

七　數人聯保應共同填具切結一張。

第五條　辦理保證切結應依左列之規定：

一　新進人員無人聯保時，得暫覓取其他單位同等以上人員二人或領有營業牌照之工商行號一家之保證，保證期間以不超過六個月為限。

二　調用人員如須辦理保證時，其手續由調用機關辦理之。

三　對保由各單位之人事機構辦理之。

第六條　聯保人或保證人得秘密退保，其退保手續依左列之規定：

一　聯保人或保證人退保時，應以書面詳述理由，並列舉疑慮事實，向被退保人之單位主管人員聲明退保。

二　秘密退保聲明書送達後，退保人與被退保人之聯保或保證關係即告解除，但被退保人對退保人之聯保關係仍然存在。

三　單位主管人員接到秘密退保書時，應即密轉有關機關（除軍隊外餘爲警察機關）對被退保人秘密察看。

四　被退保人經察看結果嫌疑不足時，仍可秘密或公開恢復原聯保或保證關係，但亦可加入其他聯保或另取保證。

第七條　聯保人及保證人之責任如左：

一　出具聯保切結人應互相嚴密考查，保證人對被保證人亦應嚴密考查，如聯保人內或被保人發現匪諜或匪諜嫌疑者，應即向該單位主管人員或警察機關秘密檢舉。

二　聯保人或保證人與被保人之關係中斷期間發生匪諜案情，秘密退保人之一方不負聯保或保證責任。

三　保證人之責任以被保人加入聯保或聲明退保或保證期限屆滿後解除之。

四　保證人如因保證責任受處分時，其聯保人及其直屬主管長官不負連帶責任。

第八條　同一單位無人願與聯保之人又不能覓取保證者，或新進人員之保證期限已逾六個月而尚未取得聯保者，均屬無人聯保人員，不宜留用，否則由該單位主管人員切實負責保證，但有特殊情形者，得呈請上級機關將保證期限酌予延長。

第九條　留用無人聯保或保證之人員或經秘密退保而不通知有關機關予以察看者，如有匪諜嫌疑，應由該管單位主管人員負責。

第十條　自首人自首後無人聯保者，除由該管單位主管人員負責隨時考核外，原主辦自首機關應會同自首人住在地之警察機關及保甲長或村里鄰長經常予以考察管訓。

第十一條　聯保人或保證人如不盡聯保或保證責任時，依左列規定處分之：

一　明知聯保人或被保人爲匪諜而不告密檢舉並包庇藏匿者，依懲治叛亂條例第四條第一項第七款處罰之。

二　明知聯保人或被保人爲匪諜而不告密檢舉或縱容之者，依戡亂時期檢肅匪諜條例第九條處罰之。

三　違反本辦法第七條第一款者縱不知情，但按其情節應注意並能注意而不注意者，依照行政執行法第四條第一款規定處罰之，如屬公務人員，依公務員懲戒法第二條第二款處分之。

第十二條　聯保人或保證人意圖使他人受精神上之打擊或挾嫌誣告而故意退保者，應受行政處分，若觸犯刑法者由有權審判機關究辦之。

第十三條　各機關學校工廠或其他團體如發現匪諜份子未能注意檢舉者，視當事人之案情輕重，該管直屬主管人員（內部各級單位負責人員）應受公務員懲戒法第二條第二款之處分，如非公務人員，依行政執行法第四條第一款處分之。

第十四條　軍事機關部隊學校之人員違反本辦法之規定者，依較重有關軍事法令處分之。

第十五條　辦理聯保工作，應依左列規定每半年舉行人事清查一次：

一　聯保及保證切結，如有遺漏或不確實者，應即補辦或改正。

二、所屬人員如有言行不正確者，應嚴密考查。

三　檢查聯保之成效，如發覺有缺點時，建議主管機關予以改善。

第十六條　各單位主管人員或聯保人能盡責檢舉匪諜者，應將事實經過專案報請上級機關或主管官署獎勵之。

第十七條 本辦法自公佈之日施行。

式樣一

戡亂時期檢肅匪諜聯保切結

名稱	聯保人			
姓名				
年齡				
性別				
相互關係				
現任職務				
通訊處 永久				
通訊處 現在				
蓋章				
對保蓋章				
備考				

中華民國　　年　　月　　日

式樣二

戡亂時期檢肅匪諜聯保保證切結

爲保證事茲保証　　壹名在

機關學校部隊工廠團體名稱之服務恪遵政府法令如有爲共匪或匪諜及窩藏包庇共匪或匪諜情事保證人負責擧發否則願受戡亂時期檢肅匪諜擧辦聯保辦法規定處分所具保証是實

右呈

〇〇〇〇〇(機關)

保證人　〇〇　〇〇　〇〇　(蓋章)國民身份証號碼

職業　　住址

對保人　〇　〇　〇　(蓋章)

中華民國　　年　　月　　日

政令主管類

民政廳

臺灣省政府令

中華民國四十二年九月一日
(肆貳)府民兵字第七八五四三號

事由：甲乙等體位役男已受乙種國民兵訓練者，仍應按規定列入編組管理。

彰化縣政府：

一　(四二)彰錫軍編字第五一七二三號呈悉。

二　該縣十七年次甲、乙等體位役男既經參加第一期乙種國民兵訓練，希即按照已訓國民兵規定，列入編組管理；至以後再征集爲補充兵或召訓爲甲種國民兵時，得視同入營前曾受軍事訓練者，酌量縮短其訓練時間，其辦法另令飭遵。

三　令復知照。

四　本件副本抄發各縣市（局）政府。

主席　俞鴻鈞　公出

委員兼秘書長　浦薛鳳　代行

具保須知

一、具保人應具備左列條件之一：

①現任荐任或相當於荐任以上之公務人員。

②現任少校或相當於少校以上之官員。

③被保釋人之直系尊親屬（須具有正當職業）或該管鄰里長。

④於國內有資本額在五千元以上領有營業執照之商號工廠。

⑤具有國民身份證及正當職業者。

二、具保人應繳付（驗）之證件：

①具保人為軍公教人員或民意代表者應繳付（驗）現職機關之服務證明文件。

②具保人為商號工廠者除應查驗本年之營業執照外並應繳付同業公會或其他有效證明文件。

③具保人為直屬尊親者除應查驗國民身份證、戶口名簿外並應繳付戶口謄本及正當職業證明。

④具保人為工、農職業身份者除應查驗工、農會員證外並應繳付該管里（村）長之證明文件。

⑤具保人為自治工作人員者除應查驗其當選證書外並應繳付其上一級自治單位之證明文件。

三、具保人以擔保匪諜案犯一人為限，其已擔保者，不得再為保證人。

四、保結書須對保，認為合符本須知各項規定，並報經國防部核准後生效。

五、保結書經核准生效後，具保人應確實履行保結書規定之保證責任，其疏忽保證責任，致被保人再發生叛亂行為者，依法嚴予懲處。

六、保結書對保手續按左列規定辦理：

①由具保人携帶應具備之證明文件，親至案犯執行機關或其指定之處所辦理對保。

②由案犯執行機關函請具保人住在地之警察局所代為辦理對保。

保結書

具保人　　　　等茲向

國防部泰源感訓監獄保得叛亂犯　　　一名願負左列責任：

一、負責使被保人釋放後，服從政府法令，接受指定工作與管教，絕不參加共匪組織，不為共匪工作不作任何非法活動。

二、負責將被保人，平日生活言行等情形，每月向所在地警察官署報告一次。

三、發現被保人，有不聽管教或隱匿逃亡，及其他不法情形，負責即時呈報所在地警察官署處理。

具保人如不履行上列責任，致被保人再發生叛亂犯行時，願受法律嚴厲之處罰，所具切結是實。

被保人
姓名 施明雄
住址 高雄市三民區博愛里林森路
（蓋指紋）

具保人
姓名 陳瑞珠
職業 商（麻芳飯店）
國民身份證字號 [redacted]
住址 高雄市三民區港南里　鄰中山　路539號
（蓋章）

具保人
姓名 張春海
職業 商（河北飯店）
國民身份證字號 [redacted]
住址 高雄市三民區港南里　鄰建國二路　號
（蓋章）

對保人
服務機關
級職
姓名
（蓋章）

具保人	對保時認保蓋章

中華民國　　年　　月　　日

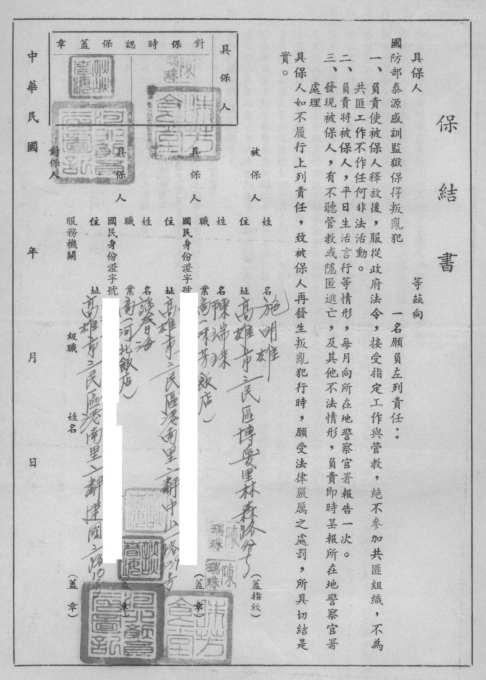

保證書

茲保得叛亂犯[redacted]壹名於執行二年屆滿
釋放後不再為匪工作或參加非法團體反抗政府並
服從政府法令接受指定工作與管教如有違背管教
及隱匿逃亡與其他不法情事保證人願負責將受管
教人交付當地治安機關報請處理是實。

謹呈

國防部台灣軍人監獄

保證人

姓名 [redacted]
住址 [redacted]
職業 [redacted]

姓名 [redacted]
住址 [redacted]
職業 假退役軍官

對保人 職級 姓名

中華民國五十年十一月 日

附註 保證人如在機關服務應加蓋印信如係商業應註明營業執照號碼

本部證明保證人身分

本印信證明保證人身分之用不負其他一切責任

誓書

茲以至誠宣誓「永不背叛政府、永不參加匪幫」不為任何反動活動自今以後服膺三民主義當忠誠接受政府領導遵行法令並願接受指定工作及管教一切為反共復國而努力如有違背誓言願接受最嚴厲之制裁。

此誓

中華民國五十六年七月十七日

宣誓人：施明雄

監誓人：馬紀良

密

台灣警備總司令部特種調查室情報報告（通報）

中華民國六十九年二月九日

(69)友情字第〇一六三號

文	軍法處
文者摘由	張德銘任幕後策劃為「高雄暴力事件」被告辯護。

來源		
原報者	陳安國	地點台北市 日期 69.2.8.
轉報者	胡光運	地點台北市 日期 69.2.8.
蒐集方法	工作關係提供	
傳遞方法	專送	

分發單位	鑑定
國家安全局 總司令汪上將 副總司令于中將 參謀長鍾中將 副參謀長史少將	甲一

內容：

一、據工作關係魏良提供資料：據張德銘律師談稱：

「(一)高雄暴力事件後，警總保安處曾先後兩次約談我，並警告不得擔任該案被告辯護律師。我知道：倘要違抗，必立遭拘捕，權衡利害關係，乃退居幕後，為彼等被告安排辯護律師。為求安全，仍由張俊宏妻許榮淑等故意對外放空氣，指我不該『袖手旁觀，置之不理』，預見外界將誤解我對朋友不義，也只有忍受，主要在於取得彼等被告家屬諒解就夠了！

(二)我所安排之律師，均係『過一餐會』之會員，共約四十餘人；為表示立場，律師與被告家屬在簽訂合約上載明律師費每名貳萬元，其實支付與否，都無所謂。目前自願爲姚嘉文辯護者有十餘人，唯只能由其家屬按規定指定其中兩名。另徵求爲張俊宏辯護者，却無人出於自願，如今我才曉得張俊宏爲人之失敗；不過我仍要覓一位年輕、優秀之律師爲張辯護。」

二、除續運用關係瞭解彼等動態外，請參考。

（上述資料係內線提供，請勿逕向張某查詢，以免暴露關係。）

密

台灣警備總司令部特種調查室情報報告（通報）

民國六九年二月廿三日
(69)友情字第〇二二二三號

受文者	軍法處
摘由	黃信介等聘請辯護律師之動態。

來源			
原報者	陳安國	地點台北市	日期69.2.22
傳報者	胡光運	地點台北市	日期69.2.22
蒐集方法	工作關係提供		
傳遞方法	專送		

分發單位	鑑定
國家安全局 總司令汪上將 副總司令于中將 參謀長鍾中將 副參謀長史少將 保安處	甲三

內容：

一、據工作關係魏良提供資料：

㈠高雄暴力事件嫌犯黃信介等八名被告所延聘之辯護律師中，黃信介辯護人鄭慶隆律師係經黃天福所邀聘，呂秀蓮辯護人呂傳盛律師則係呂女之胞兄，其餘均為張德銘與康寧祥幕後安排者。

㈡目前彼等律師團正極力蒐集有利被告證據，倘有所獲，均相互研究，加以運用。現已持有高雄暴力事件現場之全部錄音帶，可以證明各被告當天在現場發表之言論及鼓山事件涉案人姚國健，又邱阿舍二人向新聞界供承受酷刑談話錄音，又李慶榮持有洪誌良借貸二十萬元新台幣之原始借據等，以上證物均將於開庭時提出作有利被告之陳述。

(三)該黃信介等八名被告中，以陳菊、林弘宣二人涉案情節最為律師團所憂慮，認為陳、林與海外「台獨」叛國組織有所勾搭，為社會輿論所不容，又陳菊個人英雄主義色彩濃厚，個性衝動，在錯覺意念下，可能在法庭上公開承認是「台獨」份子，果如此則難求平反。

二、除續運用關係了解彼等律師動態外，請參考。（內線情報，請注意保密）

密

台灣警備總司令部特種調查室情報報告（通報）

中華民國六十九年三月一日
69友甫字第〇二六四號

受文者	軍法處
摘由	「高雄暴力事件」在押被告辯護律師反應。

來源		
原報者	陳安國	地點台北市 日期69.3.1
轉報者	胡光運	地點台北市 日期69.3.1
蒐集方法	工作關係提供	
傳遞方法	專送	

分發單位	密定
總司令汪上將 副總司令于中將 參謀長鍾中將 副參謀長史少將 保安處	中二

內容：

一、據律師張德銘（張係高雄暴力事件被告辯護律師團幕後重要份子）於二月廿九日中午談稱：

㈠高雄事件被告辯護律師團，因不滿軍事法庭，不准被告家屬旁聽及調查證據時准許被告在場！決定自本（廿九）日起，拒絕參加調查庭。調查庭乃審判庭之準備程序，亦即奠定審判基礎，律師於調查庭未到庭，雖依法可由公設辯護人補充執行職務，但已減低審判庭證據公開的可信度。

㈡律師在審判過程中所扮演的正是反對黨角色，最後，階段必與軍法單位激烈爭執，但目前尚不宜撕破臉對抗，故軍法處通知再開調查庭時，律師會到庭；倘仍不准所作聲請維護被告權益事項，將再繼續爭取。

㈢據參加調查庭之律師反應：本案出庭的軍法官多很年輕，部份屬台籍，法學素養很差，只會憑藉軍威，如眞要論法鬪法！皆非律師團之對手。

二、據工作關係鄒宜秋提供資料：被告黃信介等辯護律師鄭慶隆等人對「黃信介等人依叛亂罪嫌起訴」後，其反應意見如次：

㈠黃信介等八員依叛亂罪嫌起訴，其關鍵人物爲洪誌良。站在法律觀點：宜先審判洪誌良或與黃案一併審理，俟洪某刑責確定後，始能對黃案作審判。如今軍事法庭不審判洪案，反而先審判黃案。似有本末倒置，足見國民黨對黃案之審理完全是基於政治理由。

㈡被告辯護律師將進一步要求警總軍法處調閱洪案調查資料，否則將集體不出庭以示抗議。

㈢警總發言人徐少將再三強調，黃案審判採公開方式進行，但未實踐諾言。軍方公佈「黃信介等人依叛亂罪嫌起訴」後，調查庭就必須公開審理，始能符合法定程序。但軍中法官經常會忽略。

三、除續注意外，請參考。

呈 局長

國防部軍法局公文簽辦單

本案保存 10 年

保密區分	來文機關	日期	字號
[illegible]		年 月 日	( ) 字第 號

文別：

受會單位：

摘由

受刑人施明德六月廿五日、廿七日致函其妹，提及請其妹連絡海外，在國外成立「中華民國台灣民主黨」，以便日後展開活動。

批示

可

軍法局局長 趙公嘏

0627
1540

擬辦

一、本信函內容，施犯於六月廿六日會客時，已向其妹詳加說明，本局亦將談話摘要先行呈核。

2. 本件內容不妥，擬不准其寄發。

可否，請 核示。

軍法局副局長 張 瑩 0627 1420

軍法局第一處處長 吳松[illegible] 0627 1410

軍法局第一處副處長 郝晶瑜 0627 1335

軍法局軍法官 廖道成 0627 1300

檔號

003

受刑人施明德六月廿六日接見施明珠談話摘要

施明珠：甘迺迪可能會競選下屆美國總統，他希望你能改變作法，停止絕食，最近美國為了人質的問題，很頭痛，幫不上你的忙，我們家人都希望你能停止絕食。

施犯：絕食的事，你不必再勸我，我是希望政府正視我的聲明。

施明珠：艾琳達可能召集二百人一起絕食，要絕食二週。

施犯：七月一日起，我絕對不再喝牛奶、果汁了，要艾琳達繼續申請入境，七月一日起，可能會被灌食，我有我的作法，是非自有公論，國際上亦會重視。

F-3,500×30 73. 6. (19×26.5) cm

裝 訂 線

施明珠：我不願見到悲劇發生。

施 紀：每一個時代，總是會有犧牲者，現在他們不准我買書，不准我買錄音帶（學英語），是在對我精神封鎖，王霸業先生上次來看我，還好好的，忽然就死了，好人都會早死，你要打電話到海外，要他們成立「中華民國台灣民主黨」，可以對政府產生制衡作用，在海外成立，必須以合法的方式組成，黨綱由他們研究，黨綱之原則就以我上總統之信函所述之二點評議：一、將救高雄事件人員，二、尊重在野團體之合法權益與地位，及四項原則：一、承認現行憲政體系，二、維護國家元首尊嚴，三、支持反共國策，四、堅守以非暴力的方式促進台灣的人權與民主化。我個人的政治思想，是採自由主義、個人主義、尊重自由人權，反對恐怖、暴力，在經濟思想上，是中間偏右，支持消費者，贊成自由競爭，反對壟斷，在社會政策上，趨向左派，是人道主義者，主張伸張正義、保護弱者，我擬了一個黨旗，選擇白底，中間紅太陽，太陽代表真理、正義，太陽外以黑色鐵鍊圍繞，鐵鍊代表恐怖、壓迫，再由太陽向外畫很多條光芒，代表要掙斷鎖鍊，爭取自由。

歷史與現場 348

特務時代與他的人生

作　者—陳嘉君
圖片・資料檔案提供—陳嘉君
主　編—謝翠鈺
企　劃—陳玟利
封面設計—林采薇、楊珮琪
美術編輯—薛美惠

董 事 長—趙政岷
出 版 者—時報文化出版企業股份有限公司
一〇八〇一九台北市和平西路三段二四〇號七樓
發行專線—（〇二）二三〇六六八四二
讀者服務專線—〇八〇〇二三一七〇五
（〇二）二三〇四七一〇三
讀者服務傳真—（〇二）二三〇四六八五八
郵撥—一九三四四七二四時報文化出版公司
信箱—一〇八九九台北華江橋郵局第九九信箱
時報悅讀網—www.readingtimes.com.tw
法律顧問—理律法律事務所　陳長文律師、李念祖律師
印　刷—和楹印刷有限公司
初版一刷—二〇二三年十一月二十四日
定　價—新台幣五二〇元
（缺頁或破損的書，請寄回更換）

時報文化出版公司成立於一九七五年，
並於一九九九年股票上櫃公開發行，於二〇〇八年脫離中時集團非屬旺中，
以「尊重智慧與創意的文化事業」為信念。

特務時代與他的人生 / 陳嘉君作 . -- 一版 . -- 臺北市 :
時報文化出版企業股份有限公司 , 2023.11
面 ; 14.8×21 公分 . --（歷史與現場 ; 348）

ISBN 978-626-374-391-5（平裝）

1.CST: 白色恐怖 2.CST: 政治迫害 3.CST: 臺灣史

733.2931　　112015932

ISBN 978-626-374-391-5
Printed in Taiwan